POLSKI 1
KROK PO KROKU
junior

Iwona **Stempek**
Paulina **Kuc**
Małgorzata **Grudzień**

**SERIA PODRĘCZNIKÓW DO NAUKI
JĘZYKA POLSKIEGO** JAKO OBCEGO

Glossa Polish Language School

TERMINOLOGIA GRAMATYCZNA
GRAMMAR TERMS
GRAMMATISCHE TERMINOLOGIE
ГРАММАТИЧЕСКИЕ ТЕРМИНЫ

polski	🇬🇧	🇩🇪	🇷🇺
samogłoska	vowel	Vokal	гласный
spółgłoska	consonant	Konsonant	согласный
czasownik	verb	Verb	глагол
bezokolicznik	infinitive	Infinitiv	инфинитив
rzeczownik	noun	Substantiv	имя существительное
przymiotnik	adjective	Adjektiv	имя прилагательное
przysłówek	adverb	Adverb	наречие
zaimek	pronoun	Pronomen	местоимение
przyimek	preposition	Präposition	предлог
liczebnik	numeral	Numerale	числительное
koniugacja	conjugation	Konjugation	спряжение
PRZYPADEK	*CASE*	*FALL*	*ПАДЕЖ*
mianownik	nominative	Nominativ	именительный
dopełniacz	genitive	Genitiv	родительный
celownik	dative	Dativ	дательный
biernik	accusative	Akkusativ	винительный
narzędnik	instrumental	Instrumental	творительный
miejscownik	locative	Lokativ	предложный
wołacz	vocative	Vokative	звательный
CZAS	*TENSE*	*TEMPUS*	*ВРЕМЯ*
przeszły	past	Perfekt	прошедшее
teraźniejszy	present	Präsens	настоящее
przyszły	future	Futur	будущее

OZNACZENIA I SKRÓTY
SYMBOLS AND ABBREVIATIONS
BEZEICHNUNGEN UND ABKÜRZUNGEN
ОБОЗНАЧЕНИЯ, СОКРАЩЕНИЯ

	polski	🇬🇧	🇩🇪	🇷🇺
	rodzaj **męski**	masculine	Maskulinum	мужской род
	rodzaj **żeński**	feminine	Femininum	женский род
	rodzaj **nijaki**	neutral	Neutrum	средний род
l. poj.	liczba **pojedyncza**	singular	Singular	единственное число
l. mn.	liczba **mnoga**	plural	Plural	множественное число
001 🎧	materiał dźwiękowy	audio material	Audioaufnahme	аудиоматериал
024 ✏🎧	zrób ćwiczenie przed wysłuchaniem nagrania	do the exercise before listening to the record	vor dem Abhören der Aufnahme zuerst die Übung machen	перед аудированием сделайте упражнение
👥	praca w parach	pairwork	Paararbeit	работа в парах
[510A7]	numer ćwiczenia na platformie e-polish.eu	number of the exercise in the e-polish.eu course	Nummer der Übung auf Internetplattform e-polish.eu	номер упражнения в курсе e-polish.eu
🎩	oficjalnie	formally	formell	официально
🧢	nieoficjalnie	informally	inoffiziell	неофициально
G	gramatyka	grammar	Grammatik	грамматика
L	leksyka	vocabulary	Lexik	лексика
K	komunikacja	communication	Kommunikation	общение

SŁOWNICZEK
DICTIONARY
WÖRTERBUCH
СЛОВАРЬ

strona | *page* | *Seite* | *страница* ▶ **147**

Słownik polsko-angielski, -niemiecki, -rosyjski
Polish-English dictionary
Polnisch-Deutsches Wörterbuch
Польско-русский словарь

MULTIMEDIALNY SŁOWNIK
MULTIMEDIA DICTIONARY
MULTIMEDIALES WÖRTERBUCH
МУЛЬТИМЕДИЙНЫЙ СЛОВАРЬ

▶ **e-polish.eu/pkpkjunior**

Multimedialny słownik
z deklinacjami i koniugacjami, moduł utrwalania słownictwa oraz dodatkowe ćwiczenia i nagrania.

Multimedia dictionary with declinations and conjugations, knowledge-memorizing module and additional exercises and recordings.

Multimediales Wörterbuch mit Deklinationen und Konjugationen, Vokabeltrainingsmodul sowie zusätzliche Übungen und Aufnahmen.

Мультимедийный словарь со склонением и спряжением, тодуль закрепления лексики и дополнительные упражнения.

e-polish.eu
Sprawdź, jakie możliwości daje nauczycielom nasza platforma edukacyjna.

str. ▶ **164**

Hallo, ich bin Maja!

Hi, I'm Maja!

Привет, меня зовут Майя!

Cześć, jestem Maja!

Cześć, jestem Maja. Mam 13 lat, lubię rysować, czytać poezję i jeździć konno. A to jest Adam i jego kumpel Diego. Adam wcale nie jest moim chłopakiem, to mój brat. Chodzimy razem do szkoły. Może to dziwne, ale naprawdę lubię naszą szkołę. No, może nie samą szkołę – choć nauczyciele nie są źli – ale ludzi, z którymi się tam spotykam. Mam dużo szczęścia – bo szkoła, do której chodzę jest niezwykła – moi przyjaciele pochodzą z całego świata. Oczywiście spotykamy się nie tylko na lekcjach – po południu często się razem uczymy, robimy różne projekty, chodzimy do kina i na rolki. Jeździmy też na wycieczki po Polsce... Cały czas jesteśmy w kontakcie na fejsie i snapchacie. Myślę, że pasujesz do nas i szybko się zaprzyjaźnimy. Nie znasz polskiego? Nie ma problemu, spędzając czas z nami, prędko się go nauczysz – nawet nie zauważysz kiedy! To co, jesteśmy umówieni? 😲

🇬🇧 *Hi, I'm Maja. I'm 13, like drawing, poetry and horse-riding. And this is Adam and his buddy, Diego. Adam is not my boyfriend, he's my brother. We go to school together. It may sound strange, but I really like our school. Well... maybe not the school itself – although the teachers are not that bad – but the people I meet there. I'm really lucky, cause this is not a typical school: my friends come from all over the world. We hang around together not only at school – after classes we study together, work on our projects, go to the cinema, go on trips around Poland... we also meet and chat on Facebook and Snapchat. I think, you fit in here and we'll soon make friends. You don't speak Polish? No problem, if you spend time with us, you'll pick it up in no time flat! So, can we count you in?*

🇩🇪 *Hallo, ich bin Maja, bin 13, ich zeichne gern, lese Gedichte und reite. Und das ist Adam und sein Kumpel Diego. Adam ist gar nicht mein Freund, er ist mein Bruder. Wir besuchen zusammen die Schule. Mag es komisch klingen, aber ich habe unsere Schule total gern. Na ja, vielleicht nicht die Schule selbst – obwohl die Lehrer ganz in Ordnung sind – aber die Leute, die ich da treffe. Ich habe viel Glück, die Schule die ich besuche, ist total untypisch, meine Freunde kommen aus aller Welt. Natürlich treffen wir uns nicht nur in der Schule, sondern auch nach der Schule – wir lernen oft zusammen, machen verschiedene Projekte, gehen ins Kino oder machen Ausflüge durch ganz Polen... Natürlich stehen wir immer in Kontakt auf Facebook oder Snapchat. Ich denke, du passt zu uns und wir werden schnell Freunde. Sprichst du kein Polnisch? Kein Problem, mit uns wirst du schnell lernen, du merkst es gar nicht wie schnell! Also, sind wir verabredet?*

🇷🇺 *Привет, меня зовут Майя, мне 13 лет, я люблю рисовать, читать стихи и ездить верхом. А это Адам и его приятель Диего. Адам – это вовсе не мой парень, это мой брат. Мы вместе ходим в школу. Может, это странно, но я обожаю нашу школу. Ну, может, не саму школу – хотя учителя ничего – а людей, которых я там встречаю. Мне повезло, потому что школа, в которую я хожу, особенная: мои друзья – со всего мира. Конечно, мы видимся не только в школе, после уроков мы часто вместе занимаемся, делаем разные проекты, ходим в кино, ездим на экскурсии по Польше... Мы, конечно, постоянно общаемся через фейсбук и по снапчату. Я думаю, ты впишешься и мы подружимся. Ты не знаешь польский? Без проблем, проводя с нами время, ты его быстро выучишь, даже не заметишь когда! Ну что, договорились?*

SPIS TREŚCI	LEKSYKA	GRAMATYKA	KOMUNIKACJA	
1 Cześć!	powitania, pożegnania; podstawowe zwroty		*Dzień dobry! Cześć! Przepraszam, gdzie jest...?*	6
A Jak masz na imię?	prezentacja	czasownik: *być*; zaimki osobowe	przedstawianie się	8
B A jak Adam... ...ż jak żaba	liczebniki 0–10	alfabet	literowanie; podawanie numeru telefonu	10
C Mam pytanie...	liczebniki 11–29; podstawowe zwroty na lekcji	*proszę* + bezokolicznik	polecenia, instrukcje, pytania	12
D Skąd jesteś? Gdzie mieszkasz?	kraje i miasta	koniugacja -m, -sz	*Skąd jesteś? Gdzie mieszkasz?*	15
Powtórzenie				18
➕ PLUS dla ambitnych	dane osobowe; kraje, stolice, narodowości	utrwalenie wiadomości	wywiad	20
2 A Co to jest? Kto to jest?	przedmioty w klasie	zaimki: *kto? co?*	*Kto to jest? Co to jest?*	22
B Ten ołówek czy tamten?	rzeczy w klasie – cd.; osoby	podział na rodzaje rzeczownika; zaimek: *ten, ta, to*	*Kto to jest? Co to jest?*	24
C Czy to jest czerwone jabłko?	kolory	mianownik l. poj.; zaimek: *jaki? jaka? jakie?*	*Czy to jest...? Jaki jest twój...?*	26
D Stare, nowe, kolorowe?	podstawowe przymiotniki	zgodność rzeczownika z przymiotnikiem – cd.	opis przedmiotów; *Co jest w twoim plecaku?*	28
Powtórzenie				30
➕ PLUS dla ambitnych	słońce, niebo, trawa... rower, piłka, rolki...	utrwalenie wiadomości	opisywanie znanych miejsc w Polsce	32
3 A Tydzień ma siedem dni	przedmioty szkolne; dni tygodnia	zaimki dzierżawcze: *mój, twój, jego, jej*	*Jaki jest twój plan lekcji i ulubiony przedmiot?*	34
B Lubię to!	hobby	*lubić* + bezokolicznik	*Jakie jest twoje hobby? Co lubisz robić?*	36
C Mam talent	umiejętności	*umieć* + bezokolicznik; koniugacja -m, -sz – powtórzenie	*Co umiesz robić? Jak umiesz to robić?*	38
D Czas na casting	umiejętności – cd.; języki	koniugacja -ę, -isz/-ysz; *mówić po...*	casting do wieczoru talentów	41
Powtórzenie				44
➕ PLUS dla ambitnych	prezentacja przyjaciółki i przyjaciela	*mówię po polsku/ znam polski/ uczę się polskiego*	*Twój przyjaciel i jego hobby.* mini-projekt „Wieczór talentów"	46
4 A Jaki jesteś?	przymiotniki (wygląd)	zgodność rzeczownika i przymiotnika (utrwalenie)	*Jaki jesteś?* opis siebie i innych; wyrażanie opinii	48
B Czyje to jest?	rzeczy w domu i w klasie	zaimki dzierżawcze – zebranie	*Czyje to jest?* mail	50
C Kim jesteś?	prezentowanie osób; zainteresowania	narzędnik l. poj.	*Kim jesteś? Czym się interesujesz?*	52
D Kim chcesz zostać?	zawody	narzędnik l. poj. – cd.	*Kim chcesz zostać?*	54
Powtórzenie				56
➕ PLUS dla ambitnych	znani Polacy; dodatkowe przymiotniki	utrwalenie wiadomości	*Twój ulubiony bohater/ celebryta.*	58
5 A Moja rodzina	rodzina, wygląd	powtórzenie pytań	opis rodziny	60
B Ile masz lat?	liczebniki 20–100	lat/lata	*Ile masz lat?*	62
C Co chcesz robić w weekend?	czas wolny	koniugacja -ę, -esz	*Co robisz w wolnym czasie?*	64
D Jak często grasz w piłkę?	przysłówki częstotliwości: *zawsze... nigdy*	utrwalenie koniugacji; czasowniki: *umieć, chcieć, móc, musieć*	*Jak często to robisz?*	66
Powtórzenie				68
➕ PLUS dla ambitnych	mecz, boisko, sędzia...	utrwalenie wiadomości	*Co robimy podczas meczu?*	70

		LEKSYKA	GRAMATYKA	KOMUNIKACJA	
A	Sklepik szkolny	▸ produkty w sklepiku szkolnym	▸ ceny ▸ z + narzędnik	▸ Ile to kosztuje? ▸ opis produktów	72
B	Co masz w plecaku?	▸ zakupy	▸ biernik l. poj. ▸ czasowniki: mieć, prosić	▸ sklepik szkolny: Czy jest...? Poproszę...	75
C	Każdy jakieś hobby ma	▸ czasowniki łączące się z biernikiem	▸ biernik l. poj. – cd. ▸ pytania: kogo? co? jaki? jakiego? jaką? jakie?	▸ Co robisz? ▸ czat	78
D	Kochany Święty Mikołaju!	▸ liczebniki 100-1000 ▸ pisanie listów, prezenty	▸ biernik – cd.	▸ list	80
	Powtórzenie				82
➕	PLUS dla ambitnych	▸ polska muzyka, sport, kultura popularna	▸ biernik – utrwalenie	▸ prezentacja polskich artystów i sportowców	84
A	Cztery pory roku	▸ pory roku ▸ pogoda	▸ kiedy: wiosną, latem...	▸ Jaka jest twoja ulubiona pora roku? Jaka jest pogoda?	86
B	Ale masz fajną bluzę!	▸ ubrania ▸ miesiące	▸ nosić + biernik	▸ Co zwykle nosisz?	88
C	Nie mam się w co ubrać!	▸ ubrania – cd.	▸ narzędnik l. mn. ▸ mieć na sobie + biernik	▸ Co masz na sobie?	91
D	„Mój sąsiad jest wampirem"	▸ wygląd, wiek, hobby, zawody, rodzina, pory roku, pogoda, ubrania	▸ koniugacje, mianownik, narzędnik, biernik	▸ opis osoby ▸ pytania	94
	Powtórzenie				96
➕	PLUS dla ambitnych	▸ galeria handlowa, sklepy, ubrania	▸ narzędnik l. mn. – utrwalenie	▸ zakupy w sklepie z ubraniami	98
A	Co jesz na śniadanie?	▸ śniadanie	▸ czasowniki: jeść, pić, woleć	▸ Co jesz na śniadanie? ▸ Z czym jesz...?	100
B	Nie lubię tłustej kiełbasy!	▸ pyszny, smaczny, okropny	▸ dopełniacz l. poj.	▸ Czego nie lubisz jeść?	103
C	Nie cierpię krupniku!	▸ obiad, kolacja ▸ typowe dania	▸ dopełniacz l. poj. – cd. ▸ bez + dopełniacz	▸ stołówka szkolna ▸ wyrażanie preferencji	105
D	Czego szukasz?	▸ uwielbiam, kocham... ▸ utrwalenie słownictwa	▸ szukać, potrzebować, bać się + dopełniacz	▸ opisywanie osób ▸ Czego potrzebujesz...?	108
	Powtórzenie				110
➕	PLUS dla ambitnych	▸ piknik; las, jezioro, grzyby... ▸ zwierzęta leśne	▸ utrwalenie wiadomości	▸ Co możemy robić na pikniku?	112
A	Moje miasto	▸ obiekty w mieście	▸ przyimki: za, przed, między, obok, koło, naprzeciwko, na wprost	▸ opis miasta ▸ podawanie lokalizacji	114
B	Jak dojść do muzeum?	▸ pytanie o drogę ▸ wskazywanie drogi	▸ do + dopełniacz ▸ na + biernik	▸ Przepraszam, jak dojść do...?	117
C	Chodzić czy iść?	▸ czasowniki ruchu ▸ środki transportu	▸ czasowniki: iść, chodzić	▸ Jak często chodzisz do...? ▸ Czy umiesz jeździć na...?	120
D	Droga do szkoły	▸ droga do szkoły	▸ zaimki osobowe w narzędniku	▸ opis drogi do szkoły ▸ mail i SMS z instrukcją	122
	Powtórzenie				124
➕	PLUS dla ambitnych	▸ obiekty turystyczne ▸ zabytki Krakowa	▸ utrwalenie wiadomości	▸ gra miejska	126
A	Czas szybko leci...	▸ godziny	▸ liczebniki porządkowe 1-24	▸ Która godzina?	128
B	O której godzinie jest koncert?	▸ godziny – cd. ▸ program, plan, repertuary	▸ liczebniki porządkowe – cd.	▸ O której godzinie...? ▸ Od której do której...?	131
C	Dzień jak co dzień	▸ rutyna dnia codziennego	▸ koniugacje – powtórzenie	▸ Co robisz codziennie?	133
D	Od rana do wieczora	▸ pory dnia	▸ zebranie całości materiału	▸ Co robisz w weekend?	136
	Powtórzenie				138
➕	PLUS dla ambitnych	▸ podróż ▸ wiadomości o Polsce	▸ godziny – utrwalenie	▸ pisanie blogu i pocztówek	140

Odmiana podstawowych czasowników	142
Tematyczne zestawienie słownictwa	143
Słownik	147

Cześć!

powitania pożegnania podstawowe zwroty

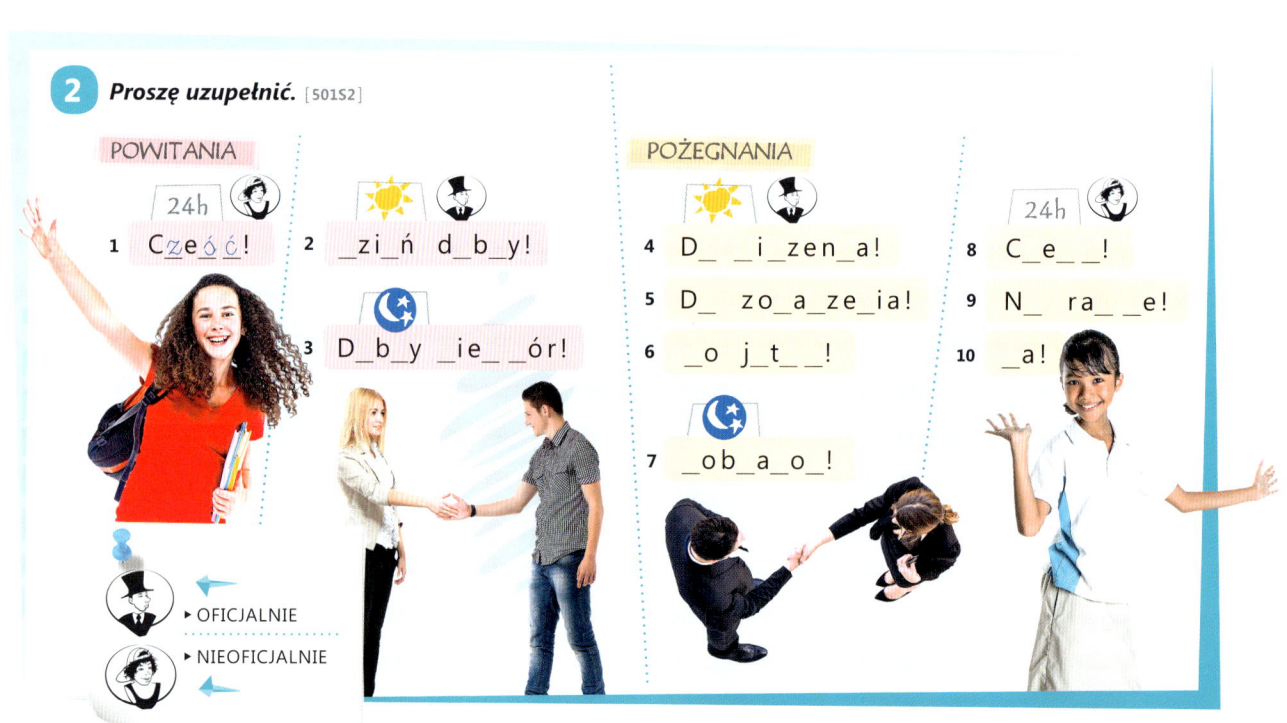

Maja Zielińska **Adam Zieliński** **Emma Thompson**

1 Proszę posłuchać i przeczytać. [501S1]

POWITANIA

A — Dzień dobry! / Dzień dobry!
B — Cześć! / Cześć!
C — Dobry wieczór! / Dobry wieczór!

POŻEGNANIA

D — Cześć! / Cześć!
E — Na razie! / Do zobaczenia! / Pa! / Do jutra!
F — Do widzenia! / Do widzenia!
G — Dobranoc! / Dobranoc!

2 Proszę uzupełnić. [501S2]

POWITANIA

1. Cześć!
2. _zi_ń d_b_y!
3. D_b_y _ie_ _ór!

POŻEGNANIA

4. D_ _i_zen_a!
5. D_ zo_a_ze_ia!
6. _o j_t_ _!
7. _ob_a_o_!
8. C_e_ _!
9. N_ ra_ _e!
10. _a!

▶ OFICJALNIE
▶ NIEOFICJALNIE

6 sześć

POLSKI KROK PO KROKU

BOHATEROWIE

3 *Proszę posłuchać i ponumerować.* [501S3]

- ○ Dzień dobry!
- ○ Do widzenia!
- 1 Cześć!
- ○ Pa!
- ○ Na razie!
- ○ Do zobaczenia!
- ○ Dobry wieczór!
- ○ Do jutra!
- ○ Dobranoc!

4 *Proszę uporządkować.* [501S4]

Dzień dobry! ✓ | Dobranoc! | Cześć! | Pa! | Do jutra! | Do zobaczenia! | Dobry wieczór! | Cześć! | Na razie!

POWITANIA	POŻEGNANIA
Dzień dobry!	

5 *Co pasuje?* [501S5]

1. do razie | wieczór | <u>widzenia</u>
2. na zobaczenia | razie | dobry
3. dobry dzień | wieczór | noc
4. do pa | jutra | razie
5. dzień jutra | wieczór | dobry

6 *Proszę skorygować litery.* [501S6]

1. dobrynoc — *dobranoc*
2. dzien dobre
3. wiecor
4. czesc
5. na raze
6. do zobacenia

PODSTAWOWE ZWROTY [501S7]

Dziękuję! | Proszę! | Niestety, nie! | Czy mogę ciastko?

Tam, na prawo. | Przepraszam! | Nic nie szkodzi! | Przepraszam, gdzie jest toaleta?

- ✓ tak
- ✗ nie
- na lewo
- na prawo
- tu, tutaj
- tam
- na górze
- na środku
- na dole

siedem 7

1. Jak masz na imię?

A

prezentacja | zaimki osobowe | czasownik być

1. Proszę posłuchać i powtórzyć. [501A1]

Jestem Adam Carter.
Mam na imię Adam.
Nazywam się Carter. Adam Carter.

2. Proszę uzupełnić. [501A2]

Jestem *Emma Thompson.*
Mam na imię *Emma.*
Nazywam się *Thompson.*

Emma Thompson

Jestem *Diego Rodriguez.*
Mam _____

Diego Rodriguez

_____
_____

Maja Zielińska

3. Proszę przeczytać i uzupełnić tabelę. [501A3]

EMMA: Cześć. **Jak masz na imię?**
DIEGO: **Mam na imię** Diego, a ty?
EMMA: **Mam na imię** Emma.

NAUCZYCIELKA: **Jak się nazywasz?**
UCZENNICA: **Nazywam się** Emma Thompson, a **jak się pani nazywa?**
NAUCZYCIELKA: Nazywam się Anna Sowa.

SEKRETARKA: **Jak pan ma na imię?**
NAUCZYCIEL: Mam na imię Marek.
SEKRETARKA: **Jak się pan nazywa?**
NAUCZYCIEL: Nazywam się Solski.

OFICJALNIE

Jak pani ma na imię?	→	Mam *na imię* Anna.
_____ ?	→	Nazywam się Anna Sowa.
_____ ?	→	_____ Marek.
Jak się pan nazywa?	→	_____ Marek Solski.
_____ ?	→	Mam na imię Emma.
Jak się nazywasz?	→	_____ Emma Thompson.

NIEOFICJALNIE

DIALOG 1 [501A11]

NAUCZYCIELKA: *Dzień dobry. Nazywam się Anna Sowa.*
UCZENNICA: *Dzień dobry pani. Nazywam się Emma Thompson.*
NAUCZYCIELKA: **Miło mi.**
UCZENNICA: **Mnie również.**

DIALOG 2 [501A12]

EMMA: *Cześć. Mam na imię Emma, a ty?*
JAMES: *Cześć, jestem James.*
EMMA: **Bardzo mi miło.**
JAMES: **Mnie również.**

4. Proszę przeczytać dialogi i uzupełnić. [501A4]

M_i_ł_o_ m_i_.

B_r___o mi _____.

M_ie r_w_ie_.

5. Proszę uporządkować zdania. [501A5]

1. jak | imię | cześć, | na | ? | masz
   Cześć, jak masz na imię?

2. na | mam | James | cześć, | imię
   ....

3. się | jak | nazywa | dobry, | ? | dzień | pan
   ....

4. Solski | się | nazywam | Marek
   ....

6. Proszę napisać dialog. [501A6]

▶ TY i nauczyciel
▶ TY i kolega

GDZIE ONA JEST? [501A13]

- Ty jesteś.
- Ja jestem.
- On jest.
- Ona jest.
- My jesteśmy tutaj!
- Diego! Emma! Gdzie wy jesteście?
- Gdzie są Adam i Maja?
- Oni są tam.

7 *Proszę uzupełnić.* [501A7]

- Jesteś tam?
- Tak, jestem!

▶ **być**

l. poj.	l. mn.
(ja) ___	(my) ___
(ty) ___	(wy) *jesteście*
on / ona / ono ___	oni / one ___

jesteś | jesteście ✓ | jest | jesteśmy | jestem | są

8 *Proszę uzupełnić.* [501A8]

- panowie — *są*
- ja — ...
- my — ...
- ona — ...
- ono — ...
- państwo — ...
- pan — ...
- dziecko — ...
- ty — ...
- one — ...
- pani — ...
- panie — ...

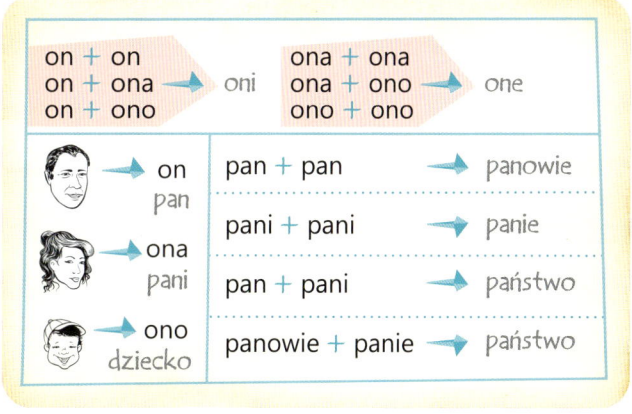

| on + on / on + ona / on + ono | → oni | ona + ona / ona + ono / ono + ono | → one |

→ on / pan	pan + pan	→	panowie
→ ona / pani	pani + pani	→	panie
	pan + pani	→	państwo
→ ono / dziecko	panowie + panie	→	państwo

[501A14]

10 *Co pasuje?* [501A10]

1. Jak on jest | się nazywa | ma?
2. Karolina i Karol jesteście | mają | nazywają się Maj.
3. Mam | nazywam się | jestem Artem.
4. Czy ty nazywasz | jesteś | masz Denis?
5. Ona jest | ma | nazywa się na imię Claudia.
6. James ma | nazywa się | jest Bridges.
7. One są | mają | nazywają się González.

9 *Proszę uzupełnić.* [501A9]

1. Czy ty *jesteś* Emma?
2. Gdzie oni ___ ?
3. (my) ___ w klasie.
4. (ja) ___ Adam.
5. One ___ tutaj.
6. Czy pan ___ z Hiszpanii?
7. Dziecko ___ w domu.
8. Czy wy ___ w szkole?
9. Czy ona ___ z Francji?
10. Panie ___ w sekretariacie.

- Czy ty się nazywasz Bridges?
- Czy ty jesteś Denis?

dziewięć **9**

A jak Adam…
…ż jak żaba

alfabet | liczebniki 0-10 | literowanie

1 Proszę posłuchać i uzupełnić. [501B1]

Ż H Ł Ś Ą D J Ź Ć U Ę Ó Ń

A _ B C _ _ E _ F G _ I _ K L _ M N _ O _ P R S _ T _ W Y Z _ _

2 Proszę powtórzyć. [501B2]

Aa /a/
Ąą /ą/
Bb /be/
Cc /ce/
Ćć /cie/
Dd /de/
Ee /e/
Ęę /ę/
Ff /ef/
Gg /gie/
Hh /ha/
Ii /i/
Jj /jot/
Kk /ka/
Ll /el/
Łł /eł/
Mm /em/
Nn /en/
Ńń /eń/
Oo /o/
Óó /o kreskowane/
Pp /pe/
Rr /er/
Ss /es/
Śś /eś/
Tt /te/
Uu /u/
Ww /wu/
Yy /igrek/
Zz /zet/
Źź /ziet/
Żż /żet/

3 Proszę posłuchać i powtórzyć. [501B3]

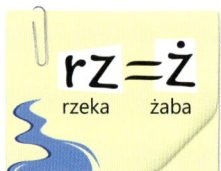

ALFABET

c — cebula
cz — czapka
ci — ciastko
ć — ćma

d — deskorolka
dz — dzwonek
dż — dżem
drz — drzewo
dzi — dziewczyna
dź — dźwig

s — samolot
sz — szafa
si — siatkówka
ś — ślimak

n — namiot
ni — niebieski
ń — słoń

z — zegar
ż — żaba
zi — zima
ź — źrebak

h=ch — herbatnik, chleb
rz=ż — rzeka, żaba
u=ó — uczeń, ósemka

Clara — dziewczyna
Adam

4 Proszę posłuchać i powtórzyć. [501B4]

- powtórzyć
- szybko
- restauracja
- szkoła
- ćwiczeniówka
- wiadomość
- zwierzę
- grzeczny
- dziecko
- książka
- kino
- przepraszam
- śnieg
- przedstawić
- proszę

5 Proszę posłuchać i napisać. [501B5] 🎧 014

1. c z e ś ć
2. _ _ _ _ _ _
3. _ _ _ _ _ _
4. _ _ _ _ _ _
5. _ _ _ _ _ _
6. _ _ _ _ _ _
7. _ _ _ _
8. _ _ _ _ _ _

6 Co mówi lektor? [501B6] 🎧 015

a cześć | **sześć**
b być | bić
c szyba | siwa
d chat | czat
e dobry | dobre
f mieć | miecz
g bagaż | błagasz
h córka | kurka
i proszę | prosię
j bąk | pąk
k zając | zajać
l nucić | nudzić

7 Proszę przeliterować. [501B7]

zeszyt → zet-e-es-zet-igrek-te

książka   rolki   tablica   pies   krzesło   komputer   żaba   góra
wiadomość   źrebak   piłka    drzewo   język   chłopak

▶ LICZEBNIKI 0-10

8 Proszę posłuchać i powtórzyć. [501B8] 🎧 016

0 zero
1 jeden
2 dwa
3 trzy
4 cztery
5 pięć
6 sześć
7 siedem
8 osiem
9 dziewięć
10 dziesięć

9 Proszę uzupełnić i połączyć z cyfrą. [501B9]

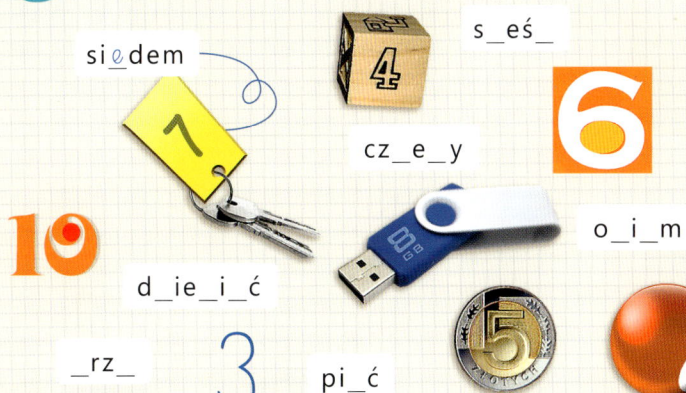

si_e_dem
s_eś_
cz_e_y
o_i_m
d_ie_i_ć
_rz_
pi_ć
dz_ew_ę_
j_de_
_er_
_w_

10 Proszę posłuchać i napisać. [501B10] 🎧 017

a 2
b __
c __
d __
e __
f __
g __
h __

11 Proszę uzupełnić i przeczytać. [501B11]

▶ 5 + 2 = 7
▶ 10 - 2 = ◯
▶ 8 + 1 = ◯
▶ 3 + 3 = ◯
▶ 4 - 4 = ◯
▶ 9 + 1 = ◯
▶ 7 - 2 = ◯
▶ 6 + 0 = ◯

+ plus
− minus
= równa się

12 Proszę podać swój numer telefonu. [501B12]

☐ ☐ ☐ ☐ ☐ ☐ ☐ ☐ ☐

Mój numer to:

jedenaście — 11

Mam pytanie...

polecenia | podstawowe zwroty | liczebniki 11-29

1 *Proszę dopasować, a następnie posłuchać i powtórzyć.* [501C1]

- Proszę wyłączyć telefon komórkowy.
- Proszę nie mówić po hiszpańsku.
- Proszę napisać dialog.
- Proszę popatrzeć na tablicę.
- Proszę powtórzyć.
- Proszę otworzyć książkę.
- Proszę wstać.
- Proszę posłuchać.
- Proszę przeliterować.
- Proszę usiąść.
- Proszę przeczytać tekst.
- Proszę zamknąć okno.

Jak się pisze „dialog"?

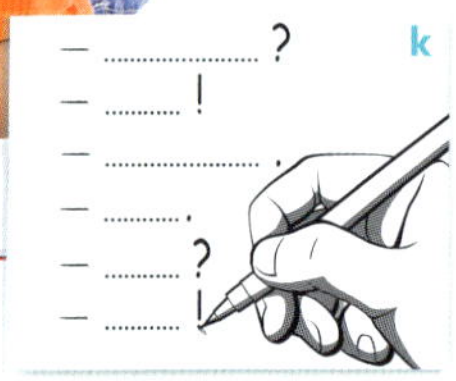

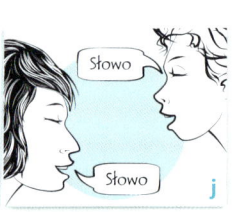

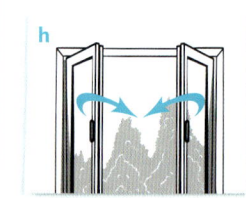

2 *Proszę dopasować.* [501C2]

1. Proszę napisać — „szkoła".
2. Proszę posłuchać — na tablicę.
3. Proszę nie mówić — dialog.
4. Proszę przeczytać — telefon.
5. Proszę powtórzyć — po angielsku.
6. Proszę wyłączyć — książkę.
7. Proszę popatrzeć — nagrania.
8. Proszę zamknąć — tekst.

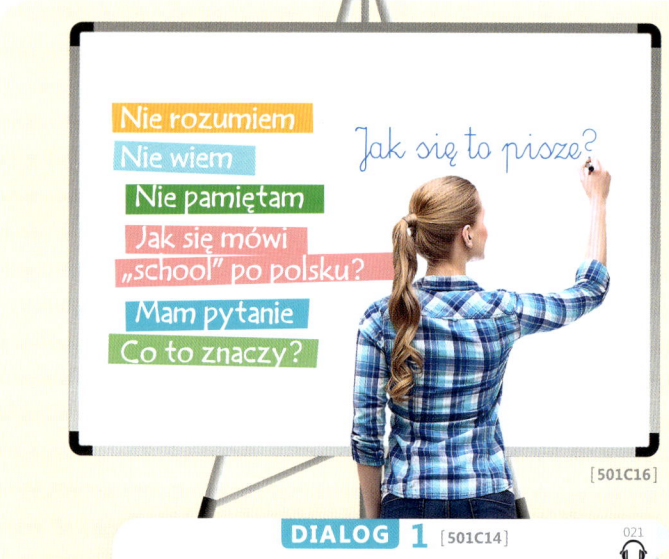

Nie rozumiem
Nie wiem
Nie pamiętam
Jak się mówi „school" po polsku?
Mam pytanie
Co to znaczy?

Jak się to pisze?

3 *Proszę posłuchać i zaznaczyć zwroty, które słyszysz.* [501C3]

1. Proszę usiąść. ✓
2. Proszę nie mówić po angielsku. ☐
3. Proszę wyłączyć telefony. ☐
4. Proszę otworzyć zeszyt. ☐
5. Proszę przeczytać tekst. ☐
6. Proszę zamknąć książkę. ☐
7. Proszę popatrzeć na tablicę. ☐
8. Proszę powtórzyć. ☐

DIALOG 1 [501C14]

NAUCZYCIELKA: *Proszę przeczytać dialog i uzupełnić ćwiczenie.*
MISAKI: *Nie rozumiem. Co to znaczy „ćwiczenie"?*
NAUCZYCIELKA: *„Exercise".*
MISAKI: *Dziękuję bardzo.*
NAUCZYCIELKA: *Proszę.*

POLSKI KROK PO KROKU

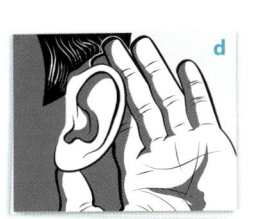

Nie rozumiem. Proszę powtórzyć.

4 **Proszę posłuchać i powtórzyć.** [501C4] 020

- dopaso_wać
- podkreślić
- u z u p e ł nić
- ~~skreślić~~
- zakreślić ⭕
- p o n u m e rować
  1 2 3 4 5 6

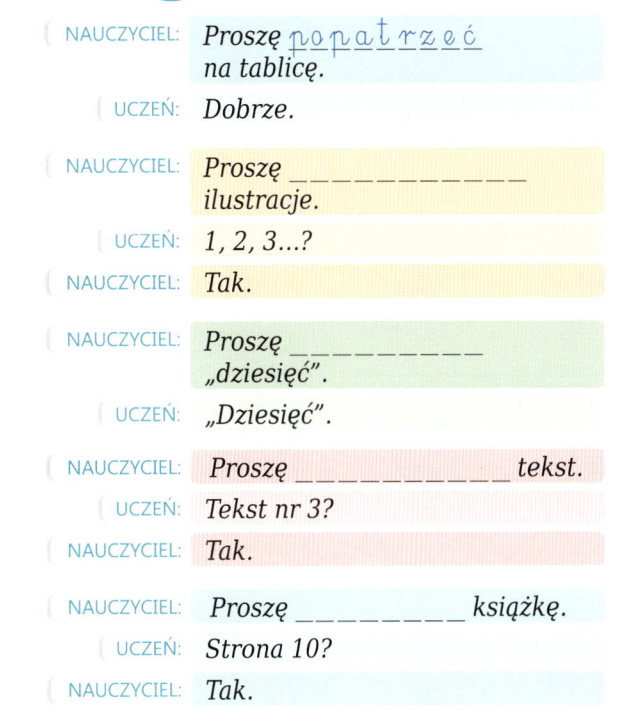

5 **Proszę uzupełnić dialogi.** [501C5]

NAUCZYCIEL: Proszę p o p a t r z e ć na tablicę.
UCZEŃ: Dobrze.
NAUCZYCIEL: Proszę _____ ilustracje.
UCZEŃ: 1, 2, 3...?
NAUCZYCIEL: Tak.
NAUCZYCIEL: Proszę _____ „dziesięć".
UCZEŃ: „Dziesięć".
NAUCZYCIEL: Proszę _____ tekst.
UCZEŃ: Tekst nr 3?
NAUCZYCIEL: Tak.
NAUCZYCIEL: Proszę _____ książkę.
UCZEŃ: Strona 10?
NAUCZYCIEL: Tak.

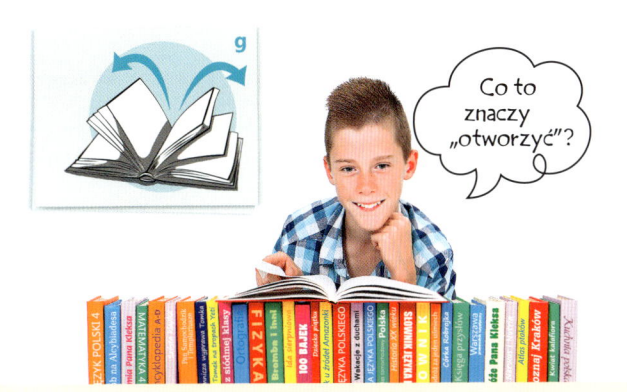

Co to znaczy „otworzyć"?

6 **Co pasuje?** [501C6]

1. Nie przeliterować | <u>rozumiem</u> | posłuchać.
2. Proszę pytanie | wiem | powtórzyć.
3. Co to wiem | znaczy | przeliterować?
4. Mam pisze | wiem | pytanie.
5. Jak to się przeliterować | rozumiem | pisze?
6. Jak się to mówi | znaczy | pytanie po polsku?
7. Nie wiem | otworzyć | znaczy.
8. Proszę znaczy | uzupełnić | rozumiem.

7 **Proszę posłuchać i zaznaczyć zwroty, które słyszysz.** [501C7] 023

1. Proszę przeliterować. ✓
2. Co to znaczy? ☐
3. Nie wiem. ☐
4. Nie rozumiem. ☐
5. Proszę powtórzyć. ☐
6. Proszę uzupełnić. ☐

DIALOG 2 [501C15] 022

DENIS: Mam pytanie. Jak się mówi „repeat" po polsku?
EMMA: „Powtórzyć".
DENIS: Jak się to pisze?
EMMA: Nie wiem.
NAUCZYCIELKA: P-o-w-t-ó-r-z-y-ć.
DENIS: Dziękuję.

8 **Proszę uzupełnić.** [501C8]

a j a k s i ę to _i__e?
b p_osz_ p__eli__r_wa_
c m_m _yt__i_
d n_e r__u__em
e c_ to z__cz_?
f _ro__ę p__t_rzy_

LICZEBNIKI 11-29

9 Proszę uzupełnić, a następnie posłuchać. [501C9] 024

dziewiętnaście | dwadzieścia dziewięć
jedenaście | szesnaście | piętnaście
czternaście | dwadzieścia jeden ✓

_____ 11
dwa**naście** 12
trzy**naście** 13
_____ 14
_____ 15
_____ 16
siedem**naście** 17
osiem**naście** 18
_____ 19
dwa**dzieścia** 20
dwadzieścia jeden 21
... ...
_____ 29

Maja

10 Proszę zapytać kolegę, jaki oni mają numer w dzienniku? [501C10]

A: Jaki numer ma Maja?
B: Maja ma numer dwadzieścia jeden.

	Nazwisko i imię
1	Adamski Man...
2	Beyer Sophie
3	Bridges James
4	Cichocka Ewa
5	Duval Clara
6	Hayami Misaki
7	Jones Olivia
8	Górecka Alicja
9	Kotowicz Emil
10	Krause Lukas
11	Krawczuk Artem
12	Morozow Denis
13	Nowak Jacek
14	Polańska Anna
15	Popow Olga
16	Rodriguez Diego
17	Sanchez Elena
18	Sorel Mathis
19	Thompson Emma
20	Yama Toru
21	Zielińska Maja

11 Proszę posłuchać i napisać. [501C11] 025

a 14   e ___
b ___   f ___
c ___   g ___
d ___   h ___

12 Proszę przeczytać. [501C12]

18 3 11 20
14 10 19
16 29

13 Proszę uzupełnić i połączyć z numerem. [501C13]

13 si_e_d_emna_ś_cie
t__ynaś____
_w_na_c_e
j_de__ści_
d_a_z__ś__a t__y
pi_t_aś_ie

o_i_m__ś_ie
d_ad_ie_c_a pi__
cz_e_na_cie
s_e_na_cie 
dz_ew_ęt__ś__e

D

Skąd jesteś? Gdzie mieszkasz?

koniugacja -m, -sz | kraje | miasta

---

1 **Proszę posłuchać i przeczytać.** [501D1] 026

SEKRETARKA: *Skąd pan jest?*
SHERLOCK HOLMES: **Jestem z** *Anglii.*
SEKRETARKA: *Gdzie pan mieszka?*
SHERLOCK HOLMES: **Mieszkam w** *Londynie.*

DIALOG 1 [501D12] 027

NAUCZYCIELKA: **Skąd jesteś?**
ELENA: *Przepraszam, nie rozumiem.*
NAUCZYCIELKA: *Ja jestem z Polski. A ty, skąd jesteś? Z Włoch? Z Francji? Z Hiszpanii?*
ELENA: **Jestem z** *Hiszpanii.*
NAUCZYCIELKA: *Ja mieszkam w Krakowie, a ty?* **Gdzie mieszkasz?**
ELENA: **Mieszkam w** *Madrycie.*

Skąd... z, gdzie... w.

---

2 **Proszę uzupełnić.** [501D2]

Londynie ✓ | Moskwie | Nowym Jorku | Ukrainy | Niemiec | Tokio | Paryżu | Madrycie | Włoch

	Skąd jesteś?	Gdzie mieszkasz?
	JESTEM Z...	MIESZKAM W...
1	Anglii	Londynie
2		Rzymie
3	Francji	
4	Hiszpanii	
5	Rosji	
6		Berlinie
7	USA	
8		Kijowie
9	Japonii	

---

3 **Proszę uzupełnić.** [501D3]

Z czy **W** ?

1. Jestem [z] Anglii, mieszkam [ ] Londynie.
2. Paola mieszka [ ] Polsce, ale jest [ ] Włoch.
3. Kamila jest [ ] Polski, ale mieszka [ ] Dublinie.
4. Clara i Mathis mieszkają [ ] Europie. Oni są [ ] Francji.
5. Ewelina mieszka [ ] Warszawie.
6. Pan Fischer jest [ ] Niemiec, mieszka [ ] Dreźnie.
7. Państwo Sánchez mieszkają [ ] Hiszpanii.

piętnaście 15

▶ mieszkać

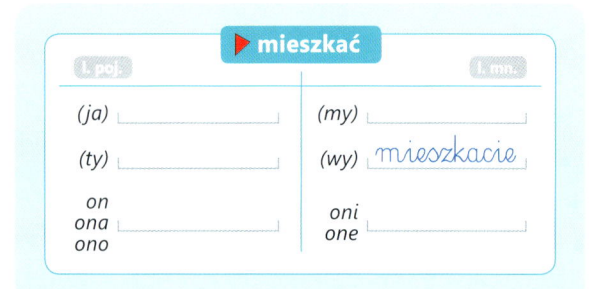

l. poj.		l. mn.	
(ja)		(my)	
(ty)		(wy)	mieszkacie
on ona ono		oni one	

mieszkam | mieszkamy | mieszka
mieszkasz | mieszkają | mieszkacie ✓

4 Proszę uzupełnić. [501D4]

5 Proszę uzupełnić. [501D5]

.... — mieszkam — ....

on — mieszkamy — ....

.... — mieszka — ....

.... — — pan

panie — mieszkasz

.... — mieszkają — państwo

.... — mieszkacie — ....

6 Proszę napisać dialogi. [501D6]

① Andreas
② Elena
③ Pierre
④ Justyna
⑤ Dylan

Gdzie mieszkasz?

Skąd jesteś?

DYLAN: Cześć, jestem Dylan, a ty?
JUSTYNA: Mam na imię Justyna, skąd jesteś?
DYLAN: Jestem z USA, a ty?
JUSTYNA: Ja jestem z Polski. Gdzie mieszkasz?
DYLAN: Mieszkam w Nowym Jorku.
JUSTYNA: Aha, a ja w Warszawie.

▶ Elena i Pierre
▶ Andreas i Justyna

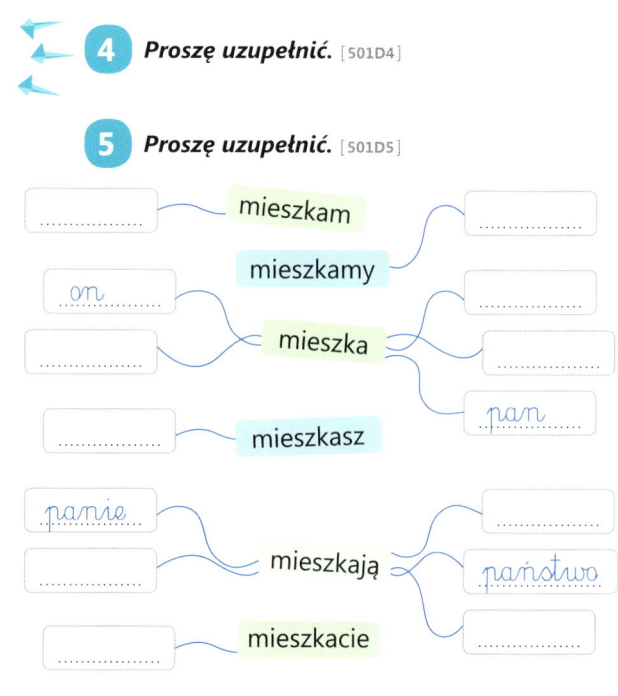

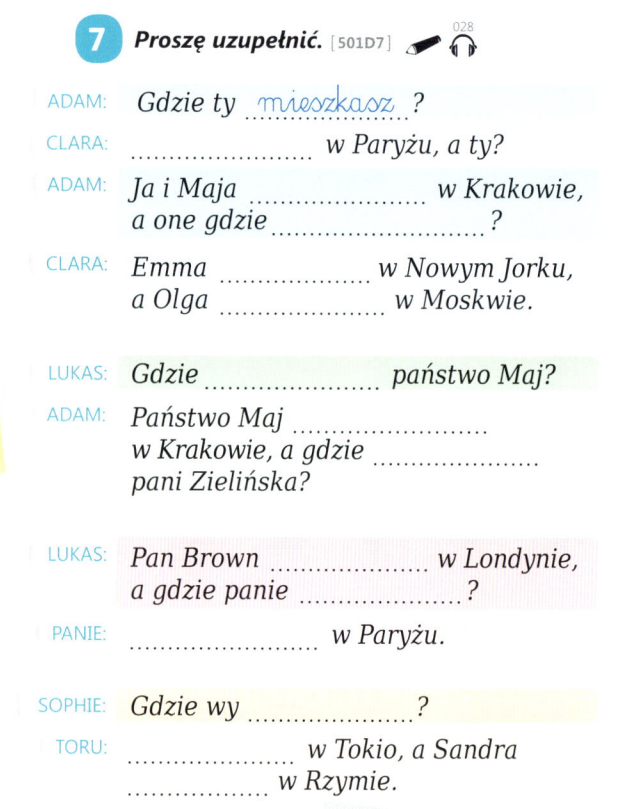

7 Proszę uzupełnić. [501D7] 028

ADAM: Gdzie ty _mieszkasz_?
CLARA: .... w Paryżu, a ty?
ADAM: Ja i Maja .... w Krakowie, a one gdzie ....?
CLARA: Emma .... w Nowym Jorku, a Olga .... w Moskwie.

LUKAS: Gdzie .... państwo Maj?
ADAM: Państwo Maj .... w Krakowie, a gdzie .... pani Zielińska?

LUKAS: Pan Brown .... w Londynie, a gdzie panie ....?
PANIE: .... w Paryżu.

SOPHIE: Gdzie wy ....?
TORU: .... w Tokio, a Sandra .... w Rzymie.

Gdzie wy mieszkacie?

Sophie | Toru

KONIUGACJA -m, -sz

nazywać się

l. poj.		l. mn.	
(ja) nazywam się	-m	(my) nazywamy się	-my
(ty) nazywasz się	-sz	(wy) nazywacie się	-cie
on / ona / ono nazywa się	-ø	oni / one nazywają się	-ją

mieć

l. poj.	l. mn.
(ja) mam	(my) mamy
(ty) masz	(wy) macie
on / ona / ono ma	oni / one mają

rozumieć

l. poj.	l. mn.
(ja) rozumiem	(my) rozumiemy
(ty) rozumiesz	(wy) rozumiecie
on / ona / ono rozumie	oni / one rozumieją

grać

l. poj.	l. mn.
(ja) gram	(my) gramy
(ty) grasz	(wy) gracie
on / ona / ono gra	oni / one grają

Gram na pianinie.

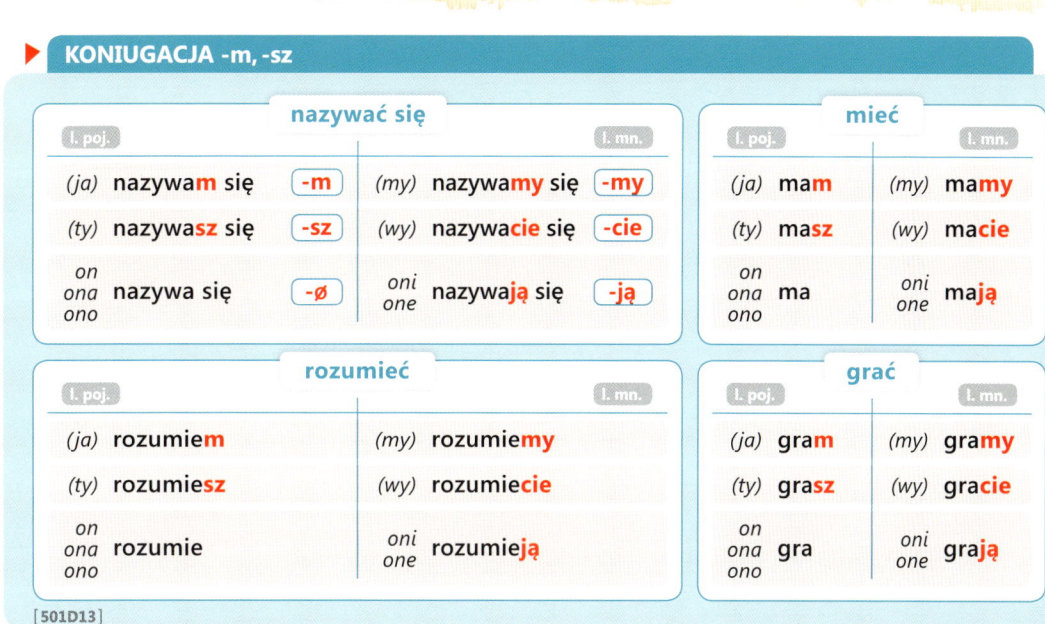

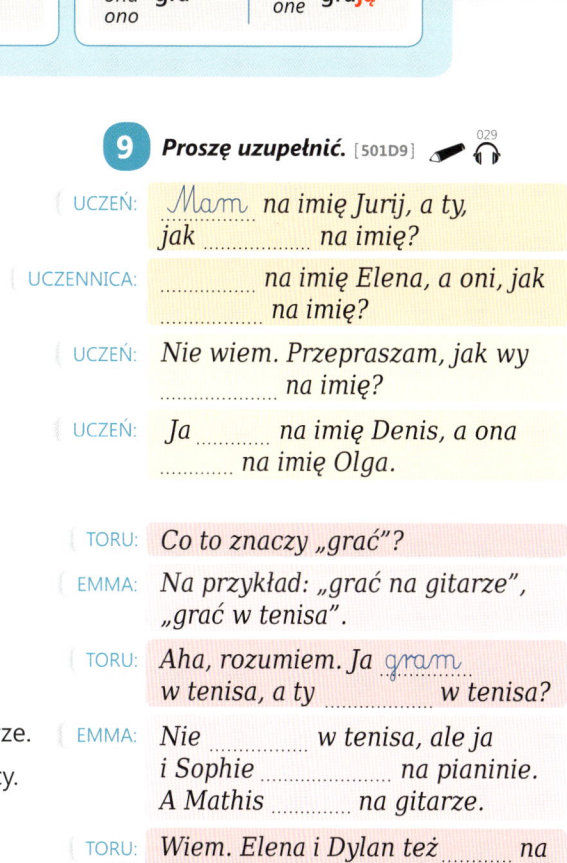

[501D13]

8 Proszę uzupełnić. [501D8]

1. Nazywa _m_ się Bridges. James Bridges.
2. Czy ty rozumie...... pytanie?
3. Nazywa...... się Karolina i Karol Maj.
4. Tomek nie gra...... w tenisa, ale oni gra.......
5. One ma...... pytanie.
6. Czy wy gra...... w siatkówkę?
7. My nie rozumie...... tekstu.
8. Czy ty ma...... telefon?

Jak się nazywam?

Daniel

9 Proszę uzupełnić. [501D9] 🎧 029

UCZEŃ: _Mam_ na imię Jurij, a ty, jak .... na imię?

UCZENNICA: .... na imię Elena, a oni, jak .... na imię?

UCZEŃ: Nie wiem. Przepraszam, jak wy .... na imię?

UCZEŃ: Ja .... na imię Denis, a ona .... na imię Olga.

TORU: Co to znaczy „grać"?

EMMA: Na przykład: „grać na gitarze", „grać w tenisa".

TORU: Aha, rozumiem. Ja _gram_ w tenisa, a ty .... w tenisa?

EMMA: Nie .... w tenisa, ale ja i Sophie .... na pianinie. A Mathis .... na gitarze.

TORU: Wiem. Elena i Dylan też .... na gitarze. A wy .... na gitarze?

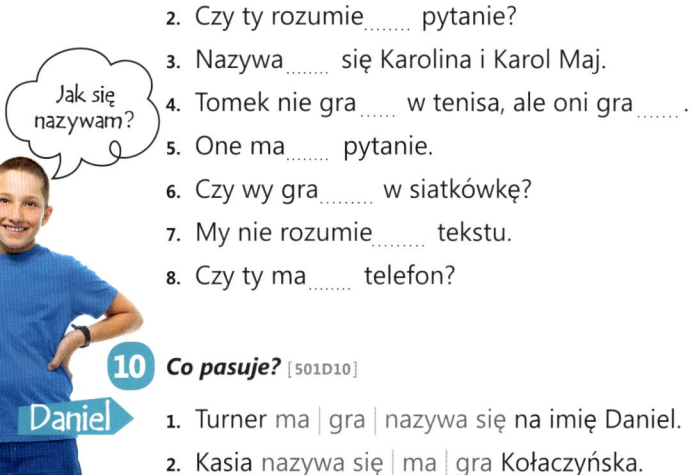

10 Co pasuje? [501D10]

1. Turner ma | gra | nazywa się na imię Daniel.
2. Kasia nazywa się | ma | gra Kołaczyńska.
3. (Ja) nie rozumiem | nie gram | nie mam na gitarze.
4. Adam i Maja grają | nazywają się | mają Zielińscy.
5. Jak wy macie | gracie | rozumiecie na imię?
6. Ty masz | nazywasz się | grasz na pianinie.
7. Ja i Diego rozumiemy | nazywamy się | <u>gramy</u> w tenisa.

11 Proszę połączyć i opowiedzieć, co oni robią. [501D11]

grać — na gitarze / na pianinie / w tenisa

1 Misaki 2 Lukas 3 Adam i Maja 4 TY

Misaki ma komputer.

mieć | być | grać

a na gitarze
b w domu
c telefon
d komputer
e w szkole
f w tenisa

siedemnaście 17

Powtórzenie

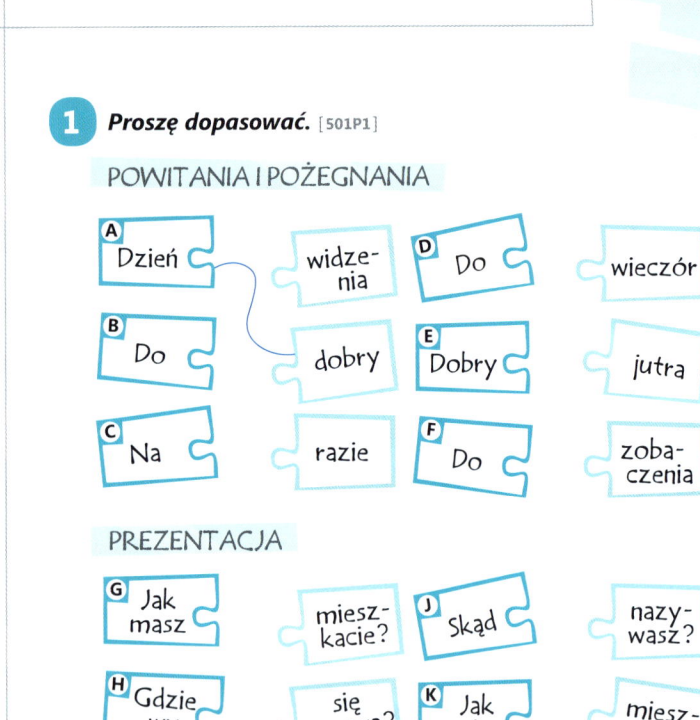

1 **Proszę dopasować.** [501P1]

POWITANIA I POŻEGNANIA

- A Dzień — widzenia
- B Do — dobry
- C Na — razie
- D Do — wieczór
- E Dobry — jutra
- F Do — zobaczenia

PREZENTACJA

- G Jak masz — mieszkacie?
- H Gdzie wy — się nazywa?
- I Jak pan — na imię?
- J Skąd — nazywasz?
- K Jak się — mieszka?
- L Gdzie pani — jesteś?

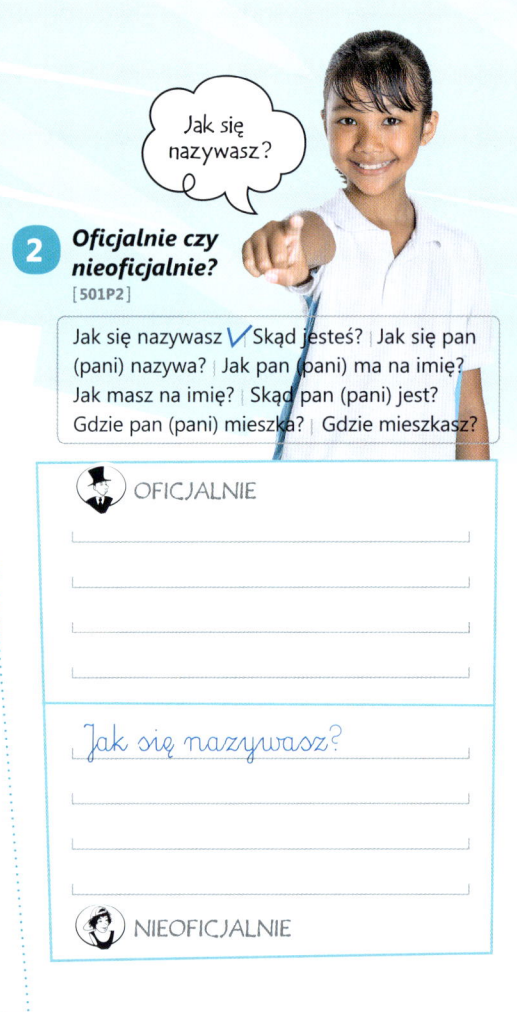

2 **Oficjalnie czy nieoficjalnie?** [501P2]

Jak się nazywasz?

Jak się nazywasz ✓ | Skąd jesteś? | Jak się pan (pani) nazywa? | Jak pan (pani) ma na imię? Jak masz na imię? | Skąd pan (pani) jest? Gdzie pan (pani) mieszka? | Gdzie mieszkasz?

OFICJALNIE

_____
_____
_____
_____

Jak się nazywasz?
_____
_____
_____

NIEOFICJALNIE

3 **Proszę uzupełnić.** [501P3]

1. Proszę *popatrzeć na tablicę.*
2. Proszę .... 
3. Proszę .... 
4. Proszę .... 
5. Proszę .... 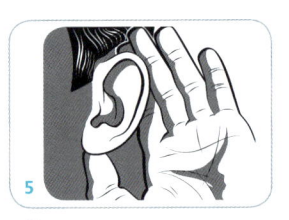
6. Proszę .... 
7. Proszę .... 
8. Proszę .... 
9. Proszę .... 
10. Proszę .... 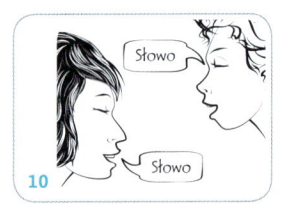
11. Proszę .... 
12. Proszę ....

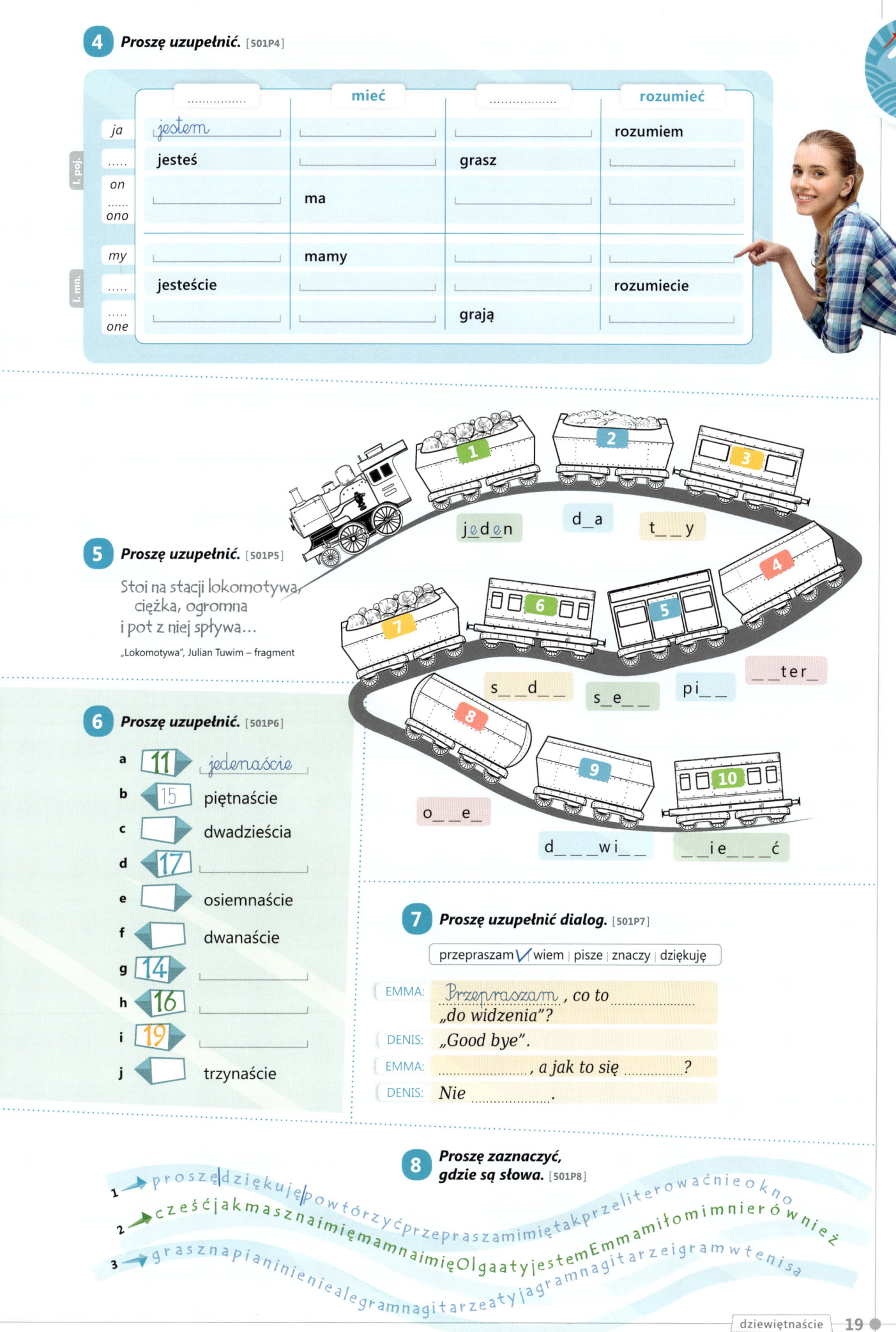

4 Proszę uzupełnić. [501P4]

	....	mieć	....	rozumieć
ja	jestem			rozumiem
.....	jesteś		grasz	
on ..... ono		ma		
my		mamy		
.....	jesteście			rozumiecie
..... one			grają	

l. poj. / l. mn.

5 Proszę uzupełnić. [501P5]

Stoi na stacji lokomotywa,
ciężka, ogromna
i pot z niej spływa...

„Lokomotywa", Julian Tuwim – fragment

1. j e d e n
2. d_a
3. t___y
4. __ter_
5. pi__
6. s_e__
7. s__d__
8. o__e_
9. d___wi__
10. __ie___ć

6 Proszę uzupełnić. [501P6]

a. 11 — jedenaście
b. 15 — piętnaście
c. ☐ — dwadzieścia
d. 17 — ....
e. ☐ — osiemnaście
f. ☐ — dwanaście
g. 14 — ....
h. 16 — ....
i. 19 — ....
j. ☐ — trzynaście

7 Proszę uzupełnić dialog. [501P7]

przepraszam ✓ | wiem | pisze | znaczy | dziękuję

EMMA: Przepraszam, co to .... „do widzenia"?
DENIS: „Good bye".
EMMA: ...., a jak to się ....?
DENIS: Nie ....

8 Proszę zaznaczyć, gdzie są słowa. [501P8]

1 → proszę|dziękuje|powtórzyć|przepraszam|imię|tak|przeliterować|nie|okno
2 → cześć|jak|masz|na|imię|mam|na|imię|Olga|a|ty|jestem|Emma|miło|mi|mi|nie|również
3 → grasz|na|pianinie|nie|ale|gram|na|gitarze|a|ty|a|ja|gram|na|gitarze|i|gram|w|tenisa

PLUS+ dla ambitnych!

DIALOG 1 [501E6]

UCZEŃ: *Jak się pan nazywa?*
BRZECHWA: *Brzechwa.*
UCZEŃ: *Jak pan ma na imię?*
BRZECHWA: *Jan.*
UCZEŃ: *Skąd pan jest?*
BRZECHWA: *Jestem z Polski.*
UCZEŃ: *Gdzie pan mieszka?*
BRZECHWA: *Mieszkam w Warszawie.*
UCZEŃ: *Jaki jest pana adres?*
BRZECHWA: *Ulica Krzywe Koło 17.*
UCZEŃ: *Jaki jest pana numer telefonu?*
BRZECHWA: *22 627 58 48.*
UCZEŃ: *Jaki jest pana ulubiony bohater?*
BRZECHWA: *Ambroży Kleks.*
UCZEŃ: *Dziękuję.*
BRZECHWA: *Proszę.*

1 Proszę uzupełnić. [501E1]

Imię: Jan
Nazwisko:
Narodowość: Polak
Miasto: Warszawa
Adres:
Telefon:
Ulubiony bohater:

2 Proszę napisać dialog. [501E2]

UCZEŃ: *Jak pan ma na imię?*
PAN KLEKS: ...
UCZEŃ: ...
PAN KLEKS: ...
UCZEŃ: ...
PAN KLEKS: ...
UCZEŃ: ...
PAN KLEKS: ...
UCZEŃ: ...
PAN KLEKS: *Proszę.*

IMIĘ Ambroży
NAZWISKO Kleks
NARODOWOŚĆ Polak
ADRES Warszawa Czekoladowa 7

Co czytamy?
"Akademię Pana Kleksa".

3 Proszę posłuchać, jak czyta nauczyciel i uzupełnić litery. [501E3]

Nad rze__ką opodal krza__ka
Mie__kała ka__ka-dziwa__ka,
Le__ zamiast trzyma__ się rze__ki
Robi_a pie__e wycie__ki.

„Kaczka-dziwaczka", Jan Brzechwa – fragment
© Copyright by Spadkobiercy Jana Brzechwy

4 *Proszę uzupełnić, a następnie posłuchać i powtórzyć.* [501E4]

Amerykanka | Anglik | Włoch
Francuzka | Polka ✓ | Holender
Norweg | Japończyk | Chinka
Rosjanka | Niemiec | Hiszpan
Portugalka | Belgijka
Ukrainiec | Kanadyjka
Meksykanin | Brazylijka

	KRAJ	STOLICA	NARODOWOŚĆ ♂	NARODOWOŚĆ ♀
1.	Polska	Warszawa	Polak	Polka
2.	Anglia	Londyn	....	Angielka
3.	Niemcy	Berlin	....	Niemka
4.	Francja	Paryż	Francuz	....
5.	Hiszpania	Madryt	....	Hiszpanka
6.	Portugalia	Lizbona	Portugalczyk	....
7.	Włochy	Rzym	....	Włoszka
8.	Belgia	Bruksela	Belg	....
9.	Holandia	Amsterdam	....	Holenderka
10.	Rosja	Moskwa	Rosjanin	....
11.	Ukraina	Kijów	....	Ukrainka
12.	Norwegia	Oslo	....	Norweżka
13.	Kanada	Ottawa	Kanadyjczyk	....
14.	Stany Zjednoczone	Waszyngton	Amerykanin	....
15.	Meksyk	Meksyk	....	Meksykanka
16.	Brazylia	Brazylia	Brazylijczyk	....
17.	Japonia	Tokio	....	Japonka
18.	Chiny	Pekin	Chińczyk	....
Ty	....	....	....	....

5 *Proszę uzupełnić formularz i napisać prezentacje.* [501E5]

Jestem z Anglii.

Jenny to Angielka. Ona jest z Anglii i mieszka w Londynie.

	A	B Marco	C
IMIĘ		Marco	
NARODOWOŚĆ	Angielka		
KRAJ			Polska
MIASTO			

	D	E	F
IMIĘ			
NARODOWOŚĆ			
KRAJ			
MIASTO			

A Jenny — B Marco — C Marta — D Tom — E Heinz — F Juliette

2 Co to jest? Kto to jest?

rzeczy w klasie | Kto to jest? | Co to jest?

1 Co to jest? [502A1]

okno ✓ | drzwi | tablica | biurko | słownik | krzesło | zegar | kubek | mapa
telewizor | plakat | kosz | ławka | długopis | ołówek | komputer | książka

To jest moja klasa.

Co to jest?

A. okno
B. ....
C. ....
D. ....
E. ....
F. ....
G. MAPA
H. ....
I. ....
J. ....
K. ....
L. ....
M. ....
N. ....
O. ....
P. ....
R. ....

CO TO JEST?

2 Co to jest? [502A2]

1. To jest słownik.
2. To jest ....
3. ....
4. ....
5. ....
6. ....
7. To są ....
8. ....

3 Proszę dopasować. [502A3]

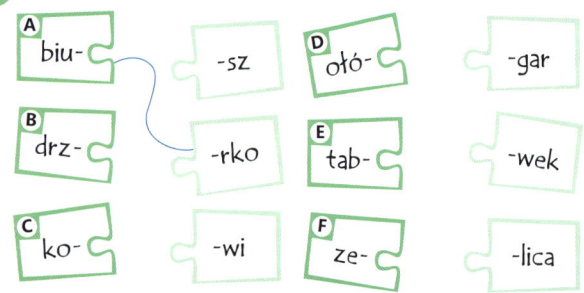

A. biu- | -sz
B. drz- | -rko
C. ko- | -wi
D. ołó- | -gar
E. tab- | -wek
F. ze- | -lica

4 Co to jest? [502A4]

1. t e l e w i z o r
2. _ i _ r k _
3. k _ _ e s _ _
4. _ o _ u _ _ _
5. _ ł _ g _ p _ _
6. o _ _ w _ _
7. _ _ bl _ c _
8. pl _ k _ _
9. _ u _ _ k
10. k _ i _ ż _ _

22 dwadzieścia dwa

POLSKI KROK PO KROKU

To jest **nauczyciel**. To jest **nauczycielka**.

To jest **koleżanka** Laura.

To jest **kolega**.

[502A11]

KTO TO JEST?

To jest **uczeń**. To jest **uczennica**.

5 Proszę przeczytać i uzupełnić. [502A5]

ELENA: Daniel, **kto to jest**?
DANIEL: Nie wiem!
CLARA: **To jest** nowa uczennica.
ELENA: Cześć, _jestem_ (być) Elena, a ty?
UCZENNICA: Cześć, ... (mieć) na imię Laura.
CLARA: Miło mi cię poznać, ... (być) Clara. Skąd .... (być)?
UCZENNICA: Jestem z Belgii. A wy skąd .... (być)?
CLARA: Ja jestem z Francji. A Elena .... (być) z Hiszpanii. A to jest Daniel. On .... (być) z USA.

6 *Co to jest? Kto to jest?* [502A6]

a _Kto_ to jest? To jest _nauczyciel_
b .... to jest? To jest ....
c .... to jest? To jest ....
d .... to jest? To jest ....
e .... to jest? To jest ....
f .... to jest? To jest ....
g .... to jest? To jest ....
h .... to jest? To jest ....

7 *Proszę uzupełnić dialog.* [502A7]

TORU: Misaki, co _ _ jest?
MISAKI: Nie „co" tylko „kto".
TORU: Kto to _ _ s_?
MISAKI: To jest nowa _ _ _ enn_ _ _, Laura.

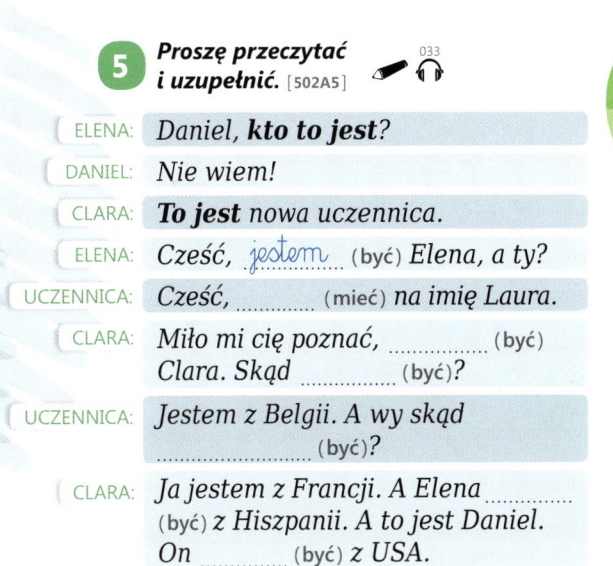

8 *Co jest w plecaku?* [502A8]

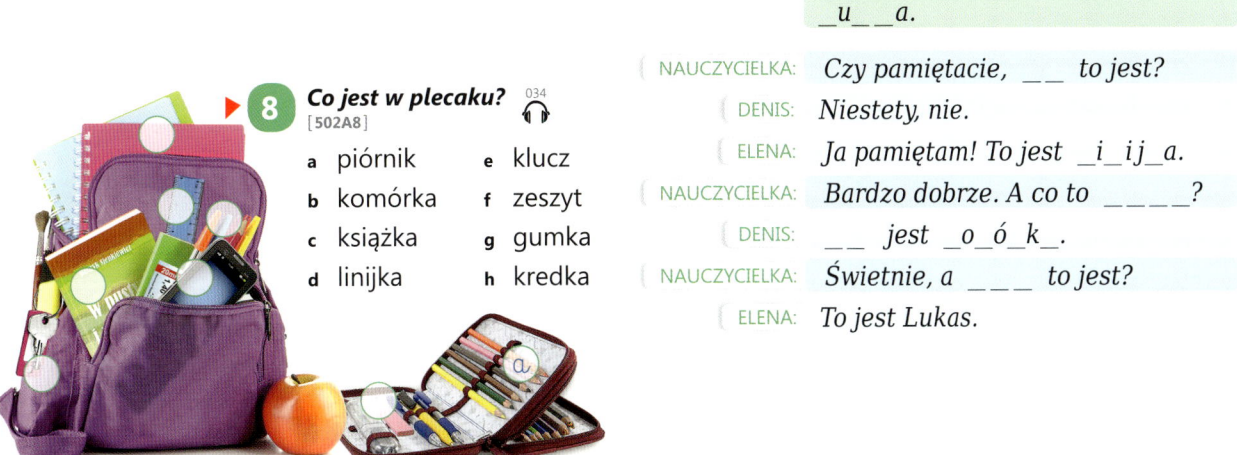

a piórnik   e klucz
b komórka   f zeszyt
c książka   g gumka
d linijka   h kredka

9 *Proszę uzupełnić.* [502A9]

SOPHIE: Olivia, co jest w plecaku?
OLIVIA: Słownik, ze_s_z_yt i _i_rn_ _.
SOPHIE: A co _ _ s_ w piórniku?
OLIVIA: Długopis, o_ _w_k i jest też _u_ _a.
NAUCZYCIELKA: Czy pamiętacie, _ _ to jest?
DENIS: Niestety, nie.
ELENA: Ja pamiętam! To jest _i_ij_a.
NAUCZYCIELKA: Bardzo dobrze. A co to _ _ _ _ _?
DENIS: _ _ jest _o_ó_k_.
NAUCZYCIELKA: Świetnie, a _ _ _ _ to jest?
ELENA: To jest Lukas.

10 *Co to jest?* [502A10]

a gumka / zeszyt
b książka / klucz
c piórnik / plecak
d długopis / linijka
e gumka / ołówek
f linijka / bilet
g komórka / kubek
h klucz / książka
i plecak / piórnik

dwadzieścia trzy — 23

2. Ten ołówek czy tamten?

rzeczownik: podział na rodzaje | ten, ta, to

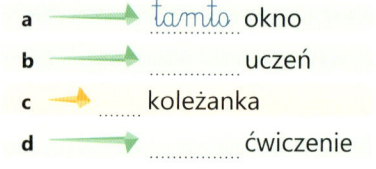

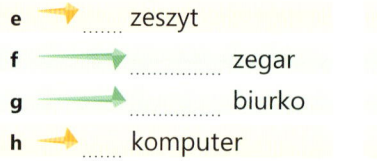

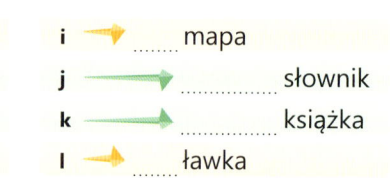

TEN uczeń
TA uczennica
TO dziecko

TEN – ON
TA – ONA
TO – ONO

1 Proszę uzupełnić. [502B1]

ołówek✓ | zadanie | mapa | tablica | ławka
okno | klucz | kubek | ćwiczenie✓ | radio
gumka | uczennica | uczeń | zeszyt | pudełko

TEN	TA	TO
ołówek,		ćwiczenie,

2 Proszę zakreślić: ten, ta lub to. [502B2]

1. **ten** | ta | to słownik
2. ten | ta | to czapka
3. ten | ta | to drzewo
4. ten | ta | to żaba
5. ten | ta | to kino
6. ten | ta | to zdjęcie
7. ten | ta | to plecak
8. ten | ta | to kredka
9. ten | ta | to kosz
10. ten | ta | to ćwiczenie

DIALOG 1 [502B7]   035

ELENA: „Gumka", „linijka" to **ona** i „pani" to też **ona**, tak?

JOSE: Tak, a „zeszyt", „ołówek" to **on**, ale uwaga – „kolega" to też **on**.

ELENA: A „imię"?

JOSE: „Imię" to **ono** i „muzeum", „centrum" to też **ono**.

3 Ten, ta, to czy tamten, tamta, tamto? [502B3]

a → **tamto** okno
b → .... uczeń
c → .... koleżanka
d → .... ćwiczenie
e → .... zeszyt
f → .... zegar
g → .... biurko
h → .... komputer
i → .... mapa
j → .... słownik
k → .... książka
l → .... ławka

G

To jest mój zeszyt.

MIANOWNIK KTO? CO?   l. poj.

rodzaj **męski**	rodzaj **żeński**	rodzaj **nijaki**
-ø / -a	-a / -ø / -i	-o / -e / -ę / -um

PRZYKŁAD
- To jest zeszyt**ø**.
- To jest studentk**a**.
- To jest dzieck**o**.
- To jest noc**ø**.
- To jest mieszkani**e**.
- To jest pan**i**.
- To jest imi**ę**.
- To jest muze**um**.

UWAGA
- To jest tat**a**.
- To jest koleg**a**.

[502B8]

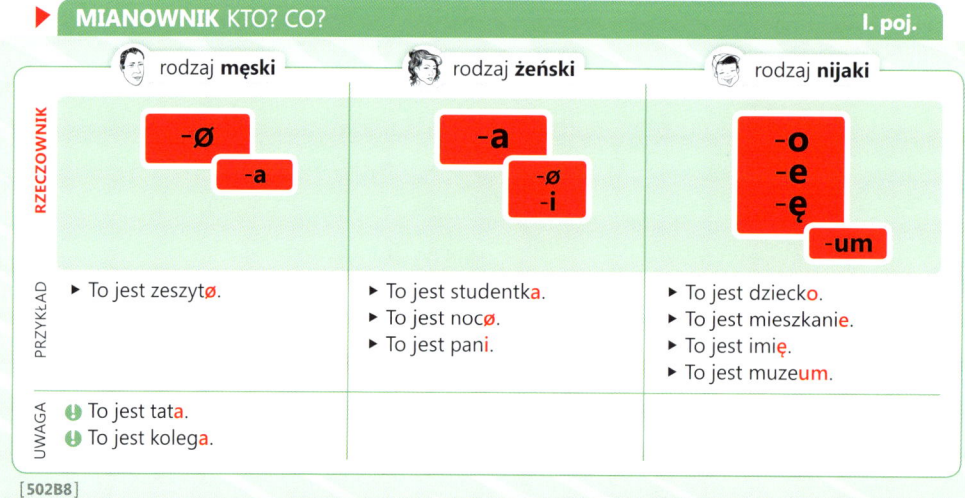

24 dwadzieścia cztery

TAMTEN uczeń
TAMTA uczennica
TAMTO dziecko

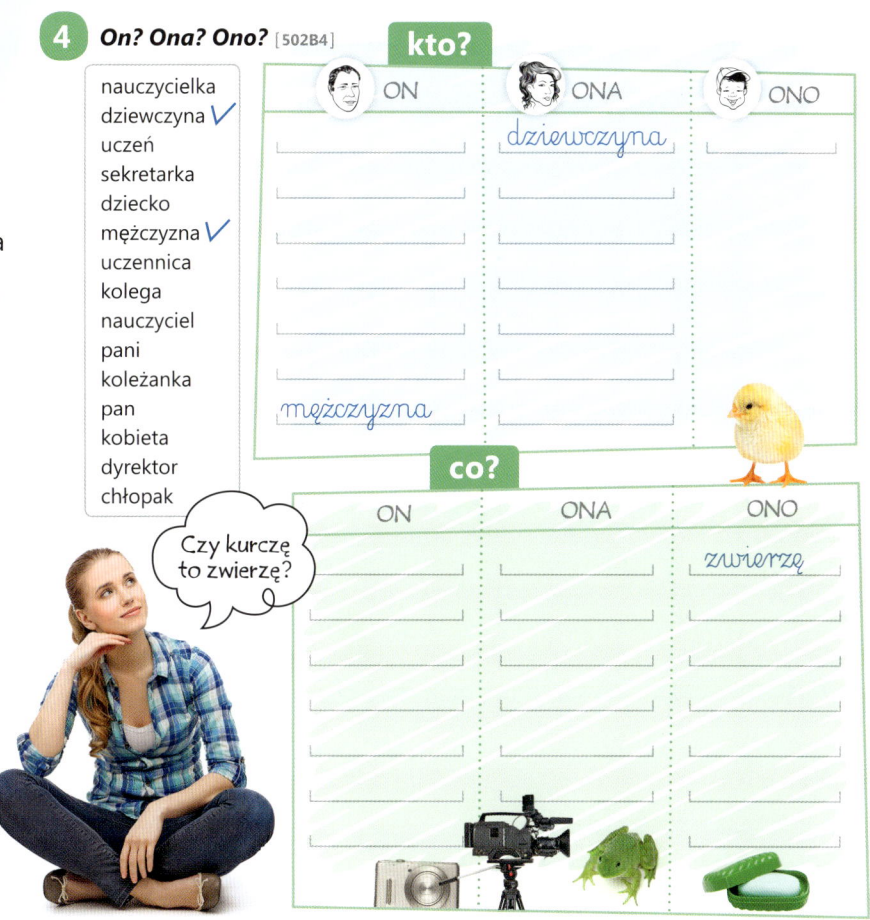

4 *On? Ona? Ono?* [502B4]

nauczycielka
dziewczyna ✓
uczeń
sekretarka
dziecko
mężczyzna ✓
uczennica
kolega
nauczyciel
pani
koleżanka
pan
kobieta
dyrektor
chłopak

kto?

ON	ONA	ONO
	dziewczyna	
mężczyzna		

Czy kurczę to zwierzę?

co?

ON	ONA	ONO
		zwierzę

kubek
kakao
gumka
zwierzę ✓
gimnazjum
długopis
tablica
jedzenie
piórnik
żaba
komputer
mydło
mapa
słownik
zadanie
aparat
kamera
plecak
akwarium
herbata

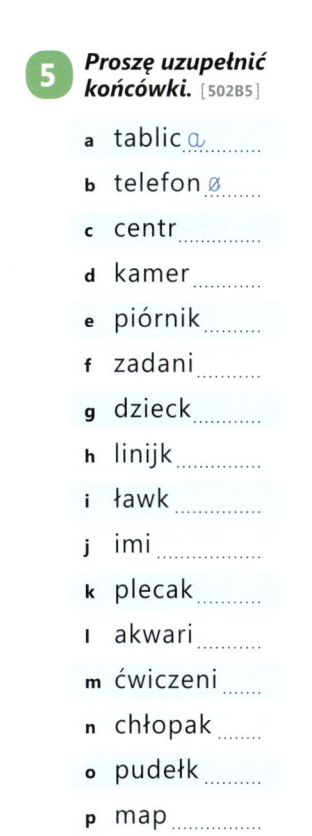

5 *Proszę uzupełnić końcówki.* [502B5]

a tablic a
b telefon ø
c centr
d kamer
e piórnik
f zadani
g dzieck
h linijk
i ławk
j imi
k plecak
l akwari
m ćwiczeni
n chłopak
o pudełk
p map
q gumk
r okn
s bilet

6 *Proszę uzupełnić.* [502B6]

ten

ta | komórka

to | zdjęcie

dwadzieścia pięć **25**

2 Czy to jest czerwone jabłko?

kolory | Czy to jest...? | jaki? jaka? jakie?

Czy to jest...?
✓ **Tak**, to jest...
✗ **Nie**, to **nie** jest...

DIALOG 1 [502C9]

A EMMA: Laura, **czy to jest** telefon?
LAURA: **Nie**, to **nie** jest telefon. To jest kalkulator.

B OLGA: Daniel, **czy to jest** mapa Krakowa?
DANIEL: **Tak**, to jest mapa.

C ARTEM: Mathis, **czy to jest** książka?
MATHIS: **Nie**, to **nie** jest książka. To jest ćwiczeniówka.

2 Proszę uzupełnić dialog. [502C2]

Czy to jest twój zeszyt? | czy to jest książka? ✓
Mój zeszyt jest czerwony | To jest zeszyt

OLIVIA: Sophie, *czy to jest książka?*
SOPHIE: Nie, to nie jest książka. ....
....

OLIVIA: ....
SOPHIE: Nie, to nie jest mój zeszyt. .... , a ten jest czarny.

mój | *twój*

Kto to jest?

1 Proszę uzupełnić. [502C1]

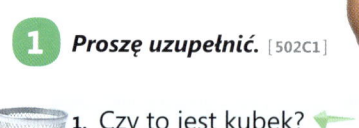

1. Czy to jest kubek?
Nie, to nie jest kubek. To jest kosz.

2. Czy to jest akwarium?
....

3. Czy to jest lampa?
....

4. Czy to jest długopis?
....

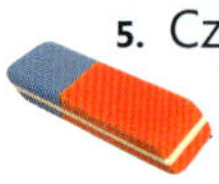

5. Czy to jest gumka?
....

6. Czy to jest kalkulator?
....

7. Czy to jest książka?
....

8. Czy to jest płyta?
....

9. Czy to jest plecak?
....

3 Proszę ułożyć zdania. [502C3]

1. jest | to | kto
   Kto to jest?

2. jest | klucz | to | czy

3. tak | nauczycielka | jest | to

4. pamiętam | nie | co | jest | to

5. akwarium | to | jest | czy

6. jest | to | co

7. zwierzę | nie | nie | to | jest

8. nie | co | wiem | to | jest

9. jest | płyta | to

10. nie | jest | uczeń | nie | to

KOLORY

4 Proszę posłuchać i powtórzyć. [502C4] 037

1. brązowy
2. biały
3. różowy
4. czerwony
5. pomarańczowy
6. żółty
7. zielony
8. niebieski
9. szary
10. fioletowy
11. czarny

5 Jaki to kolor? [502C5]

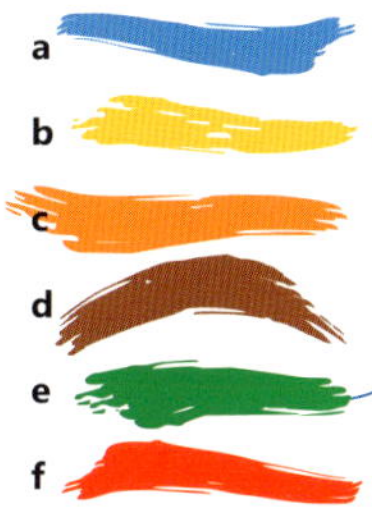

- a — zie_lo_na tablica
- b — _r__o_y piórnik
- c — _z_r_ony kubek
- d — ż___ta lampa
- e — n_e__esk_e akwarium
- f — po_a_a_c_owy zeszyt

DIALOG 2 [502C10] 038

ELENA: Mój kubek jest duży i niebieski, a **jaki** jest twój?

JAMES: Mój kubek jest czerwony i moja książka też jest czerwona. A **jaka** jest twoja książka?

ELENA: Moja książka jest zielona. Moje krzesło też jest zielone. A **jakie** jest twoje?

JAMES: Moje krzesło jest niebieskie.

6 Jaki? Jaka? Jakie? Czyj? Czyja? Czyje? [502C6]

nowa ✓ | twoje ✓ | nowy | zielone | niebieski
moje | żółte | zielona | twoja | stare | szara | mój
żółty | nowe | twój | szary | stara | moja | szare
niebieskie | stary | niebieska | żółta | zielony

JAKI?	JAKA?	JAKIE?
	nowa,	

CZYJ?	CZYJA?	CZYJE?
		twoje

MIANOWNIK KTO? CO?   l. poj.

rodzaj męski | **rodzaj żeński** | **rodzaj nijaki**

PRZYMIOTNIK: -y (k,g -i) | -a | -e

RZECZOWNIK: -ø / -a | -a / -ø / -i | -o / -e / -ę / -um

PRZYKŁAD:

To jest:
- dobry studentø.
- czarny kotø.
- wysoki domø.

⚠ dobry tata.

To jest:
- dobra studentka.
- zimna nocø.
- miła pani.

To jest:
- małe dziecko.
- duże mieszkanie.
- ładne imię.
- nowe muzeum.

JAKI? | JAKA? | JAKIE?

[502C11]

💭 To jest czarny kot.

Uwaga!

Co to jest? To jest kubek.
▶ **Jaki** jest ten **kubek**? Ten kubek jest nowy i niebieski.

Co to jest? To jest książka.
▶ **Jaka** jest ta **książka**? Ta książka jest nowa i niebieska.

Co to jest? To jest krzesło.
▶ **Jakie** jest to **krzesło**? To krzesło jest nowe i niebieskie.

7 Co to jest i jaki ma kolor? [502C7]

a — Ten kosz jest biały.
b —
c —
d —
e —
f —

8 Proszę uzupełnić. [502C8]

1. Ten długopis jest niebieski
2. Czy ten kubek jest ....
3. Nie, on jest ....
4. Ten plecak jest ....
5. Czy ta gumka jest ....
6. To krzesło jest ....
7. Ta tablica jest ....

dwadzieścia siedem 27

2. Stare, nowe, kolorowe?

podstawowe przymiotniki | opis przedmiotów

1 Proszę dopasować. [502D1]

mały | nowy | brzydki ✓ drogi
lekki | krótki | zły | trudny | brudny

a ładny ≠ brzydki 
b duży ≠ ....
c stary ≠ ....
d tani ≠ .... 
e długi ≠ .... 
f dobry ≠ .... 
g czysty ≠ .... 
h ciężki ≠ ....
i łatwy ≠ ....

2 Proszę uzupełnić. [502D2]

a brzydkie ≠ ładne
b nowa ≠ ....
c czyste ≠ ....
d ładna ≠ ....
e brudna ≠ ....
f długie ≠ ....
g tani ≠ ....
h dobre ≠ ....
i ciężka ≠ ....
j mały ≠ ....

3 Co nie pasuje? [502D3]

a nowy | ~~niebieski~~ | stary
b zły | dobry | duży
c brzydki | brudny | czysty
d drogi | długi | tani
e ładny | łatwy | brzydki
f mały | miły | duży

Nie jestem brzydki!

C ładny | brzydka | fajny | duża

4 Proszę uzupełnić. [502D4]

A stary | fajny | dobry

DENIS: Cześć Artem. Co u ciebie?
ARTEM: Cześć, wszystko w porządku. A u ciebie?
DENIS: Wszystko dobrze. Ale ___j___ aparat!
ARTEM: Dziękuję. Jest ___r_, ale bardzo __b__. Robi ładne zdjęcia.

B drogi | ładny | nowy | nowy

EMMA: Toru, czy to jest twój ____y zegarek?
TORU: Tak, ten zegarek jest _o__ i _r___.
EMMA: Jest bardzo ____n_.
TORU: Dziękuję.

ANASTASJA: Fuj! James, co to jest?!
JAMES: To jest żaba. Ma na imię Gordon.
ANASTASJA: Ta żaba jest _u__ i ____y___.
JAMES: To prawda, Gordon nie jest __d__, ale jest bardzo _____y.

D duża | fajny | drogi | tania
elegancka | ładna | mały

CLARA: Ojej, jaka ____g_____ torba!
ELENA: Dziękuję. Ta torba jest __d__, ____a i ___n__. Clara, ty masz bardzo _a____ plecak.
CLARA: Mój plecak jest __ł_, ale _r___.

5. Co to jest i jakie to jest? [502D5]

1. Ten <u>plecak</u> jest żółty | stary | <u>nowy</u>.
2. Ten .... jest krótki | czerwony | długi.
3. Ta .... jest tania | stara | droga.
4. Ta .... jest szara | brzydka | długa.
5. Ta .... jest różowa | długa | krótka.
6. To .... jest brudne | fioletowe | czyste.

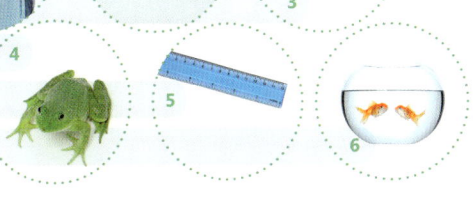

6. Jaki? Jaka? Jakie? [502D6]

inteligentny ✓ | zestresowana | stare | modna | małe
sympatyczny | skomplikowane | ambitny | atrakcyjna

JAKI?	JAKA?	JAKIE?
inteligentny		

7. Proszę uzupełnić słówkami z tabelki. [502D7]

a <u>inteligentny</u> uczeń
b .... kobieta
c .... dziecko
d .... kolega
e .... auto
f .... torba
g .... ćwiczenie
h .... film
i .... studentka

8. Proszę porównać obrazki (8 różnic). [502D8]

A   B

Ta tablica jest biała, a tamta jest czarna...

9. Czyje to jest? Proszę posłuchać i podpisać ilustracje. [502D9] 044

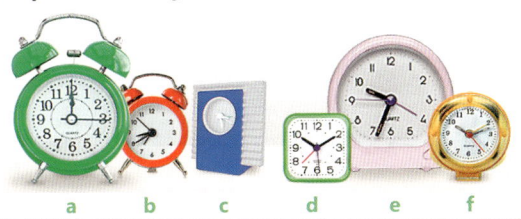

a b c d e f

1. Misaki <u>d</u>   3. Elena ....   5. James ....
2. Denis ....   4. Clara ....

10. Co jest w twoim plecaku? Co jest w twoim piórniku? Jakie to jest? [502D10]

2 Powtórzenie

1 Proszę pogrupować słowa. [502P1]

linijka | tanie ✓ | różowy | brzydki | niebieska | nowy | piórnik | brązowe | zielona | żółty | stare | słownik | czarna | krótki | kubek | klucz | długi | pomarańczowe | fajna | drogi | szary | akwarium | łatwe | okno | nowy | duży | fioletowe | czysta | mapa | plakat | komórka

PRZYMIOTNIK (jaki? jaka? jakie?)
tanie,

KOLOR

RZECZ (co?)

2 Co nie pasuje? Dlaczego? [502P2]

a krótki | mały | ~~nowa~~ | tani
b ołówek | długopis | ~~tablica~~ | linijka
c duży | czerwony | zielona | niebieskie
d biurko | zeszyt | ławka | krzesło
e niebieski | zielony | czerwona | żółty
f plakat | kosz | komputer | lampa
g książka | muzeum | zeszyt | piórnik
h fioletowe | torba | czarny | biała
i fajne | brudne | łatwy | długie

Nie pasuje „nowa", bo to jest rodzaj żeński, „tablica", bo nie jest w piórniku...

3 Proszę skorygować. [502P3]

1. ~~To~~ mapa jest nowa.
   ▸ *Ta mapa jest nowa.*
2. To akwarium jest brudny.
   ▸ ....
3. Czy ten książka jest droga?
   ▸ ....
4. Czy ta jest uczennica?
   ▸ ....
5. To plecak jest duży.
   ▸ ....
6. Ta tablica jest biały.
   ▸ ....
7. Czy ta radio jest stare?
   ▸ ....
8. To dziecko jest mały.
   ▸ ....
9. Ten aparat jest drogie.
   ▸ ....
10. Ten chusteczka jest czysta.
    ▸ ....

4 Proszę uzupełnić i podkreślić dobrą odpowiedź. [502P4]

1. *To* krzesło jest zielony | <u>zielone</u> | zielona.
2. .... dziecko jest ładna | ładny | ładne.
3. .... słownik jest dobre | dobry | dobra.
4. .... książka jest nowy | nowa | nowe.
5. .... płyta CD jest tanie | tania | tani.
6. .... długopis jest biały | biała | białe.
7. .... muzeum jest duży | duża | duże.
8. .... klucz jest stare | stara | stary.
9. .... jedzenie jest dobry | dobre | dobra.
10. .... noc jest długi | długa | długie.

5 Co to jest i jaki ma kolor? [502P5]

1. ....

Kto to jest?
To jest uczeń.

6 Proszę połączyć zdania. [502P6]

1. Kto to jest?
2. Co to jest?
3. Czy to jest ołówek?
4. Czy to jest nauczyciel?
5. Czy to jest kamera?
6. Jaki jest ten plakat?
7. Jaka jest ta lampa?
8. Jakie jest to radio?
9. Co to znaczy „brzydki"?
10. Co to znaczy „drogi"?

- To znaczy, że nie jest ładny.
- Nie, to jest długopis.
- Ono jest stare.
- To jest uczeń.
- On jest kolorowy.
- To znaczy, że nie jest tani.
- Ona jest niebieska.
- To jest komórka.
- Nie, to jest student.
- Tak, to jest kamera.

7 Co to jest? [502P7]

1. To jest małe i czarne.
   ▶ komórka
2. To jest duże i zielone.
   ▶ ....
3. To jest małe i różowe.
   ▶ ....
4. To jest długie i żółte.
   ▶ ....
5. To jest duże i fioletowe.
   ▶ ....
6. To jest małe i brązowe.
   ▶ ....
7. To jest małe i czerwone.
   ▶ ....
8. To jest małe i szare.
   ▶ ....
9. To jest duże i pomarańczowe.
   ▶ ....
10. To jest małe i białe.
    ▶ ....

8 Proszę posłuchać i zaznaczyć dobrą odpowiedź. [502P8] 049

A
B
C
D

1. T a ta b l i c a   j e s t   c za r na.
2. ___ kr___s___ jest ___ie_____.
3. T___ k___ek jest po___r___cz___y.
4. ___n ze___yt jest n_eb_es___.
5. T_ ksi___ka jest c_er_on_.
6. T_ k_m_rk_ jest _za_a.
7. T_ t_rb_ jest f_o_e_o_a.
8. T___ o___we_ jest _ó_ty.

9 Co jest w twoim plecaku? [502P9]

W moim plecaku jest duży...

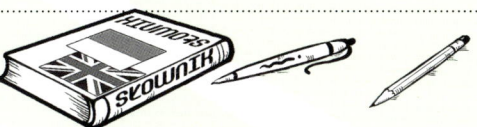

trzydzieści jeden 31

PLUS+
dla ambitnych!

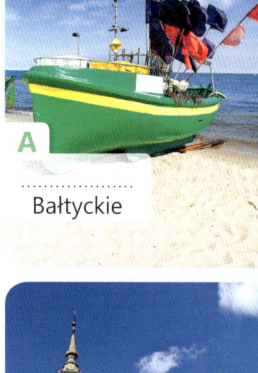

1 Co to jest? [502E1]

słońce ✓ drzewo kwiatek niebo ławka
piłka rower deskorolka pies kot

A. słońce
B. ....
tęcza
C. ....
latawiec
ptak
chmura
E. ....
D. ....
rolki
F. ....
G. ....
H. ....
I. ....
J. ....
trawa

A. .... Bałtyckie

F. .... zabytkowy .... w Toruniu

K. Morskie Oko w Tatrach

2 Proszę posłuchać i uzupełnić. [502E2]

To jest drzewo, to jest drzewo.
Ono jest _____ .
To jest niebo, to jest niebo.
Ono jest _____ .

Piłka, rower, deskorolka
I już ekstra jest!

To jest trawa, to jest trawa.
Ona jest _____ .
To jest ławka, to jest ławka.
Ona jest _____ .

Piłka, rower, deskorolka
I już ekstra jest!

Kot jest mały, kot jest mały.
On jest _____ .
Pies jest duży, pies jest duży.
Zaraz wskoczy do kałuży.

3 Prawda (P) czy nieprawda (N)? [502E3]

	P	N
1. Słońce jest żółte.	✓	
2. Trawa jest niebieska.		
3. Niebo jest zielone.		
4. Tęcza jest kolorowa.		
5. Chmura jest czarna.		
6. Ławka jest brązowa.		
7. Pies jest biały.		
8. Kot jest szary.		
9. Latawiec jest zielony.		
10. Piłka jest pomarańczowa.		
11. Ptak jest czarny.		
12. Deskorolka jest biała.		

POZNAJ POLSKĘ!

4 *Co to jest?* [502E4]

zamek | Wielki | ratusz | Długi | znany
Kolumna | Katedra | Starówka | znana | Warszawska
Oko ✓ | Muzeum | Morze | miasto | nowoczesne

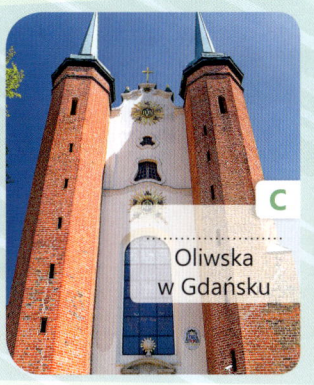

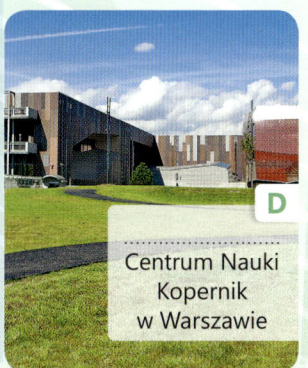

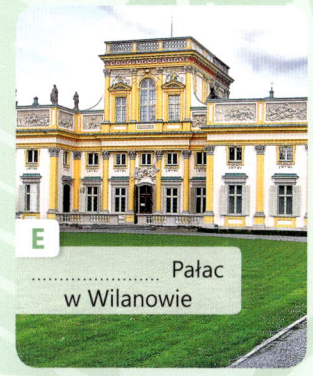

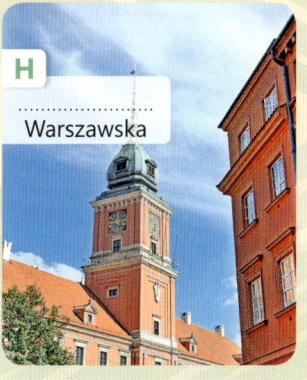

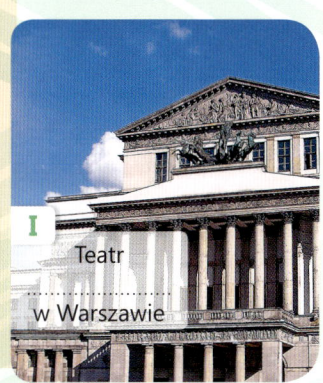

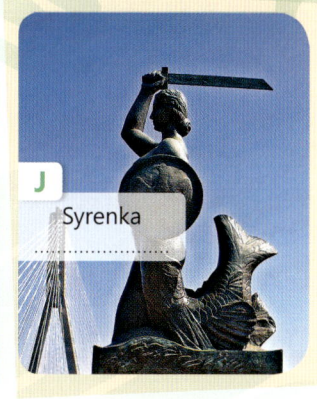

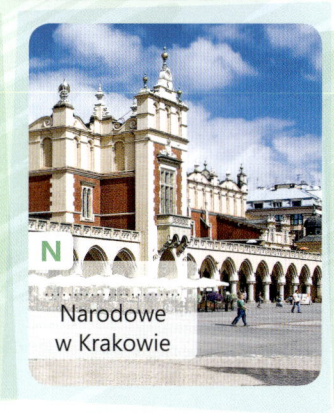

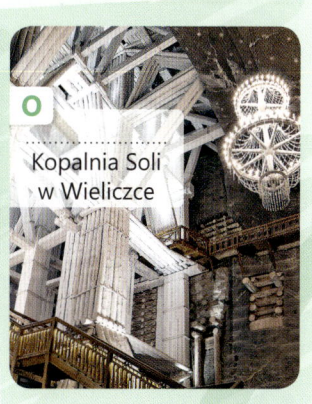

- A: .... Targ w Gdańsku
- B: .... w Gdańsku (ratusz)
- C: .... Oliwska w Gdańsku
- D: .... Centrum Nauki Kopernik w Warszawie
- E: .... Pałac w Wilanowie
- G: .... wysoka .... Zygmunta
- H: .... Warszawska
- I: .... Teatr .... w Warszawie
- J: .... Syrenka
- L: .... turystyczne .... Zakopane
- M: .... królewski na Wawelu w Krakowie
- N: .... Narodowe w Krakowie
- O: .... Kopalnia Soli w Wieliczce

5 *Proszę opisać ilustracje.* [502E5]

To jest Brama Floriańska. Ona jest stara, duża i zabytkowa. Brama Floriańska jest ładna, ale nie jest wysoka. To jest znana atrakcja turystyczna Krakowa.

1. Kraków
2. Malbork
3. Poznań

trzydzieści trzy 33

3. Tydzień ma siedem dni

przedmioty szkolne | dni tygodnia | mój, twój, jego, jej

1. Proszę podpisać zeszyty. [503A1]

muzyka ✓ | język polski | język angielski | plastyka | matematyka
historia | przyroda | wychowanie fizyczne (WF) | informatyka

2. Jaki kolor ma ten zeszyt? [503A2]

1. Różowy zeszyt to muzyka.
2. C_____ zeszyt to język polski.
3. N_____ zeszyt to język angielski.
4. Z_____ zeszyt to przyroda.
5. B_____ zeszyt to informatyka.
6. C_____ zeszyt to historia.
7. Ż_____ zeszyt to matematyka.
8. P_____ zeszyt to plastyka.

3. Jaki to jest przedmiot szkolny? [503A3]

1. chaniewowy zifyczne ▶ wychowanie fizyczne
2. aminofrytka ▶ ....
3. galikines ▶ ....
4. zumyka ▶ ....
5. pykatlas ▶ ....
6. kipsol ▶ ....
7. rasohiti ▶ ....
8. amametakty ▶ ....
9. radrzopy ▶ ....

4. Proszę przeczytać tekst i uzupełnić. [503A4]

Jaki jest plan lekcji Adama?

Cześć! Mam na imię Adam, a to jest mój plan. W poniedziałek mam tylko 4 lekcje. Najpierw jest język polski i historia, a potem matematyka i WF. We wtorek mam angielski i polski, jest też muzyka, matematyka i przyroda. Moja nauczycielka od przyrody *jest super!* ☺ Środa też jest fajna! Jest matematyka i historia, informatyka i WF. W czwartek mam 5 lekcji. Najpierw angielski i przyroda, ale potem jest dwa razy polski i niestety plastyka ☹ Nauczyciel jest fajny, ale plastyka to mój mały koszmar! Piątek jest OK. Znów jest język polski i matematyka. Potem jest przyroda, język angielski i mój ulubiony przedmiot: WF.

PLAN LEKCJI

	poniedziałek	wtorek	środa	czwartek	piątek	sobota	niedziela
1	język polski	język angielski	matematyka			☺ weekend	weekend
2					matematyka		
3	matematyka						
4					język angielski		
5							

34 trzydzieści cztery

5 *Jaki jest twój ulubiony przedmiot? Proszę napisać i zapytać kolegę.* [503A5]

MAJA: Jaki jest **twój** ulubiony przedmiot?
ADAM: **Mój** ulubiony przedmiot to WF.
DENIS: Jaki jest ulubiony przedmiot Emmy?
EMMA: **Jej** ulubiony przedmiot to plastyka.
GLOSSIK: Jaki jest **twój** ulubiony przedmiot?
TY: *Mój* ....

Uwaga!

ja	▶	mój
ty	▶	twój
on	▶	jego
ona	▶	jej

[503A11]

6 *Jaki jest jego / jej ulubiony przedmiot?* [503A6]

1. Denis + 🖱️
   Jego ulubiony przedmiot to informatyka.

2. Sophie + 🎵
   Jej ulubiony ....

3. Daniel + 2+2

4. Clara + 👑

5. Toru + 🇬🇧

6. Maja + 🇵🇱

DNI TYGODNIA 1 2 3 4 5 6 7 053

7 *Proszę dopasować słowo do numeru.* [503A7]

sobota — 7 wrzesień 2014
niedziela — czwartek
1 wrzesień 2014 — poniedziałek
6 wrzesień 2014
2 wrzesień 2014 — piątek
wtorek
3 wrzesień 2014 — środa
5 wrzesień 2014

Poniedziałek to dzień numer 1...

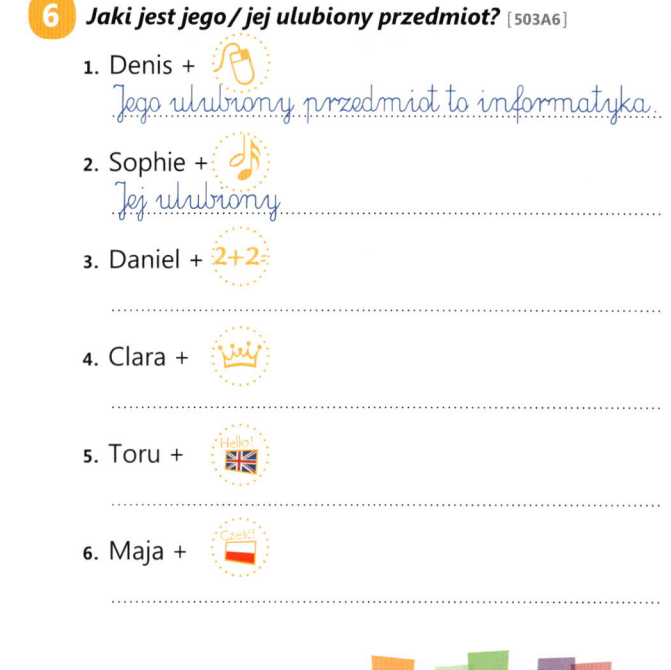

8 *Gdzie tu jest dzień?* [503A8]

N	I	E	W	T	O	C	Z	P	Ć	N	Ł
I	S	O	B	E	K	C	Ń	I	S	I	Ę
P	O	N	I	E	D	Z	I	A	Ł	E	K
I	B	P	O	N	O	W	H	T	W	D	S
Ą	O	Ś	R	O	D	A	W	E	B	Z	O
W	T	O	R	E	K	R	Ś	R	Ł	I	W
O	A	Ą	Ź	Ł	N	T	A	Ą	P	E	T
R	Ę	P	I	Ą	T	E	K	G	Ź	L	W
K	C	Z	W	S	O	K	Ć	Ź	U	A	Ś

Uwaga!

DZIEŃ TYGODNIA	KIEDY?	
poniedziałek	w	poniedziałek
wtorek	we	wtorek
środa	w	środę
czwartek	w	czwartek
piątek	w	piątek
sobota	w	sobotę
niedziela	w	niedzielę

[503A12]

9 *Proszę przeczytać plan lekcji Adama (ćwiczenie 4) i napisać, kiedy jest ta lekcja.* [503A9]

Kiedy jest:
a muzyka? *Muzyka jest we wtorek.*
b informatyka? ....
c język angielski? ....
d plastyka? ....
e historia? ....
f polski? ....

10 *Proszę posłuchać dialogu i napisać, jaki to jest dzień.* [503A10] 054

Olga ma nowy plan lekcji i pakuje plecak.

A 🇬🇧 2+2 🖱️

B 2+2 🍃 🎨
poniedziałek

C ⚽ 👑 🖱️

D 🍃 🇬🇧 2+2

E 👑 ⚽ 🎵

trzydzieści pięć **35**

Lubię to!

HOBBY
Czy wiesz, co my lubimy robić?

Czy wiesz, jak się mówi po angielsku...

lubić + bezokolicznik | *Co lubisz robić?*

A – Emma
B –
C –
D –
E –
F –
G –
H –
I –

1 Proszę przeczytać tekst i napisać, jak oni mają na imię. [503B1]

EMMA: Bardzo lubię malować i rysować. Mój ulubiony przedmiot to plastyka. Chcę być artystką!

ADAM: Lubię grać w piłkę nożną. Mój ulubiony przedmiot to WF, a mój ulubiony sportowiec to Marcin Gortat.

DENIS: Lubię surfować po internecie. Mój ulubiony przedmiot to informatyka.

SOPHIE: Lubię tańczyć i słuchać muzyki. Mój ulubiony przedmiot to muzyka.

DANIEL: Bardzo lubię liczyć. Mój ulubiony przedmiot to matematyka. Ile jest dwa plus dwa? Oczywiście cztery!

CLARA: Lubię czytać książki, na przykład o antycznej Grecji albo o Egipcie... Mój ulubiony przedmiot to historia.

TORU: Lubię dużo mówić! Mój ulubiony przedmiot to język angielski.

MAJA: Lubię poezję i lubię pisać wiersze. Jestem trochę romantyczna. Mój ulubiony przedmiot to język polski.

JAMES: Lubię naturę i lubię robić eksperymenty! Mój ulubiony przedmiot to przyroda. A to jest moja żaba. Ma na imię Gordon ☺

2 Co oni lubią robić? [503B2]

1. Emma *lubi malować i rysować*
2. Adam
3. Denis
4. Sophie
5. Daniel
6. Clara
7. Toru
8. Maja
9. James

lubić

l. poj.		l. mn.	
(ja)	lubię	(my)	lubimy
(ty)	lubisz	(wy)	lubicie
on ona ono	lubi	oni one	lubią

3 Proszę rozwiązać krzyżówkę. [503B3]

1. ...kolegów w klasie: 1, 2, 3, 4...
2. ...po internecie
3. ...eksperymenty
4. ...poezję, SMS-y, maile
5. grać w... nożną
6. ...kredkami albo ołówkiem
7. ...książki, gazety
8. ...portrety, pejzaże farbami

1. liczyć

4 Co lubisz robić? [503B4]

Lubię

36 trzydzieści sześć

POLSKI KROK PO KROKU

5. Lubię? Lubisz? Lubi…? [503B5]

A: Lukas, _lubisz_ surfować po internecie?
B: Tak! Bardzo _____ grać w gry komputerowe.
C: A wy? Co _____ robić?
D: My? Bardzo dużo! _____ czytać książki, słuchać muzyki i rysować.
E: Diego, co _____ robić w weekendy?
F: _____ surfować po internecie i pisać SMS-y do kolegów.
G: Elena jest z Hiszpanii. Czy ona _____ tańczyć flamenco?
H: Tak! Bardzo _____ tańczyć i słuchać muzyki. To typowa Hiszpanka ☺
I: Czy James _____ robić eksperymenty?
J: Jasne, on bardzo _____ eksperymentować. Przyroda to jego ulubiony przedmiot.
K: Co _____ robić Olivia i Olga?
L: Nie wiem, ale one na pewno _____ dużo mówić!

Lubię pisać SMS-y do kolegów.

6. Proszę posłuchać, połączyć imię z ilustracją i uzupełnić zdania. [503B6]

Anastasija — a
Misaki — b
Adam
Lukas — d
Emma
Mathis — c

1. Anastasija _lubi czytać książki_
2. Adam i Lukas _____
3. Mathis _____
4. Misaki i Emma _____

7. Proszę zapytać kolegę, co lubi robić i uzupełnić tabelę. [503B7]

TY: Czy lubisz tańczyć hip-hop?
KOLEGA: Tak, lubię 👍. | Nie, nie lubię 👎.

IMIĘ: _____

	👍	👎
1. tańczyć hip-hop		
2. mówić po polsku		
3. czytać komiksy		
4. grać w gry komputerowe		
5. **grać w** piłkę nożną		
6. **grać na** gitarze		
7. słuchać muzyki pop		
8. liczyć		
9. pisać SMS-y		
10. malować albo rysować		
11. surfować po internecie		

Uwaga!
▶ GRAĆ **w** + sport
▶ GRAĆ **na** + instrument

8. Prawda (P) czy nieprawda (N)? Dlaczego? [503B8]

Cześć! Nazywam się Gordon.

Cześć! Nazywam się Gordon. Jestem z Anglii i mieszkam w Liverpoolu. Teraz jestem w Polsce, bo mój przyjaciel James ma kurs języka polskiego. Lubię być w szkole. Mój ulubiony przedmiot to muzyka, a moja ulubiona piosenka to „Była sobie żabka mała". Niespecjalnie lubię przyrodę, bo James robi tam jakieś eksperymenty… Jestem bardzo aktywny. W weekendy lubię tańczyć i grać w tenisa. Lubię też dużo mówić, ale James w ogóle mnie nie rozumie… Nie wiem dlaczego! Czego nie lubię? Na pewno czytać, pisać ani liczyć. Z matematyki jestem kompletnie zielony!

	P	N
1. Gordon jest z Polski.		✓
2. Gordon lubi muzykę.		
3. Gordon lubi robić eksperymenty.		
4. Gordon lubi grać na komputerze.		
5. Gordon lubi mówić.		
6. Gordon lubi matematykę.		

9. Proszę posłuchać i powtórzyć. [503B9]

Była sobie żabka mała
Żabka małą zebrę znała
Zebra żebra połamała
Żabka zebrę pocieszała
Żabka z zebrą żyły dobrze
Życząc zdrowia starej kobrze

3. Mam talent

`umieć + bezokolicznik` `Co umiesz robić?`

1. QUIZ
Co pamiętasz? [503C1]

*Dobra odpowiedź: **1 punkt**, zła odpowiedź: **0 punktów**.*

1. Jak on **się nazywa**?
   On nazywa się Gordon.
2. Skąd **jest**?
3. Gdzie **mieszka**?
4. Jak **ma** na imię jego przyjaciel?
5. Co **lubi** robić?
6. Jaki **jest** jego ulubiony przedmiot?
7. Jak **się nazywa** jego ulubiona piosenka?

Ile masz punktów?

2. Proszę uzupełnić tekst. [503C2]

nazywają się ✓ | mieszkają | rozumieją | lubi | mają | rozumieją | są | grają | lubi

Ta dziewczyna to Maja, a tamten chłopak to Adam. Oni _nazywają się_ Zielińscy. _____ z Polski i _____ w Krakowie. Dobrze _____ w tenisa. Bardzo dobrze _____ angielski. Maja _____ pisać wiersze, a Adam _____ grać w piłkę nożną. Ich najlepszy kolega i najlepsza koleżanka _____ na imię Olivia i Lukas. Oni tylko trochę _____ język polski.

3. Proszę przeczytać dialogi. [503C3]

Olivia i Maja organizują w szkole wieczór talentów. Szukają aktorów, muzyków, poetów i innych artystów.

1. — Mathis, umiesz grać na gitarze?
— Tak, umiem. Gram dość dobrze.

2. — Adam, umiesz tańczyć?
— Chyba żartujesz!? Kompletnie nie umiem tańczyć!

3. — Emma, umiesz ładnie rysować?
— Myślę, że tak.

4. — Denis, a co ty umiesz robić?
— Wszystko! Umiem mówić, czytać i pisać po polsku. Umiem też śpiewać!
— O, jesteś bardzo utalentowany! ☺

4 Proszę uzupełnić. [503C4]

umieć

l. poj.		l. mn.	
(ja)	umiem	(my)	
(ty)		(wy)	
on ona ono		oni one	

umiemy | umieją | umie | umiecie | umiem ✓ | umiesz

Uwaga!
▶ UMIEĆ + bezokolicznik

Umiem **śpiewać**.
Umiem **grać** na gitarze.
Umiem **mówić** po polsku.

[503C15]

5 Proszę skorygować. [503C5]

Gordon robi pracę domową, ale nie umie pisać po polsku.

1. Olivia ~~umiesz~~ grać na flecie.
   ▶ Olivia umie grać na flecie.
2. My nie umiecie czytać po polsku.
   ▶
3. One umie grać w gry komputerowe.
   ▶
4. Daniel umiem tańczyć.
   ▶
5. Olivia i Emma nie umiesz dobrze liczyć.
   ▶
6. Ja nie umiemy mówić po rosyjsku.
   ▶
7. Co ty umiecie robić?
   ▶
8. Wy kompletnie nie umiesz rysować.
   ▶
9. Czy Gordon umieją śpiewać?
   ▶

6 Co oni umieją, a czego nie umieją robić? [503C6]

1. Misaki umie malować.
2. Artem
3. Clara
4. Sophie
5. James
6. Elena i Olga
7. Adam i Lukas

7 A co ty umiesz robić? [503C7]

Umiem

8 Proszę napisać, jak ma na imię artysta. Dlaczego? [503C8]

WIECZÓR TALENTÓW

		PROGRAM	IMIĘ
a	19:00	koncert gitarowy	Mathis, bo on umie grać na gitarze.
b	19:15	pokaz flamenco	
c	19:30	portrety i pejzaże – wystawa	
d	19:45	pokaz eksperymentów	
e	20:00	koncert wokalny	

Mathis

9. Proszę zaznaczyć koniugację -m, -sz. [503C9]

- tańczyć
- ✓ czytać
- słuchać
- mieć
- liczyć
- robić
- rysować
- grać
- pisać
- śpiewać
- mówić
- mieszkać
- malować
- oglądać
- surfować
- nazywać się

10. Proszę uzupełnić. [503C10]

czytać

l. poj.	l. mn.
(ja) czytam	(my)
(ty)	(wy)
on / ona / ono	oni / one

11. Proszę uzupełnić. [503C11]

1. Olivia, co _czytasz_ (ty/czytać)?
2. Daniel nie za dobrze _____ (grać) na gitarze.
3. My nie _____ (słuchać) polskiej muzyki.
4. Czy dobrze _____ (wy/śpiewać)?
5. Niestety, nie _____ (ja/czytać) dobrze po polsku.
6. W poniedziałek Adam i Lukas _____ (grać) w piłkę.
7. Jak ona się _____ (nazywać)?
8. _____ (ja/mieć) duży problem z gramatyką.
9. Na lekcji polskiego _____ (my/słuchać) płyty CD.
10. One świetnie _____ (śpiewać).
11. Kiedy _____ (wy/mieć) wolny czas?

12. GRA — Zagraj z kolegą. [503C12]

Rzucasz kostką dwa razy i układasz zdanie. Twój kolega kontroluje twoje odpowiedzi. Potem on rzuca.
Dobra forma to +1 punkt, zła forma to -1 punkt.

- (ja) ► mieć
- ty ► nazywać się
- on/ona ► śpiewać
- my ► grać
- wy ► (czytać)
- oni/one ► słuchać

🎲 + 🎲 = Ja czytam dobrze po polsku.

Ile macie punktów? ☐ ☐
Ty / kolega

13. Proszę posłuchać, co mówi Olivia. Jak ona umie to robić? [503C13]

Dobrze czytam po polsku.

a. gram w spektaklach
b. gram na instrumentach
c. śpiewam
d. tańczę
e. mówię po polsku
f. czytam po polsku — 3

Olivia

14. Jaki ty masz talent? A jaki ma twój kolega? [503C14]

A Ty _____
B kolega _____

Świetnie tańczę flamenco.
Okropnie śpiewam.

JAK UMIESZ TO ROBIĆ? [503C16]

ŚWIETNIE	BARDZO DOBRZE	DOBRZE	TAK SOBIE	ŹLE	BARDZO ŹLE	OKROPNIE
1	2	3	4	5	6	7

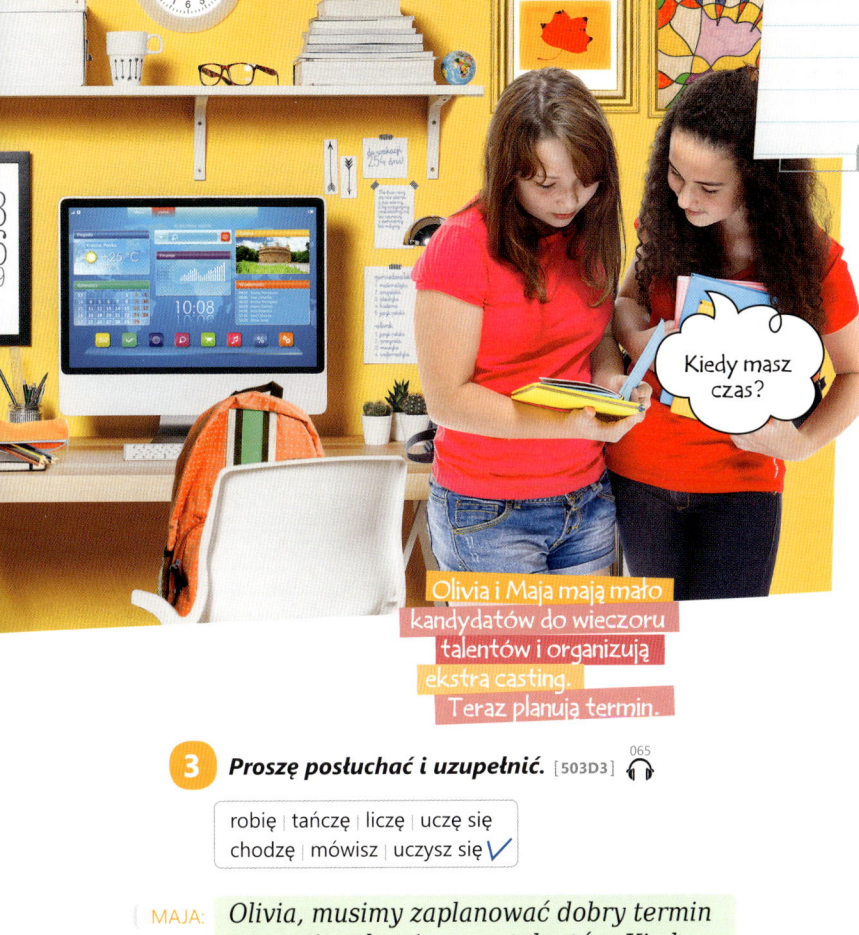

Czas na casting

koniugacja -ę, -isz/-ysz | języki

1 Co jest na ilustracji? Proszę pracować z kolegą. Macie tylko 3 minuty! Start! [503D1]

książka, uczennica, ...

Kiedy masz czas?

Olivia i Maja mają mało kandydatów do wieczoru talentów i organizują ekstra casting. Teraz planują termin.

2 Czy rozumiesz te słowa? [503D2]
- chodzić
- mówić
- uczyć się
- liczyć
- robić
- tańczyć

3 Proszę posłuchać i uzupełnić. [503D3] 065

robię | tańczę | liczę | uczę się
chodzę | mówisz | uczysz się ✓

MAJA: Olivia, musimy zaplanować dobry termin na casting do wieczoru talentów. Kiedy masz czas? Może w poniedziałek?

OLIVIA: W poniedziałek nie mogę, bo mam lekcję niemieckiego.

MAJA: O! _Uczysz się_ niemieckiego w Polsce?

OLIVIA: Tak, w Krakowie .... polskiego i niemieckiego. Chodzę na kurs do szkoły językowej.

MAJA: A co robisz we wtorek?

OLIVIA: Nie .... nic specjalnego.

MAJA: Ojej, ale we wtorek to ja nie mam czasu. .... na korepetycje z matematyki. Uczę się do sprawdzianu. To może środa?

OLIVIA: W środę i piątek .... Mam kurs salsy.

MAJA: Hmm, ... , że w poniedziałek jesteś zajęta, w środę i piątek też nie możesz... To może czwartek? Masz plany na czwartek?

OLIVIA: Nie mam. Jestem wolna.

MAJA: Super! W takiej sytuacji casting jest w czwartek.

OLIVIA: Już .... dni!

4 Proszę napisać w kalendarzu, jakie plany ma Olivia. [503D4]

PONIEDZIAŁEK 25 września Wincenty, Władysław
14.30 lekcja niemieckiego

WTOREK 26 września Cyprian, Kacper, Wiktoria

ŚRODA 27 września Amadeusz

CZWARTEK 28 września Marek, Tymon, Wacław

PIĄTEK 29 września Dariusz, Franciszek, Michalina

5 W dialogu z ćwiczenia 3 proszę zaznaczyć **kolorem** czasowniki nowej koniugacji -ę, -isz/-ysz. [503D5]

6 Proszę uzupełnić. [503D6]

KONIUGACJA -ę, -isz

Po **b**, **p**, **w**, **f**, **m**, **n** mamy ekstra **i** w formach *ja* i *oni/one*.

chodzić

l. poj.		l. mn.	
(ja) chodz**ę**		*(my)* chodz**imy**	
(ty) chodz**isz**		*(wy)* chodz**icie**	
on / ona / ono chodz**i**		oni / one chodz**ą**	

mówić

l. poj.		l. mn.	
(ja) mów**ię**		*(my)* mów**imy**	
(ty) mów**isz**		*(wy)* mów**icie**	
on / ona / ono mów**i**		oni / one mów**ią**	

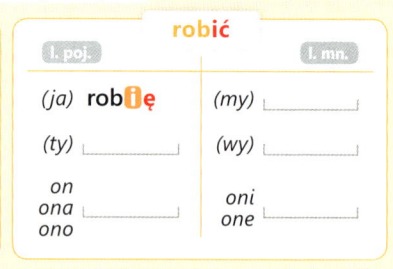

robić

l. poj.		l. mn.	
(ja) rob**ię**		*(my)* _____	
(ty) _____		*(wy)* _____	
on / ona / ono _____		oni / one _____	

chodzić na lekcję, do szkoły, na kurs, do klubu   *mówić po polsku, po angielsku, po rosyjsku*   *robić coś fajnego, coś nowego, nic nie robić*

KONIUGACJA -ę, -ysz

uczyć się

l. poj.		l. mn.	
(ja) ucz**ę** się		*(my)* ucz**ymy** się	
(ty) ucz**ysz** się		*(wy)* ucz**ycie** się	
on / ona / ono ucz**y** się		oni / one ucz**ą** się	

tańczyć

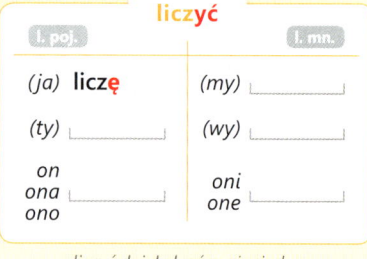

l. poj.		l. mn.	
(ja) tańcz**ę**		*(my)* tańcz**ymy**	
(ty) tańcz**ysz**		*(wy)* tańcz**ycie**	
on / ona / ono tańcz**y**		oni / one tańcz**ą**	

liczyć

l. poj.		l. mn.	
(ja) licz**ę**		*(my)* _____	
(ty) _____		*(wy)* _____	
on / ona / ono _____		oni / one _____	

uczyć się polskiego, angielskiego, matematyki   *tańczyć hip-hop, salsę, kujawiaka*   *liczyć dni, kolegów, pieniądze*

7 Co oni robią? [503D7]

1.
2.
3.
4.
5.

UMIESZ tańczyć, śpiewać albo malować?

MYŚLISZ, ŻE MASZ TALENT?
TO JEST TWOJA SZANSA!

CASTING

czwartek, 15:00

Diego, mówisz dobrze po polsku?

8 Co ty teraz robisz? [503D8]

....
....
....

9 Transformacja: liczba pojedyncza ▶ liczba mnoga. [503D9]

1. Ja mówię po polsku. ▶ My też *mówimy po polsku*
2. Ty świetnie tańczysz. ▶ Wy też ....
3. On chodzi na karate. ▶ Oni też ....
4. Ona uczy się francuskiego. ▶ One też ....
5. Ja liczę dni do wakacji. ▶ My też ....
6. Co robisz w Polsce? ▶ A co wy ....
7. Ono chodzi do szkoły. ▶ One też ....

1. Diego, mówisz dobrze po polsku?
2. A mówisz po angielsku?
3. Chodzisz na jakiś kurs?
4. Lubisz śpiewać?
5. Tańczysz hip-hop?
6. Uczysz się grać na gitarze?

10 QUIZ
Czy pamiętasz, skąd oni są? [503D10]

1. Elena bardzo dobrze tańczy flamenco. Ona jest:
   a z Polski **(b)** z Hiszpanii **c** z USA

2. Olga mówi po rosyjsku. Ona jest:
   a z Ukrainy **b** z Rosji **c** z Japonii

3. Daniel lubi chodzić na mecze bejsbola. On jest:
   a z Anglii **b** z USA **c** z Francji

4. Toru robi ładne figurki origami. On jest:
   a z Japonii **b** z Niemiec **c** z Polski

Uwaga!

On/ona **jest**	On/ona **mówi**
z Polski	**po** polsku
Anglii	angielsku
Francji	francusku
Hiszpanii	hiszpańsku
Japonii	japońsku
Niemiec	niemiecku
Rosji	rosyjsku
Ukrainy	ukraińsku
USA	angielsku

11 Proszę uzupełnić. [503D11]

1. Maja jest _z Polski._
   Mówi _po polsku._
2. Misaki jest _____
   Mówi _____
3. Denis jest _____
   Mówi _____
4. Artem jest _____
   Mówi _____
5. Olivia jest _____
   Mówi _____
6. Clara jest _____
   Mówi _____
7. Diego jest _____
   Mówi _____
8. Lukas jest _____
   Mówi _____

12 Proszę posłuchać i napisać, jak oni mówią po polsku. [503D12] 066

- Sophie — _bardzo dobrze_
- Anastasija _____
- James _____
- Daniel _____

13 Co pasuje? [503D13]

Maja robi casting i pyta Diego.
WIECZÓR TALENTÓW

Mówię tak sobie. Polski jest trudny!

- Tak, dużo się uczę angielskiego i mówię dobrze.
- Nie lubię, bo nie umiem! Kompletnie nie mam talentu.
- Mówię tak sobie. Polski jest trudny!
- Nie, tańczę break-dance. Chodzę na kurs tańca.
- Tak, uczę się. Mam lekcję gitary w sobotę.
- To nie jest kurs, ale chodzę do klubu grać w piłkę.

14 KWESTIONARIUSZ
Proszę zrobić casting. Kto jest dobrym kandydatem? UWAGA NA KONIUGACJĘ! [503D14]

1. MÓWIĆ PO POLSKU:
- ☐ świetnie!
- ☐ dobrze
- ☐ tak sobie
- ☐ źle
- ☐ okropnie

2. MÓWIĆ:
- ☐ po angielsku
- ☐ po francusku
- ☐ po niemiecku
- ☐ po rosyjsku
- ☐ _twoje pytanie_

3. CHODZIĆ:
- ☐ na kurs polskiego
- ☐ na lekcje gitary
- ☐ do klubu salsy
- ☐ do klubu sportowego
- ☐ _twoje pytanie_

4. UCZYĆ SIĘ:
- ☐ tańczyć
- ☐ grać na gitarze
- ☐ grać w piłkę
- ☐ karate
- ☐ _twoje pytanie_

5. LUBIĆ:
- ☐ grać na gitarze
- ☐ śpiewać
- ☐ malować
- ☐ rysować
- ☐ _twoje pytanie_

6. TAŃCZYĆ:
- ☐ hip-hop
- ☐ break-dance
- ☐ tango
- ☐ salsę
- ☐ _twoje pytanie_

Mówisz dobrze po polsku? Czy mówisz też...

3 Powtórzenie

1 Jaki to przedmiot? [503P1]

PIONOWO
1. Hello!
2. ⚽
3. 2+2=
4. Cześć!

POZIOMO →
5. 🖱 6. 👑 7. 🎵 8. 🎨

1. a n g i e l s k i

2 Jaki to jest dzień tygodnia? [503P2]

1. p o n i e d z i a ł e k
2. w _ _ _ _ _ _
3. ś _ _ _ _
4. c _ _ _ _ _ _ _ _
5. p _ _ _ _ _ _
6. s _ _ _ _ _ _
7. n _ _ _ _ _ _ _ _

3 Jaki jest mój, twój, jego, jej ulubiony przedmiot szkolny? [503P3]

1. Maja lubi pisać poezję.
   Jej ulubiony przedmiot to język polski.
2. Denis lubi grać w gry komputerowe.
3. Ja lubię grać w piłkę.
4. Ty lubisz robić eksperymenty.
5. Toru lubi mówić po angielsku.
6. Misaki lubi malować.
7. Ja lubię grać na pianinie.

4 Co Gordon lubi, a czego nie lubi robić? [503P4]

Gordon lubi:
▶ *tańczyć* break-dance
▶ m_____ po polsku
▶ g_____ w tenisa
▶ s_____ muzyki

Gordon nie lubi:
▶ c_____ książek i gazet
▶ p_____ pracy domowej, SMS-ów, maili
▶ l_____ (1, 2, 3, 4...)
▶ s_____ po internecie

5 Co lubi, a czego nie lubi robić Artem? [503P5]

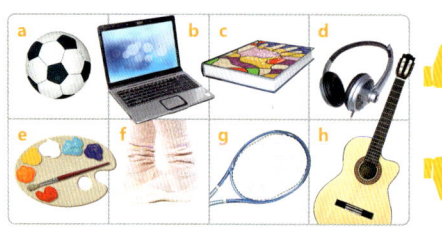

a. ⚽ b. 💻 c. 📚 d. 🎧 👍
e. 🎨 f. 👣 g. 🎾 h. 🎸 👎

Artem lubi: grać w piłkę,

Artem nie lubi:

6 Proszę uzupełnić. [503P6]

1. Co lubisz robić?
2. Co lubi robić twój kolega/twoja koleżanka?
3. Co umiesz robić?
4. Czego nie umiesz robić?

7 Proszę pogrupować czasowniki. [503P7]

mówić ✓ | umieć ✓ | uczyć się | liczyć | słuchać | robić | tańczyć | grać | lubić | śpiewać | mieć

koniugacja -m, -sz	koniugacja -ę, -isz/-ysz
umieć	mówić

8 Proszę uzupełnić. [503P8]

	umieć	śpiewać	mówić	uczyć się
(ja)	umiem			uczę się
(ty)		śpiewasz		
on / ona / ono			mówi	
(my)			mówimy	
(wy)	umiecie			
oni / one		śpiewają		uczą się

9 Proszę napisać zdania. [503P9]

Olga to poliglotka. Mówi nie tylko po rosyjsku!

Olga:
a świetnie mówi po rosyjsku
b bardzo dobrze
c
d
e
f
g

10 Proszę uzupełnić. [503P10]

A: Grasz (ty/grać) na jakimś instrumencie?
B: _____ (ja/grać) na flecie.
A: Dobrze?
B: Nie, tak sobie. Chyba nie _____ (ja/mieć) talentu.

C: Czy Mathis i Diego _____ (słuchać) polskiego rocka?
D: Chyba nie. Mathis _____ (grać) na gitarze, ale nie wiem, czy lubi rocka.

E: Czy Clara dobrze _____ (tańczyć)?
F: Nie bardzo. _____ (ona/tańczyć) tak sobie.

G: _____ (wy/mówić) po polsku czy po angielsku?
H: Jasne, że po polsku! _____ (my/chodzić) na kurs i _____ (my/uczyć się) polskiego, więc _____ (my/mówić) po polsku.

I: Co _____ (ty/robić)?
J: _____ (ja/uczyć się) polskiego. _____ (ja/chodzić) na kurs.

K: Dobrze _____ (ty/mówić) po polsku?
L: Jeszcze nie. _____ (ja/mówić) tylko trochę.

11 Proszę uzupełnić. [503P11]

lubić | umieć | mieszkać | czytać | uczyć się | grać | tańczyć | mówić | rozumieć | mieć | nazywać się ✓

Ten mały kot nazywa się Filemon. _____ w Gdańsku. Nie _____ po polsku ani po angielsku, ale dobrze _____ język kotów. W poniedziałek i w środę _____ języka japońskiego. W wolnym czasie kot Filemon bardzo _____ grać w piłkę nożną. To jest bardzo wysportowany kot i świetnie _____ w piłkę. _____ też grać w tenisa, ale nie za dobrze. Filemon _____ piękną dziewczynę – kotkę Migotkę. Razem (Filemon i Migotka) chodzą na dyskoteki i _____ hip-hop. W sobotę i w niedzielę _____ książki i gazety o kotach i trochę uczą się japońskiego.

12 Prawda (P), nieprawda (N) czy brak informacji (?)? Dlaczego? [503P12]

Filemon:

		P	N	?
a	mieszka w Moskwie.		✓	
b	mówi dobrze po angielsku.			
c	mówi bardzo dobrze po japońsku.			
d	nie umie grać w piłkę nożną.			
e	i Migotka tańczą tango.			
f	w weekendy lubi się uczyć.			

PLUS+ dla ambitnych!

1 Jakie oni mają hobby? Proszę dopasować tekst do ilustracji. [503E1]

1 To jest Emily, moja koleżanka ze szkoły. Chodzimy też razem na warsztaty plastyczne. Emily jest bardzo utalentowana, a jej ulubiony przedmiot to plastyka. W sobotę lubimy chodzić do galerii, ale nie do galerii sztuki ☺ Chodzimy do galerii handlowej, bo lubimy **robić zakupy**!

2 Codziennie chodzę do szkoły z moim kolegą. Ma na imię Borys i też jest z Rosji. Tak jak ja lubi surfować po internecie i grać w gry komputerowe, ale jego ulubiony przedmiot to WF. Lubi **zbierać autografy** popularnych sportowców. Ma już naprawdę niezłą kolekcję!

3 Moja przyjaciółka Lea jest bardzo utalentowana. Lubi muzykę i naprawdę świetnie śpiewa. Chodzimy też razem na kurs tańca. Lea nie tylko lubi tańczyć, ale też **pływać**. We wtorek i czwartek chodzimy razem na basen, a od czasu do czasu do aquaparku.

4 Mój najlepszy przyjaciel to Tim. Tim też jest z Anglii i mieszka w Liverpoolu. Jest bardzo wysportowany, bo jego ulubiony przedmiot to WF. Świetnie gra w piłkę nożną, ale lubi też **jeździć na deskorolce**. W sobotę i niedzielę zawsze jeździmy razem w parku.

5 Mój kolega Tom i jego tata mają bardzo interesujące hobby. W wolnym czasie lubią **robić modele samolotów**. Jeden model robią cały tydzień! W piątek po szkole lubię chodzić do Toma i oglądać jego kolekcję. Chcę być pilotem!

HOBBY

6 Moja najlepsza koleżanka ma na imię Madeleine. Madeleine ma jedno hobby: bardzo lubi **biegać**. Teraz biega tylko w parku albo na stadionie, ale planuje biegać też w maratonie. Jak w antycznej Grecji ☺

7 Moja przyjaciółka ma na imię Ewa. Tak jak ja mieszka w Krakowie. Chodzimy do tej samej klasy i siedzimy razem w ławce. Jej ulubiony przedmiot to język polski. W wolnym czasie Ewa lubi **robić zdjęcia**. Fotografia to jej nowa pasja!

8 Mój przyjaciel Shizuku jest bardzo inteligentny. Nie ma ulubionego przedmiotu, bo lubi bardzo dużo rzeczy. Jednak najbardziej lubi **uczyć się języków obcych**. Mówi już po angielsku, koreańsku i niemiecku. Zna też hiszpański i włoski. Teraz też uczy się polskiego, tak jak ja!

2 Kto... [503E2]

a jest z Anglii? ▶ Tim
b lubi surfować po internecie? ▶ ....
c umie tańczyć? ▶ ....
d mówi po koreańsku? ▶ ....
e mieszka w Krakowie? ▶ ....
f umie malować? ▶ ....
g robi coś z tatą? ▶ ....
h ma tylko jedno hobby? ▶ ....

46 czterdzieści sześć

POLSKI KROK PO KROKU

Czy wiesz, co oni lubią robić?

4. jeździć na deskorolce

WARSZTATY LITERACKIE

3 Proszę przeczytać wiersz i podkreślić dni tygodnia. [503E3]

1 2 3 4 5 6 7

Jan Brzechwa
„TYDZIEŃ"

4 Które słowa z wiersza rozumiesz? Proszę napisać w zeszycie. [503E4]

Tydzień dzieci miał siedmioro:
„Niech się tutaj wszyscy zbiorą!"
   Ale przecież nie tak łatwo
   Radzić sobie z liczną dziatwą:
Poniedziałek już od wtorku
Poszukuje kota w worku.
   Wtorek środę wziął pod brodę:
   „Chodźmy sitkiem czerpać wodę".
Czwartek w górze igłą grzebie
I zaszywa dziury w niebie.
   Chcieli pracę skończyć w piątek
   A to ledwie był początek.
Zamyśliła się sobota:
„Toż dopiero jest robota"
   Poszli razem do niedzieli
   Tam porządnie odpoczęli.
Tydzień drapie się w przedziałek:
„No a gdzie jest poniedziałek?"
   Poniedziałek już od wtorku
   Poszukuje kota w worku.
      I tak dalej...

© Copyright by Spadkobiercy Jana Brzechwy

WIECZÓR TALENTÓW

sobota, 18:00
sala gimnastyczna

PROGRAM:
18:00 Pokaz tańca „Od rapu do hip-hopu" DANIEL
18:15 Gimnastyka języka „Jola lojalna" TORU
18:30 Pokaz sztuki piłkarskiej „Drybling, asysta, gol!" LUKAS i ADAM
18:45 Koncert fortepianowy SOPHIE
19:00 Warsztaty poetyckie „Robimy rymy!" MAJA
19:15 Jak malować karykatury? JAMES
19:30 Koncert wokalny „Na dwa głosy..." ANASTASIJA i DENIS

5 Proszę przeczytać i odpowiedzieć na pytania. [503E5]

1. Kiedy jest wieczór talentów? _____
2. Gdzie jest wieczór talentów? *W sali gimnastycznej.*
3. Co robi Daniel? _____
4. Jak się nazywa pokaz Toru? _____
5. Co robią Lukas i Adam? _____
6. Jaki koncert gra Sophie? _____
7. Co lubi robić Maja? _____
8. Co umie malować James? _____
9. Co robią Anastasija i Denis? _____

6 Proszę zorganizować wieczór talentów w klasie. Proszę zapytać kolegów, co umieją robić i kiedy mają czas, a potem napisać program i zaprojektować plakat. [503E6]

Uwaga!
▶ MÓWIĆ **po polsku**
▶ ZNAĆ **polski**
▶ UCZYĆ SIĘ **polskiego**

[503E8]

czterdzieści siedem — 47

4 Jaki jesteś?

przymiotniki · wygląd · opis osoby · Jaki jest twój kolega?

1 *Proszę posłuchać i powtórzyć, a następnie opisać ilustrację.* [504A1]

- James – szczupły
- trudne
- łatwe
- Misaki – niska
- Emma – zdrowa
- Mathis – chory
- Denis – wysoki
- młody nauczyciel
- Artem – gruby
- Lukas – smutny
- Elena – ładna
- Gordon – brzydki
- Adam – wesoły

Jestem przystojny, to znaczy ładny.

▶ To jest Artem. = To Artem.

2 *Proszę dopisać antonim.* [504A2]

a wysoki ▶ niski
b szczupły ▶ ....
c ładny ▶ ....
d młody ▶ ....
e zdrowy ▶ ....
f wesoły ▶ ....
g trudny ▶ ....

3 *Co pasuje?* [504A3]

A wy- — -dne
B ła- — -ra
C gru- — -soki
D sta- — -be
E trud- — -tne
F szczu- — -wy
G brzyd- — -pły
H smu- — -ne
I zdro- — -da
J mło- — -ka

4 *Proszę popatrzeć na rysunek i z kolegą ułożyć dialogi.* [504A4]

Denis + niski ✓
Emma + zdrowa ✓
James + szczupły
Misaki + wysoka
Gordon + brzydki
nauczyciel + stary
Lukas + wesoły
Elena + ładna
Mathis + zdrowy
zadanie + trudne

Denis + niski
A: Czy Denis jest niski?
B: Nie, Denis nie jest niski. On jest wysoki.

Emma + zdrowa
A: Czy Emma jest zdrowa?
B: Tak, ona jest zdrowa.

Nie jestem ani wesoły, ani szczupły.

48 czterdzieści osiem

5 *Proszę posłuchać.* [504A5]

Cześć! Jestem James. A to moja klasa. Ten wysoki chłopak to Denis. On jest wysportowany. Tamten gruby, ale wesoły chłopak to Artem. Artem to dobry przyjaciel! Adam też jest sympatyczny, bo jest wesoły. Tamta dziewczyna to Elena. Ona jest ładna i energiczna. Jej koleżanka to Misaki – jest niska i bardzo ładna. Emma też jest bardzo atrakcyjna. Mathis jest przystojny, ale dziś jest smutny, bo jest chory. Lukas też jest smutny, bo ma trudne zadanie. A to moja żaba – Gordon. Gordon jest brzydki, ale sympatyczny!

> Cześć! Jestem James. A to moja klasa.

6 *Prawda (P) czy nieprawda (N)? Dlaczego?* [504A6]

	P	N
1. Denis nie jest wysportowany.		✓
2. Artem jest szczupły i wesoły.		
3. Adam jest niesympatyczny.		
4. Elena jest ładna i energiczna.		
5. Mathis jest przystojny.		
6. Misaki jest wysoka i bardzo ładna.		
7. Lukas jest smutny, bo jest chory.		
8. Gordon jest chory, ale sympatyczny.		

7 *Proszę skorygować zdania.* [504A7]

1. Nauczyciel jest ~~wysoka~~. ▶ wysoki
2. Kubek jest brudne. ▶ ....
3. Koleżanka jest smutny. ▶ ....
4. Kolega jest sympatyczna. ▶ ....
5. Ona jest zdrowe. ▶ ....
6. Ćwiczenie jest łatwy. ▶ ....
7. On jest przystojne. ▶ ....
8. Ono jest wysportowany. ▶ ....

8 *Jaki on jest? Jaka ona jest? Jakie ono jest?* [504A8]

▶ Myślę, że...
▶ Nie wiem, czy...
▶ Na pewno...

Ta dziewczynka jest mała i ładna. Ona jest niska i szczupła. Jest też wesoła. Myślę, że jest sympatyczna. Nie wiem, czy jest wysportowana. Na pewno jest czysta, a jej koleżanka nie!

9 *Proszę posłuchać i ponumerować fotografie.* [504A9]

a b c d e

4 Czyje to jest?

zaimki dzierżawcze | mail

To jest nasz nowy tablet!

...i nasze fajne zdjęcie!

Uwaga!
Co to jest?
▶ To jest **tablet**.

Czyje to jest?
▶ To jest **moje**.

DIALOG 1 [504B9]

MAJA: Adam, co ty robisz? To jest **mój** zeszyt, a nie **twój**.
ADAM: O przepraszam. A **czyja** jest ta linijka?
MAJA: **Twoja**, bo jest żółta. **Moja** jest różowa.
ADAM: A **czyje** jest to pióro?
MAJA: To pióro też jest **twoje**, bo jest niebieskie. **Moje** jest zielone.
MAMA: Dzieci, **czyj** jest ten plecak?
MAJA: **Jego**, bo jest stary i brudny.
ADAM: Nieprawda, **mój** plecak nie jest brudny, to **jej** jest brudny.
MAMA: Adam, nie denerwuj się! A czy to jest **wasz** tablet?
MAJA: **Nasz**, nasz! I ta książka też jest **nasza**.
TATA: A czy ten bałagan w kuchni też jest Mai i Adama?
MAMA: Tak, też jest **ich**...

1 Proszę uzupełnić. [504B1]

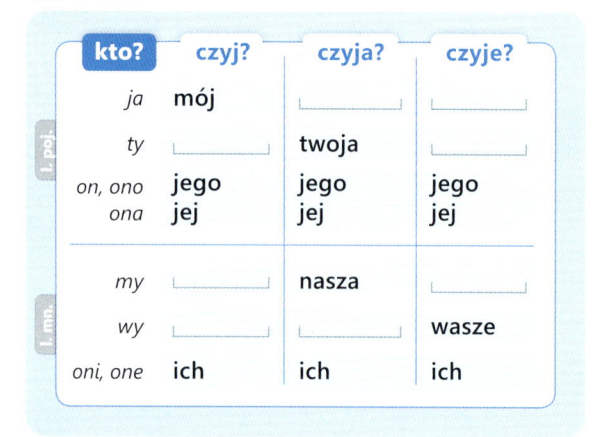

kto?	czyj?	czyja?	czyje?
ja	mój		
ty		twoja	
on, ono	jego	jego	jego
ona	jej	jej	jej
my		nasza	
wy			wasze
oni, one	ich	ich	ich

2 Czyj? Czyja? Czyje? [504B2]

ja ▶ _Moja_ żaba ma na imię Gordon.
ona ▶ .... komórka jest biała.
my ▶ .... nauczycielka jest sympatyczna.
on ▶ .... koleżanka mieszka we Wrocławiu.
wy ▶ .... mieszkanie jest duże.
one ▶ .... aparat jest drogi.
ty ▶ .... kolega jest przystojny.
ono ▶ .... zdjęcie jest ładne.
oni ▶ .... tablet jest nowy.
wy ▶ .... akwarium jest czyste.

3 Czyj? Czyja? Czyje? [504B3]

1. Czyj | czyja | czyje to jest mapa?
2. Czyj | czyja | czyje to jest krzesło?
3. Czyj | czyja | czyje to jest słownik?
4. Czyj | czyja | czyje to jest plecak?
5. Czyj | czyja | czyje to jest zdjęcie?
6. Czyj | czyja | czyje to jest pudełko?
7. Czyj | czyja | czyje to jest klucz?
8. Czyj | czyja | czyje to jest piłka?

4 Co pasuje? [504B4]

1. Czyje jest to zdjęcie?
2. Co to jest?
3. Jaki jest ten ołówek?
4. Czyj jest ten ołówek?
5. Czy to jest zeszyt?
6. Czyja jest ta linijka?
7. Jaka jest ta linijka?
8. Jakie jest to zdjęcie?
9. Czy to jest ołówek?

• Niebieski.
• Nie, to jest książka.
• Ich.
• Żółta.
• To jest zdjęcie.
• Mój.
• Tak, to jest ołówek.
• Twoja.
• Bardzo ładne.

5 Czyje to jest? Pracuj z kolegą. [504B5]

a – h – b – wy – oni – g – f – one – ona

A: Czyja jest ta kolorowa piłka?
B: Ta kolorowa piłka jest nasza.

50 pięćdziesiąt

6 **Proszę uzupełnić.** [504B6]

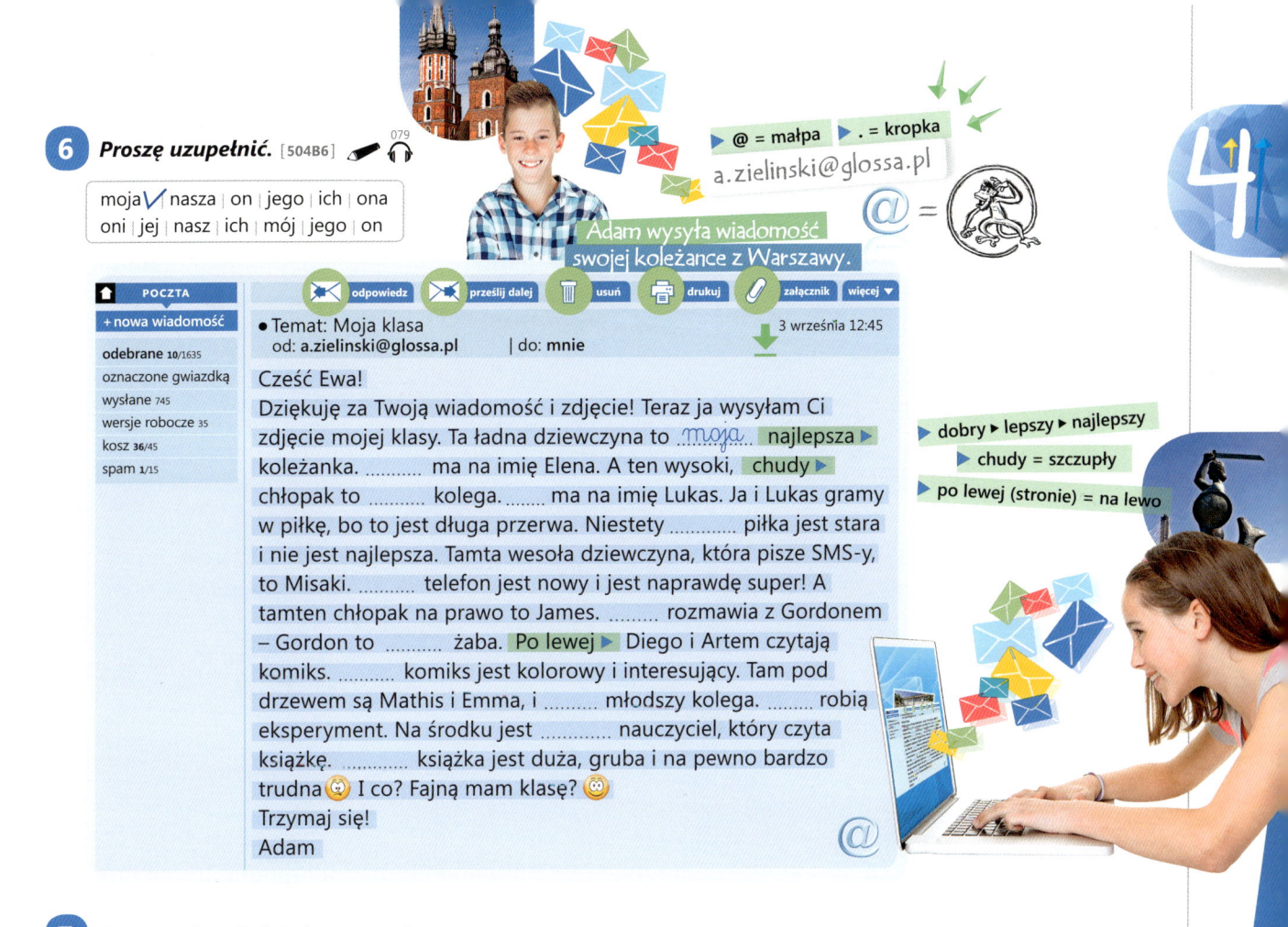

moja ✓ | nasza | on | jego | ich | ona
oni | jej | nasz | ich | mój | jego | on

@ = małpa   . = kropka
a.zielinski@glossa.pl

Adam wysyła wiadomość swojej koleżance z Warszawy.

● Temat: Moja klasa
od: a.zielinski@glossa.pl | do: mnie
3 września 12:45

Cześć Ewa!
Dziękuję za Twoją wiadomość i zdjęcie! Teraz ja wysyłam Ci zdjęcie mojej klasy. Ta ładna dziewczyna to ...moja... najlepsza koleżanka. .... ma na imię Elena. A ten wysoki, chudy chłopak to .... kolega. .... ma na imię Lukas. Ja i Lukas gramy w piłkę, bo to jest długa przerwa. Niestety .... piłka jest stara i nie jest najlepsza. Tamta wesoła dziewczyna, która pisze SMS-y, to Misaki. .... telefon jest nowy i jest naprawdę super! A tamten chłopak na prawo to James. .... rozmawia z Gordonem – Gordon to .... żaba. Po lewej Diego i Artem czytają komiks. .... komiks jest kolorowy i interesujący. Tam pod drzewem są Mathis i Emma, i .... młodszy kolega. .... robią eksperyment. Na środku jest .... nauczyciel, który czyta książkę. .... książka jest duża, gruba i na pewno bardzo trudna 😖 I co? Fajną mam klasę? 😊
Trzymaj się!
Adam

▶ dobry ▶ lepszy ▶ najlepszy
▶ chudy = szczupły
▶ po lewej (stronie) = na lewo

7 **Proszę odpowiedzieć na pytania.** [504B7]

1. Jak ma na imię najlepsza koleżanka Adama?
   Ona ma na imię Elena.

2. Jaki jest Lukas?

3. Co robią Adam i Lukas?

4. Jaka jest ich piłka?

5. Co robi Misaki?

6. Kto jest na prawo?

7. Jak ma na imię jego żaba?

8. Jaki jest komiks?

9. Czy Mathis i Emma tańczą?

10. Gdzie jest nauczyciel?

8 **Proszę posłuchać i uzupełnić, a następnie opowiedzieć, jaka jest ich klasa, jaki nauczyciel...** [504B8]

	❶ TIM	❷ JANEK i EWA	❸ KAROLINA
a klasa	duża,		
b nauczyciel			
c ulubiony przedmiot			
d ulubiony sport			
e kolega/ koleżanka			

ono – e
ty – c
ja – d
my
k
i
j

On ma na imię Tim.
Jego klasa jest duża, ...

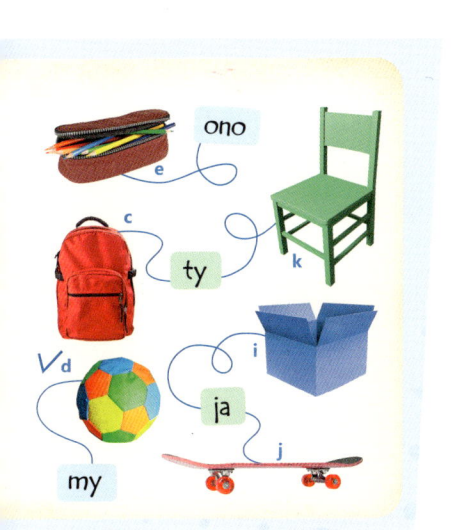

pięćdziesiąt jeden **51**

4 Kim jesteś?

narzędnik l.poj. | Czym się interesujesz?

DIALOG 1 [504C9]

OLGA: O! Kto to jest?
MAJA: To? To jest mój kolega...
OLGA: Jest bardzo wysoki.
MAJA: Tak, Wojtek jest **wysokim** i **wysportowanym chłopakiem**.
OLGA: Lubi sport?
MAJA: Tak, on interesuje się **koszykówką** i **siatkówką**.

DIALOG 2 [504C10]

OLGA: A to, kto to jest?
MAJA: To jest moja przyjaciółka Paulina.
OLGA: Jest bardzo szczupła.
MAJA: Tak, Paulina jest **szczupłą** i **elegancką dziewczyną**.
OLGA: Lubi modę?
MAJA: Tak, ona interesuje się **modą**.

DIALOG 3 [504C11]

OLGA: A to, czy to też jest twój kuzyn?
MAJA: Tak, to jest mój mały kuzyn Kuba.
OLGA: To jest bardzo wesołe dziecko.
MAJA: Tak, Kuba jest **wesołym** i **kreatywnym dzieckiem**.
OLGA: Lubi się bawić?
MAJA: Tak, on interesuje się **klockami Lego**.

KIM JESTEŚ?

Jestem **Niemcem**.
Jestem **wysokim chłopakiem**.

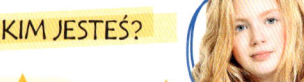

Jestem **Polką**.
Jestem **wysoką dziewczyną**.

1 Co pasuje? [504C1]

1. To jest
2. Ona jest
3. Interesuje się
4. On jest
5. Interesuje
6. To wesołe
7. On lubi

- się modą.
- wysokim chłopakiem.
- sport.
- mój kolega Wojtek.
- i kreatywne dziecko.
- koszykówką.
- szczupłą dziewczyną.

2 Co pasuje? [504C2]

Kim jest Diego?
- ☑ chłopakiem
- ☐ Polakiem
- ☐ nauczycielem
- ☐ Hiszpanem
- ☐ uczniem

Kim jest Elena?
- ☑ dziewczyną
- ☐ Polką
- ☐ nauczycielką
- ☐ Hiszpanką
- ☐ uczennicą

G

Jestem dobrą koleżanką Adama.

NARZĘDNIK KIM? CZYM? l. poj.

	rodzaj **męski**	rodzaj **żeński**	rodzaj **nijaki**
PRZYMIOTNIK	**-ym** (k g -im)	**-ą**	**-ym** (k g -im)
RZECZOWNIK	**i-em**	**-ą**	**i-em**
PRZYKŁAD	▶ On jest dobr**ym** uczni**em**. ❶ On jest wysok**im** koleg**ą**.	▶ Ona jest dobr**ą** koleżank**ą**.	▶ Ono jest dobr**ym** dzieck**iem**.
	JAKIM?	JAKĄ?	JAKIM?

[504C12]

Uwaga!

Kto to jest?	**Kim** on/ona/ono jest?
▸ To jest dobry student.	▸ On jest dobr**ym** student**em**.
▸ To jest dobra studentka.	▸ Ona jest dobr**ą** studentk**ą**.
▸ To jest dobre dziecko.	▸ Ono jest dobr**ym** dzieck**iem**.

To (jest) + **mianownik**   On/ona/ono jest + **narzędnik**

[504C13]

3 Co pasuje? [504C3]

1. Elena jest zdolny | <u>zdolną</u> | zdolnym uczennicą.
2. Clara jest wysoka | wysokie | wysoką dziewczyną.
3. Mateusz jest wesołym | wesołą | wesołe dzieckiem.
4. Toru jest szczupła | szczupłe | szczupłym chłopakiem.
5. Olivia jest dobry | dobrą | dobrym przyjaciółką.
6. Olga jest ładne | ładną | ładnym dziewczyną.
7. Denis jest zdolne | zdolną | zdolnym studentem.
8. Diego jest dobrą | dobrym | dobry kolegą.

CZYM SIĘ INTERESUJECIE?

*Interesujemy się sport**em**, muzyk**ą**, kin**em**, histori**ą**, gr**ami** komputerow**ymi**...*

6 Czym oni się interesują? [504C6]

a Denis interesuje się *informatyką*
b Sophie interesuje się ....
c Daniel interesuje się ....
d Clara interesuje się ....
e Toru interesuje się ....
f Maja interesuje się ....
g James interesuje się ....

8 Prawda (P) czy nieprawda (N)? Proszę posłuchać i uzupełnić. [504C8]

1. Łucja ma 14 lat. **N**
2. Łucja mieszka w Krakowie.
3. Łucja nie jest gruba.
4. Łucja dobrze mówi po hiszpańsku.
5. Łucja lubi czytać książki.
6. Łucja nie interesuje się sportem.

4 Proszę uzupełnić. [504C4]

1. Ania jest *wysoką kobietą*
   ▸ wysoka kobieta
2. Adam jest ....
   ▸ wysportowany chłopak
3. Julia jest ....
   ▸ utalentowana dziewczyna
4. Mateusz jest ....
   ▸ małe dziecko
5. Lukas jest ....
   ▸ inteligentny uczeń
6. James jest ....
   ▸ dobry przyjaciel
7. Artem jest ....
   ▸ świetny fotograf

5 Czym się interesujesz? [504C5]

Interesuję się:
☐ sportem   ☐ językiem polskim
☐ historią   ☐ muzyką
☐ przyrodą   ☐ piłką nożną
☐ literaturą   ☐ fotografią
☐ kinem   ☐ modą

▸ **interesować się**

l. poj.	l. mn.
(ja) interesuję się	(my) interesujemy się
(ty) interesujesz się	(wy) interesujecie się
on/ona/ono interesuje się	oni/one interesują się

7 Czym oni się interesują? [504C7]

Ⓐ ☒ sport ☑ moda ☑ fotografia
Misaki nie interesuje się sportem, ale interesuje się modą i fotografią.

Ⓑ ☒ historia ☑ matematyka ☑ kino
Daniel i ja
....

Ⓒ ☒ przyroda ☑ muzyka ☑ taniec
Sophie
....

Ⓓ ☒ poezja ☑ piłka nożna ☑ koszykówka
Adam
....

Ⓔ ☒ matematyka ☑ plastyka ☑ malarstwo
Ty i Emma
....

4 Kim chcesz zostać?

zawody | Chcę zostać...

Chcę zostać pilotem!

...piłkarzem!

...muzykiem!

...modelką!

...artystką!

DIALOG 1 [504D9]

NAUCZYCIELKA: Adam, co lubisz robić w wolnym czasie?
ADAM: Lubię grać w piłkę nożną, w koszykówkę. Jeżdżę na rowerze.
NAUCZYCIELKA: Rozumiem, czyli interesujesz się sportem. **A kim chcesz zostać?**
ADAM: **Chcę zostać sławnym piłkarzem** ☺

DIALOG 2 [504D10]

NAUCZYCIELKA: A ty Emma, co lubisz robić?
EMMA: Ja lubię malować i rysować.
NAUCZYCIELKA: Interesujesz się malarstwem?
EMMA: Tak, lubię malarstwo, ale interesuję się też modą.
NAUCZYCIELKA: **Kim chcesz zostać?**
EMMA: **Chcę zostać znaną projektantką mody.**

1 *Prawda (P), nieprawda (N) czy brak informacji (?)?* [504D1]

	P	N	?
1. Adam nie lubi grać w piłkę.		✓	
2. Adam lubi jeździć na rolkach.			
3. Adam chce zostać piłkarzem.			
4. Emma lubi pisać wiersze.			
5. Emma nie interesuje się modą.			
6. Emma chce zostać znaną modelką.			

2 *Proszę dopasować.* [504D2]

ZAWODY

lekarz ✓ | aktor | nauczyciel | piosenkarz | policjant
tancerz | dentysta | inżynier | kucharz | dziennikarz

1. lekarz
2. .... 
3. .... 
4. .... 
5. .... 
6. .... 
7. .... 
8. .... 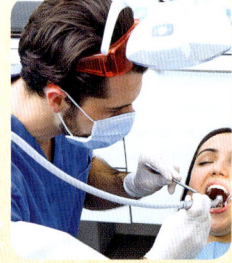
9. .... 
10. ....

3 *Proszę połączyć.* [504D3]

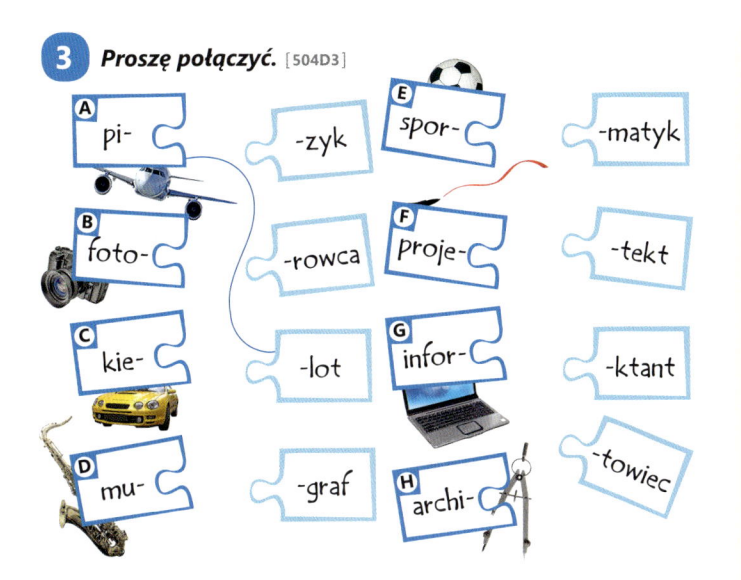

A pi-
B foto-
C kie-
D mu-
E spor-
F proje-
G infor-
H archi-

-zyk
-rowca
-lot
-graf
-matyk
-tekt
-ktant
-towiec

4 *Proszę posłuchać i napisać zawód mamy i taty.* [504D4]

	MAMA	TATA
a Marta	dziennikarka	
b Tymek		
c Ola		

5 *Kto to jest? Proszę uzupełnić.* [504D5]

r. męski	r. żeński
nauczyciel	nauczyciel**ka**
policjant	....
aktor	....

rz ▸ r**ka**

lekarz	lekar**ka**
piosenkarz	....
tancerz	....
kucharz	....
dziennikarz	....

sta ▸ st**ka**

dentysta	dentyst**ka**
artysta	....

Uwaga!

pan/pani
▸ MUZYK
▸ FOTOGRAF
▸ KIEROWCA
▸ ARCHITEKT
▸ INFORMATYK
▸ SPORTOWIEC

Moja mama jest **znanym muzykiem**.

6 *Proszę napisać.* [504D6]

❶ sportowiec ☒ / piosenkarz ☑ — Marta nie jest sportowcem. Ona jest piosenkarką.
❷ tancerz ☒ / muzyk ☑ — Javier
❸ nauczyciel ☒ / student ☑ — Ania
❹ dziennikarz ☒ / aktor ☑ — Nicole
❺ artysta ☒ / informatyk ☑ — Eric

7 *Proszę posłuchać i uzupełnić.* 093 [504D7]

1. To jest Wojtek.
   Wojtek lubi *sport*.
   On interesuje się ....
   Wojtek chce zostać _____ .

2. To jest Misaki.
   Misaki lubi robić ....
   Ona interesuje się ....
   Misaki chce zostać _____ .

3. To jest Sophie.
   Sophie lubi ....
   Ona interesuje się .... Sophie chce zostać _____ .

4. To jest Denis.
   Denis lubi ....
   On interesuje się .... Denis chce zostać _____ .

5. To jest Pascal.
   Pascal lubi ....
   On interesuje się ....
   Pascal chce zostać _____ .

6. To jest Agata.
   Agata lubi .... ludziom. Ona interesuje się sztukami ....
   Agata chce zostać _____ .

7. To jest Emma.
   Emma lubi ....
   Ona interesuje się .... Emma chce zostać _____ .

8 *A ty? Co lubisz robić? Czym się interesujesz? Kim chcesz zostać?* [504D8]

4 Powtórzenie

1 Czy pamiętasz: jaki on jest, jaka ona jest? [504P1]

1. James jest _szczupły_
2. Emma jest ....
3. Denis jest ....
5. Gordon jest ....
6. Lukas jest ....
7. Mathis jest ....
8. Misaki jest ....
9. Artem jest ....
10. Nauczyciel jest ....

2 Czyj? Czyja? Czyje? [504P2]

1. _Czyj_ to jest kubek?
2. .... to jest gumka?
3. .... to jest komórka?
4. .... to jest radio?
5. .... to jest ołówek?
6. .... to jest pudełko?
7. .... to jest mapa?
8. .... to jest laptop?

3 Co pasuje? [504P3]

1. Wasza | **twój** | moje kubek jest brudny.
2. Mój | moja | moje kolega jest wysoki.
3. Ich | twoja | nasze dom jest stary i duży.
4. Nasz | jego | wasze koleżanka jest atrakcyjna.
5. Wasz | nasze | twoja zdjęcie jest bardzo ładne.
6. Nasz | nasza | nasze lekcja jest ciekawa.
7. Mój | wasza | twoje biurko jest brązowe.

4 Czyje to jest? [504P4]

1. _To jest jego zeszyt._
2. ....
3. ....
4. ....
5. ....
6. ....
7. ....
8. ....
9. ....

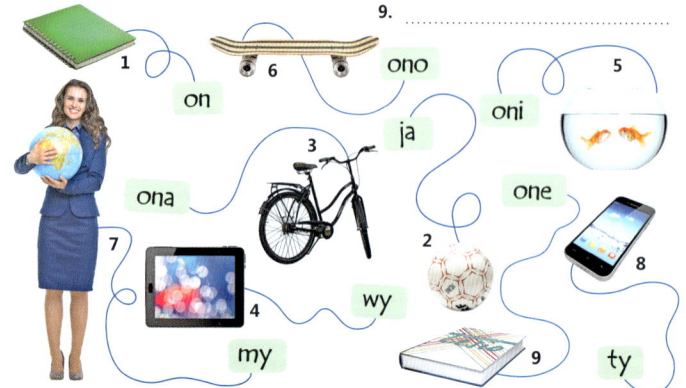

5 Gdzie są słowa? Znajdź 11 słów. [504P5]

W	A	T	R	A	K	C	Y	J	N	Y
Y	W	K	D	C	W	R	T	Y	E	G
S	Y	M	P	A	T	Y	C	Z	N	Y
P	A	Ł	D	F	H	K	P	G	E	F
O	D	O	G	S	S	Y	O	J	R	C
R	T	D	E	Ł	A	D	N	Y	G	C
T	R	Y	F	A	J	N	Y	S	I	H
O	A	C	M	W	B	K	D	O	C	U
W	T	F	H	N	D	H	J	C	Z	D
A	P	R	Z	Y	S	T	O	J	N	Y
N	B	A	S	D	G	H	M	V	Y	P
Y	S	Z	N	A	N	Y	D	F	G	M

6 Jaki to przymiotnik? [504P6]

1. On jest aktorem i gra w filmach.
   On jest _sławny_
2. Ona ma bardzo dużo energii.
   Ona jest ....
3. Maciek jest fajnym i miłym kolegą.
   On jest ....
4. Natalia jest ładna, szczupła i wysoka.
   Ona jest ....
5. Daniel gra w piłkę, jeździ na rowerze.
   On jest ....
6. Lukas jest bardzo szczupły.
   On jest ....

7. Transformacje: mianownik ▶ narzędnik. [504P7]

1. Bartek to zdolny uczeń. ▶ *Bartek jest zdolnym uczniem.*
2. Olivia to dobra przyjaciółka. ▶ ...
3. Maciek to niski chłopak. ▶ ...
4. Martyna to wesoła dziewczyna. ▶ ...
5. Sylwia to inteligentna uczennica. ▶ ...
6. Iwona to szczupła kobieta. ▶ ...
7. Wojtek to wysportowany student. ▶ ...
8. Mateusz to energiczne dziecko. ▶ ...

4. Elena jest ....
11. Adam jest ....

1. JA ✓
2. TY + ON
3. JA + TY
4. ONA + ONA
5. ON + ON
6. TY
7. ONA
8. JA

8. Czym oni się interesują? [504P8]

1. *Ja interesuję się muzyką.*
2. ...
3. ...
4. ...
5. ...
6. ...
7. ...
8. ...

9. Proszę skorygować. [504P9]

1. Misaki to ~~ambitną~~ studentka. ▶ *ambitna*
2. Denis jest wysoki chłopakiem. ▶
3. Agnieszka jest miła sekretarką. ▶
4. Hania to wesołym dziecko. ▶
5. Maja jest ładna dziewczyną. ▶
6. Arek jest dobry kolegą. ▶
7. Paulina to kreatywną nauczycielka. ▶

10. Proszę rozwiązać krzyżówkę. Hasłami są zawody. [504D10]

1. n a u c z y c i e l k a
2.
3.
4.
5.
6.

A ja będę znanym sportowcem!

11. Co pasuje? [504P11]

1. Kim ona jest?
2. Jaki jest Michał?
3. Co lubisz robić?
4. Jaką ona jest nauczycielką?
5. Czym się interesujesz?
6. Kto to jest?
7. Dlaczego uczysz się polskiego?
8. Gdzie mieszkasz?

- Historią.
- Bo chcę studiować w Krakowie.
- Piosenkarką.
- Surfować po internecie.
- W Gdańsku.
- Kreatywną.
- Bardzo zdolny.
- Artem.

Kim ona jest?
Ona jest piosenkarką.

4 PLUS+ dla ambitnych!

Smok Glossik

1. Proszę posłuchać i zaznaczyć: a? b? c? [504E1]

1. Glossik nie jest z ___.
   a Krakowa b Warszawy c Polski
2. Glossik jest ___ smokiem.
   a małym b wysokim c sympatycznym
3. Glossik lubi ___.
   a pisać książki b zjadać książki c śpiewać
4. Glossik chodzi na kurs salsy w ___.
   a poniedziałek b czwartek c sobotę
5. Glossik nie interesuje się ___.
   a polityką b historią c sportem

2. Proszę uzupełnić, a następnie posłuchać i skontrolować. [504E2]

Ten smok _nazywa się_ Glossik. On _____ z Polski i _____ w Krakowie. Glossik jest wesołym i _____ smokiem. On bardzo lubi _____ do szkoły. Jego ulubiony _____ to język polski. On jest zdolnym i inteligentnym uczniem. Glossik lubi _____ książki i śpiewać. W czwartki Glossik chodzi na _____ salsy – on bardzo lubi tańczyć. Glossik interesuje się _____ i sportem. On jest bardzo wysportowanym _____ .

WYGLĄD
brzydki, ładny, niski, przystojny, wysoki, gruby, szczupły, mały, duży, zielony, rudy...

CHARAKTER
wesoły, sympatyczny, zdolny, inteligentny, pracowity, leniwy, złośliwy, ambitny, dobry...

ZAINTERESOWANIA
magia, literatura, historia, geografia, muzyka, przyroda, kuchnia włoska, telewizja...

▶ pracowity ≠ leniwy
▶ złośliwy = niesympatyczny

☺ | ☹
czytać, jeść, czarować, spać, uczyć się, odrabiać zadania, rozmawiać z Fioną, tańczyć, pływać w błocie, podróżować, jeść żaby i insekty, śpiewać, oglądać telewizję...

3. Proszę odpowiedzieć na pytania. [504E3]

1. Kto to jest? _Glossik_
2. Skąd on jest? _____
3. Gdzie mieszka? _____
4. Jakim jest uczniem? _____
5. Jaki on jest? _____
6. Co lubi robić? _____
7. Czym się interesuje? _____

4. Proszę zaprezentować postać z ilustracji lub ulubionego bohatera: Garfielda, Shreka... [504E4]

A Koziołek Matołek

Koziołek Matołek jest z Polski i mieszka w Pacanowie. Matołek jest wesoły i sympatyczny, ale niezbyt mądry – to znaczy niezbyt inteligentny. On jest wysoki i szczupły. Koziołek myśli, że jest bardzo przystojny. Co on lubi? On bardzo lubi podróżować. On interesuje się geografią.

B C

POLSKI KROK PO KROKU

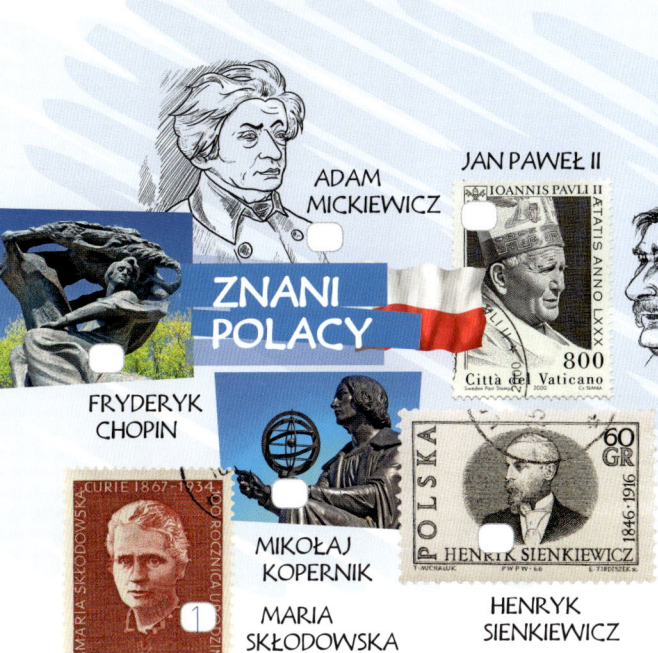

ZNANI POLACY

- ADAM MICKIEWICZ
- JAN PAWEŁ II
- LECH WAŁĘSA
- FRYDERYK CHOPIN
- MIKOŁAJ KOPERNIK
- MARIA SKŁODOWSKA-CURIE
- HENRYK SIENKIEWICZ

5 *Kto to mówi?* [504E5]

1. Interesuję się chemią i fizyką. Lubię robić eksperymenty.
2. Jestem utalentowanym poetą. Lubię pisać wiersze.
3. Interesuję się muzyką. Lubię grać na fortepianie.
4. Lubię podróżować i pisać książki. Moja ulubiona książka to „W pustyni i w puszczy".
5. Lubię gwiazdy. Interesuję się astronomią, ale też matematyką, ekonomią, medycyną.
6. Interesuję się kulturą, religią, historią, sportem. Bardzo lubię jeździć na nartach.
7. Interesuję się polityką. Lubię dyskutować.

6 *Proszę dopasować, a następnie posłuchać i sprawdzić.* [504E6] 102

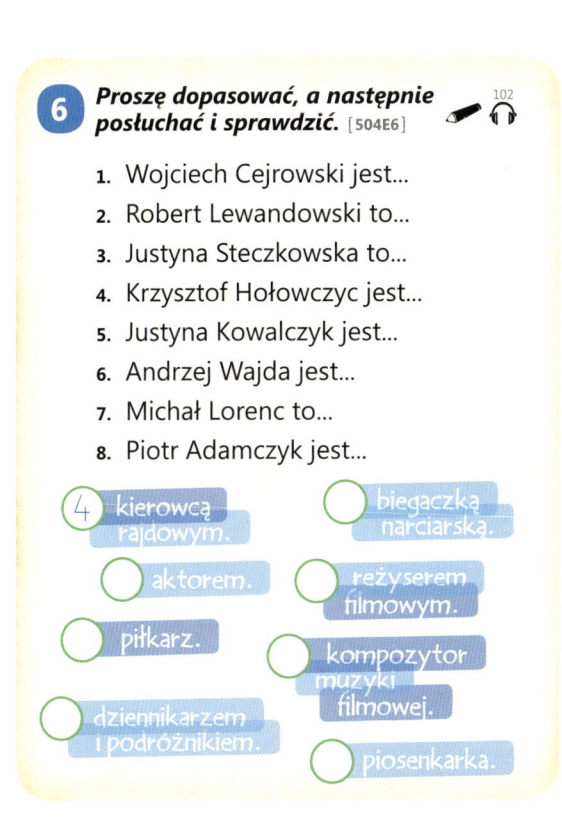

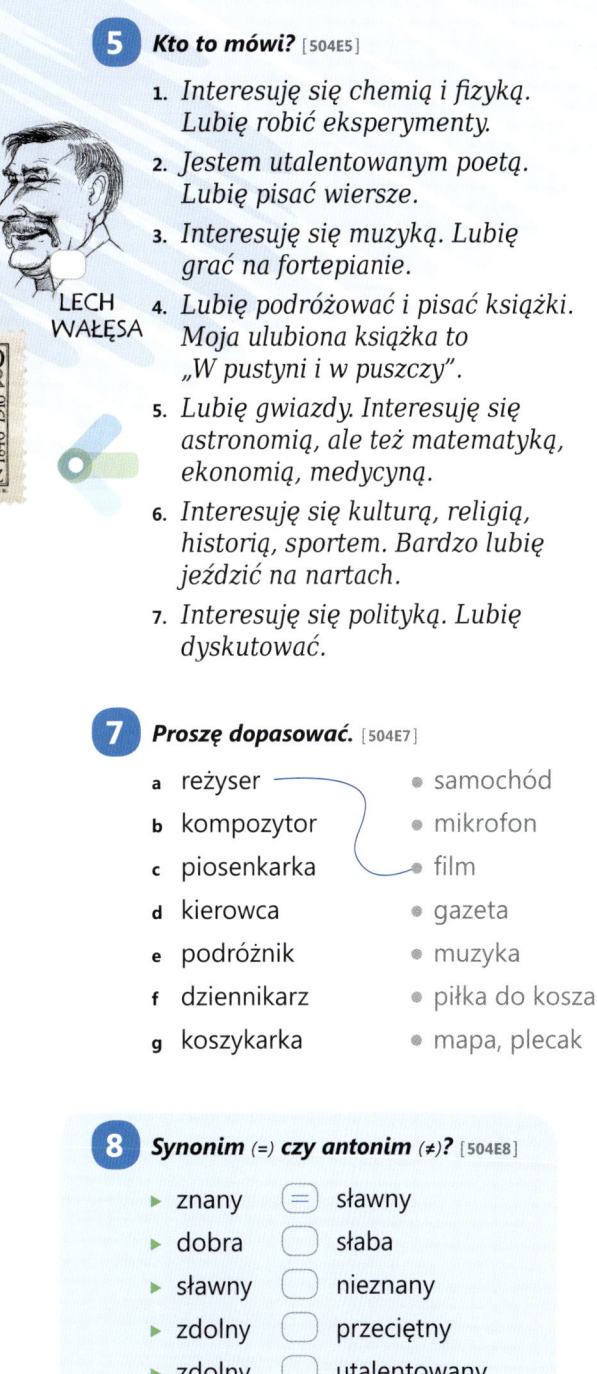

1. Wojciech Cejrowski jest...
2. Robert Lewandowski to...
3. Justyna Steczkowska to...
4. Krzysztof Hołowczyc jest...
5. Justyna Kowalczyk jest...
6. Andrzej Wajda jest...
7. Michał Lorenc to...
8. Piotr Adamczyk jest...

- (4) kierowcą rajdowym.
- biegaczką narciarską.
- aktorem.
- reżyserem filmowym.
- piłkarz.
- kompozytor muzyki filmowej.
- dziennikarzem i podróżnikiem.
- piosenkarka.

7 *Proszę dopasować.* [504E7]

- a reżyser — samochód
- b kompozytor — mikrofon
- c piosenkarka — film
- d kierowca — gazeta
- e podróżnik — muzyka
- f dziennikarz — piłka do kosza
- g koszykarka — mapa, plecak

8 *Synonim (=) czy antonim (≠)?* [504E8]

- znany (=) sławny
- dobra ( ) słaba
- sławny ( ) nieznany
- zdolny ( ) przeciętny
- zdolny ( ) utalentowany
- mądry ( ) inteligentny
- leniwy ( ) pracowity
- złośliwy ( ) sympatyczny

9 *Polscy celebryci. Kim oni są?* [504E9] 103

AGNIESZKA RADWAŃSKA
- a znana podróżniczka
- (b) utalentowana tenisistka
- c ambitna koszykarka

EDYTA GÓRNIAK
- a znana modelka
- b atrakcyjna aktorka
- c utalentowana piosenkarka

BORYS SZYC
- a znany piosenkarz
- b sławny aktor
- c reżyser filmowy

KAROL OKRASA
- a dobry kucharz
- b kierowca rajdowy
- c znany podróżnik

10 *Proszę zaprezentować swojego ulubionego celebrytę.* [504E10]

- Kto to jest?
- Skąd on jest?
- Gdzie mieszka?
- Jak wygląda?
- Jaki on jest?
- Co lubi robić?
- Czym się interesuje?

pięćdziesiąt dziewięć 59

5 Moja rodzina

rodzina | wygląd | opis rodziny

[505A7] 104

od: maja12@wp.pl | do: emma.thompson@yahoo.p

• Temat: Moja rodzina – zadanie z polskiego   7 października 17:27

Cześć Emma!
Co u Ciebie słychać? Czy jesteś już zdrowa? A wiesz, że Diego też jest chory?
W szkole wszystko OK. Wysyłam Ci zeskanowane lekcje. Na środę mamy zadanie z polskiego – opis rodziny. To jest mój opis.
Na razie! 😊
Maja

Moja rodzina

Moja **mama** ma na imię Joanna, jest szczupła i niska. Ma niebieskie oczy i długie, proste włosy. Mama jest dentystką. Ona bardzo lubi czytać książki i słuchać muzyki. Mój **tata** ma na imię Andrzej, jest wysoki i przystojny, ale mama mówi, że jest trochę gruby. Tata ma brązowe oczy i ciemne krótkie włosy. Jest informatykiem, a interesuje się historią. Adam to mój **brat**. Ma krótkie jasne włosy. Lubi grać w piłkę i jeździć na rowerze. A ta dziewczynka to moja mała **siostra** Hania. Hania ma zielone oczy i rude włosy. Mój **dziadek** ma na imię Jan. Ma siwe włosy, nosi okulary i jest bardzo wesoły. On już nie pracuje, jest emerytem. Lubi czytać gazety, bo interesuje się polityką. **Babcia** ma na imię Wanda. Jest energiczna i zawsze uśmiechnięta. Robi najlepsze pierogi, a ja i mój brat uwielbiamy jeść pierogi. **Ciocia** Alina to siostra mojej mamy. Ona ma długie, kręcone włosy. Jej mąż, **wujek** Michał, jest pilotem! Ich **córka** ma na imię Zosia, a ich **syn** – Kuba. Zosia to moja kuzynka, a Kuba to kuzyn.

---

1 *Proszę odpowiedzieć na pytania.*
[505A1]

1. Jaka jest mama?
   Ona jest szczupła i niska.
2. Jakie oczy ma tata?
3. Kim z zawodu jest tata?
4. Co lubi robić brat?
5. Kto ma rude włosy?
6. Czym interesuje się dziadek?
7. Jak ma na imię babcia?
8. Czy ciocia ma długie, proste włosy?
9. Kim jest wujek?
10. Jak ma na imię córka Aliny?

Uwaga!
Włosy **są** długie…

Mam… zielone ● oczy.
niebieskie
brązowe ●

Mam… długie ≠ krótkie   włosy.
jasne ≠ ciemne   rude
proste ≠ kręcone   siwe

On nosi okulary.

60 sześćdziesiąt

POLSKI KROK PO KROKU

2. Proszę uzupełnić drzewo genealogiczne Mai. [505A2]

córka | kuzyn | babcia ✓ | syn ✓ | siostra | brat
ciocia | dziadek | mama | tata | kuzynka | wujek

▶ RODZINA

- dziadkowie: Jan, Wanda (babcia)
- małżeństwo / rodzice: Andrzej, Joanna — Alina, Michał
- rodzeństwo / dzieci / wnuki: Adam, Hania — Kuba (syn), Zosia

To jest moja rodzina.

▶ mama = matka
▶ tata = ojciec

3. Proszę uzupełnić. [505A3]

- **dziadkowie**   babcia + dziadek
- **rodzice**   mama + _____
- **małżeństwo**   żona + _____
- **dzieci**   córka + _____
- **rodzeństwo**   siostra + _____
- **wnuki**   wnuczka + wnuk

4. Kto to jest? [505A4]

1. Brat mojej mamy to mój **wujek**.
2. Siostra mojej mamy to moja _____
3. Mama mojego taty to moja _____
4. Syn mojego taty to mój _____
5. Córka mojego taty to moja _____
6. Tata mojej mamy to mój _____
7. Syn mojej cioci to mój _____

5. Proszę posłuchać i zaznaczyć. [505A5]

❶ Kto jest moją mamą?
❷ Kto jest moim tatą?
❸ Kto jest moją siostrą?

a b c d e f

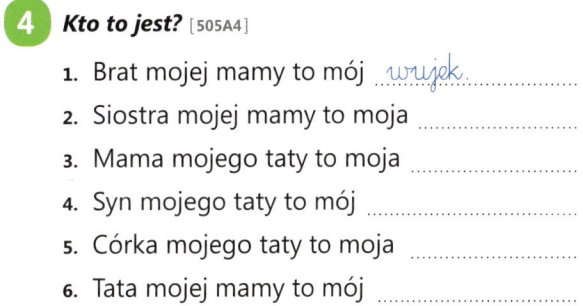

6. Proszę przygotować w parach prezentację „waszej" rodziny na bazie fotografii. [505A6]

- Kto to jest?
- Jak ma na imię?
- Co lubi robić?
- Czym się interesuje?

To jest nasza babcia, ona ma na...

5 B Ile masz lat?

lat, lata | liczebniki 20-100

Ile to jest 23 + 17?
23 + 17 równa się 40.

16 + 13 =
100 - 44 =
15 + 15 =

LICZEBNIKI 20-100

1 Proszę posłuchać i powtórzyć. [505B1] 107

2 x 10 = 20 — dwa**dzieścia**
3 x 10 = 30 — trzy**dzieści**
4 x 10 = 40 — czter**dzieści**
5 x 10 = 50 — pięć**dziesiąt**
6 x 10 = 60 — sześć**dziesiąt**
7 x 10 = 70 — siedem**dziesiąt**
8 x 10 = 80 — osiem**dziesiąt**
9 x 10 = 90 — dziewięć**dziesiąt**
10 x 10 = 100 — sto

2 Co mówi lektor? [505B2] 108

a _12_ dwanaście / dwadzieścia
b ___ trzynaście / trzydzieści
c ___ czternaście / czterdzieści
d ___ piętnaście / pięćdziesiąt
e ___ szesnaście / sześćdziesiąt
f ___ siedemnaście / siedemdziesiąt
g ___ osiemnaście / osiemdziesiąt
h ___ dziewiętnaście / dziewięćdziesiąt

3 Proszę uzupełnić. [505B3]

a [14] c z t e r n a ś c i e
b [25] dwa___ e c__ p___
c [99] d__ew___d__e_ą_ dz___i__
d [19] __i w ę____i
e [60] _z____z__s__t
f [15] p___n__c__
g [50] p____z_e_i_t
h [33] t____z__ś__ t___
i [40] c__e_z___c_
j [16] __e_a__i_

4 Proszę pracować w parach, zadawać sobie pytania, a następnie uzupełnić ćwiczenie. [505B4]

+ plus
− minus
× razy
= równa się

JAMES: *Ile to jest 23 + 17?*
MISAKI: *23 + 17 równa się 40.*

Ile to jest? Matematyka

a 23 + 17 = czterdzieści
b 16 + 13 =
c 100 - 44 =
d 15 + 15 =
e 72 + 28 =
f 34 - 22 =
g 59 + 21 =
h 65 - 23 =
i 81 + 9 =
j 47 - 11 =

ILE MASZ LAT?

(1) ▶ **rok**
2, 3, 4 ▶ **lata**
5, 6, 7 … 12, 13, 14 … 100 ▶ **lat**

5 Proszę uzupełnić, a następnie posłuchać i skontrolować. [505B5]

Olga

MISAKI: Kt_o_ to _____?
OLGA: To jest _____ mama Lena.
MISAKI: _____ ona mieszka?
OLGA: __ Petersburgu.
MISAKI: ____ ona jest?
OLGA: Ona jest l____rz___.
MISAKI: Co _____ robić?
OLGA: Moja mama lubi _____ książki i podróżować.
MISAKI: **Ile ona ma lat?**
OLGA: Ona ___ 37 lat.

6 Proszę przeczytać liczebniki. Jak myślisz, kiedy mówimy rok, kiedy lat, a kiedy lata? Następnie proszę posłuchać i zakreślić, ile oni mają lat. [505B6]

1 **babcia**
a 67 lat
b 73 lata
c 76 lat

4 **wujek**
a 44 lata
b 39 lat
c 49 lat

2 **kuzynka**
a 12 lat
b 14 lat
c 15 lat

5 **ciocia**
a 34 lata
b 43 lata
c 45 lat

3 **kuzyn**
a 1 rok
b 2 lata
c 4 lata

6 **dziadek**
a 72 lata
b 73 lata
c 74 lata

7 Lat? Lata? Rok? [505B7]

1. Karolina ma 17 <u>lat</u> | lata | rok.
2. Mateusz ma 1 lat | lata | rok.
3. Jadwiga ma 98 lat | lata | rok.
4. Kacper ma 12 lat | lata | rok.
5. Alina ma 42 lat | lata | rok.
6. Arek ma 33 lat | lata | rok.
7. Dawid ma 27 lat | lata | rok.
8. Iza ma 56 lat | lata | rok.

8 Ile oni mają lat? [505B8]

1 Marek 46 lat
2 Alina 78 lat
3 Paweł 13 lat
4 Ola 2 lata
5 Franek 14 lat

1. Czy Marek ma sześćdziesiąt sześć lat? _Nie, on ma czterdzieści sześć lat._
2. Czy Alina ma siedemnaście lat? ....
3. Czy Paweł ma dwadzieścia trzy lata? ....
4. Czy Ola ma dziesięć lat? ....
5. Czy Franek ma cztery lata? ....

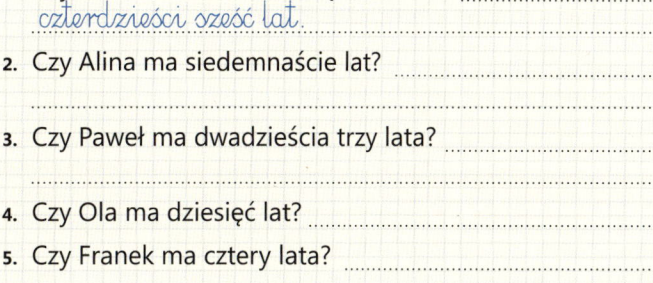

To jest rodzina Mai. Jak myślisz, ile oni mają lat?

A .... B babcia
C .... D .... E ....
F ....
G .... H .... I .... J .... K ....

67 ✓
43
10
5
40
13
7   45
1
3   34
81 36
70

9 Proszę uzupełnić drzewo genealogiczne, a potem przedyskutować z kolegą, ile kto ma lat. Następnie proszę posłuchać i sprawdzić swoje odpowiedzi. [505B9]

A: Jak myślisz, ile jej babcia ma lat?
B: Myślę, że jej babcia ma 67 lat. A jak myślisz, ile jej…

sześćdziesiąt trzy **63**

5 Co chcesz robić w weekend?

koniugacja -ę, -esz | czas wolny | hobby

WOLNY CZAS

a grać na gitarze
b mailowac 

L **1** Proszę uzupełnić. [505C1]

robić zdjęcia | spotykać się z kolegami ✓ | biegać | czytać książki | śpiewać | tańczyć | esemesować
oglądać telewizję | robić zakupy | rozmawiać na czacie | malować | surfować po internecie | pływać

c ....
d chodzić do ....
  kina, restauracji, kawiarni 
e chodzić na ....
  spacery, siłownię, dyskotekę 
f uczyć się języków obcych 
g .... 
h .... 
i .... 
j spotykać się z kolegami 
k .... 
l .... 
m podróżować 
n .... 
o .... 
p słuchać muzyki 
r .... 
s ....

t jeździć na ....
  rowerze, rolkach, łyżwach, sankach, snowboardzie
u jeździć konno 
w grać w .... 
  piłkę nożną
  siatkówkę, piłkę ręczną, koszykówkę, tenisa, golfa, szachy, badmintona
y .... 
z .... 

UPRAWIAĆ SPORT

2 Proszę dopasować. [505C2]

a jeździć — salsę
b grać — zakupy
c słuchać — do kina
d tańczyć — japońskiego
e chodzić — na rowerze
f malować/rysować — muzyki
g oglądać — na siłownię
h robić — ze znajomymi
i uczyć się — w siatkówkę
j chodzić — telewizję
k spotykać się — portret

3 Proszę uzupełnić. [505C3]

▶ Na czym można jeździć?
Można jeździć: *na rowerze*
....

▶ W co można grać?
Można grać: ....
....

▶ Na co i dokąd można chodzić?
Można chodzić: ....
....

64 sześćdziesiąt cztery

POLSKI KROK PO KROKU

Co robisz w wolnym czasie?

DIALOG 1 [505C11]

MAJA: *Cześć, Toru! Co rob**isz**?*
TORU: *Cześć. Pisz**ę** zadanie z polskiego.*
MAJA: *A co konkretnie pisz**esz**?*
TORU: *Pisz**ę**, co lubi**ę** robić, kiedy mam wolny czas.*
MAJA: *A co na przykład lub**isz** robić?*
TORU: *Lubi**ę** grać w siatkówkę i jeździć na rolkach.*
MAJA: *Jeźdz**isz** też na deskorolce?*
TORU: *Tak, bardzo dobrze jeżdż**ę** na deskorolce. A ty Maju, co rob**isz** w wolnym czasie?*
MAJA: *Czytam książki, pisz**ę** wiersze albo rys**uję**. Chodzę też do kina.*
TORU: *Rys**ujesz**? Moja siostra też dużo rys**uje**, ja niestety nie umiem rys**ować**. A uprawiasz jakiś sport?*
MAJA: *Tak, pływam, gram w tenisa i jeżdż**ę** konno.*
TORU: *Naprawdę, jeźdz**isz** konno? Super!*

Uwaga!
...**OWAĆ** → rysować
▶ ...**UJ**Ę   ▶ ...**UJ**EMY
▶ ...**UJ**ESZ ▶ ...**UJ**ECIE
▶ ...**UJ**E   ▶ ...**UJ**Ą

4 Co ty lubisz robić, kiedy masz wolny czas? [505C4]

5 Czy pamiętasz koniugację -ę, -isz? [505C5]

▶ **jeździć**

l. poj.		l. mn.
(ja) _____		(my) _____
(ty) _____		(wy) _____
on ona ono _____		oni one *jeżdżą*

6 Proszę uzupełnić. [505C6]

▶ **KONIUGACJA -ę, -esz**

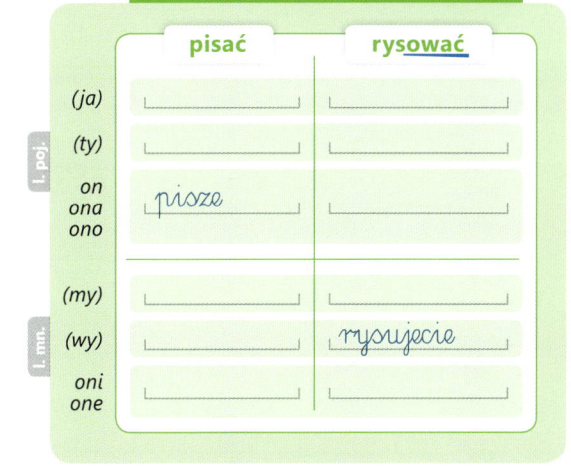

	pisać	rysować
(ja)		
(ty)		
on ona ono	*pisze*	
(my)		
(wy)		*rysujecie*
oni one		

7 Co pasuje? [505C7]

1. Emma świetnie rysuję | rysują | **rysuje.**
2. Wy chcemy | chcą | chcecie oglądać telewizję.
3. Ty piszecie | piszę | piszesz ładne wiersze.
4. Oni idzie | idą | idziecie do kina.
5. Ja nie może | mogę | mogą iść do kina.
6. Adam okropnie malujesz | malować | maluje.
7. Dziecko piję | pije | pijesz sok.

▶ świetnie ≠ okropnie   ▶ okropnie = fatalnie

8 Jaki jest bezokolicznik? [505C8]

a chcę, chcesz ▶ *chcieć*
b piszę, piszesz ▶ _ _ s _ _
c idę, idziesz ▶ _ ś _
d piję, pijesz ▶ _ _ ć
e mogę, możesz ▶ _ ó c
f maluję, malujesz ▶ m _ l _ _ _ _ _
g podróżuję, podróżujesz
  ▶ p _ d _ ó _ _ w _ _

9 Proszę uzupełnić. [505C9]

1. Czy on *może* (móc) iść do kina?
2. Czy wy _____ (chcieć) grać w piłkę?
3. My _____ (iść) dziś na dyskotekę.
4. Kto dziś _____ (pisać) test?
5. Dlaczego ty _____ (pić) zimny sok?
6. James _____ (interesować się) przyrodą.
7. Oni _____ (surfować) po internecie.
8. Moja siostra _____ (pracować) w szkole.
9. Jej kuzyn i ja _____ (studiować) chemię.

10 Proszę posłuchać i zaznaczyć, a następnie opowiedzieć, co oni robią w weekend. [505C10]

	Artem	Lukas	Misaki	Olivia
a pływać		V		
b jeździć na rolkach				
c tańczyć				
d iść do kina				
e grać w tenisa				

5D Jak często grasz w piłkę?

A Lisa   **B** Eduardo

utrwalenie koniugacji | przysłówki częstotliwości

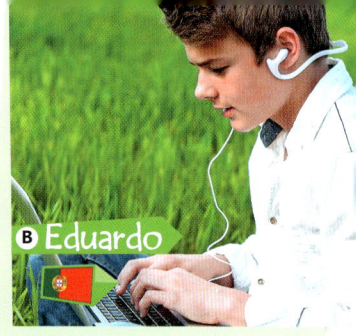

1. Proszę przeczytać maile i odpowiedzieć na pytania. [505D1]

1. Jak ma na imię?
   → Ona ma na imię Lisa.
   → On ...
2. Gdzie mieszka?
3. Ile ma lat?
4. Jaki jest jej/jego ulubiony przedmiot?
5. Co lubi robić?
6. Co umie robić?
7. Na jaki kurs chodzi?
8. Czym się interesuje?
9. Czy ma rodzeństwo?

---

od: lisa.nordmann@epost.no | **do:** eduardo.g14@yahoo.pt
● Temat: Pozdrowienia z pięknego Krakowa   5 maja 16:25

Cześć!
Mam na imię Lisa. Jestem z Norwegii. Mam 14 lat. Teraz mieszkam w Krakowie, bo chodzę na kurs języka polskiego. Bardzo lubię rysować i malować. Mój ulubiony przedmiot to plastyka 😊 Lubię też muzykę. Umiem dobrze grać na gitarze i śpiewać. W każdy wtorek i czwartek chodzę na kurs tańca. Interesuję się też sportem. Lubię siatkówkę, ale niestety nie gram zbyt dobrze 😊 Latem **zawsze** biegam w parku i **często** jeżdżę na rolkach. Zimą **zwykle** jeżdżę na łyżwach i na nartach, ale **nigdy** nie jeżdżę na snowboardzie – po prostu się boję. Mam brata Georga i siostrę Kristi. Lubimy razem oglądać filmy, ale **rzadko** chodzimy do kina.
Pozdrawiam
Lisa

od: eduardo.g14@yahoo.pt | **do:** lisa.nordmann@epost.no
● Temat: Pozdrawiam z gorącej Lizbony   6 maja 7:14

Cześć Lisa!
Mam na imię Eduardo. Jestem z Portugalii i mieszkam w Lizbonie. Tak jak ty mam 14 lat. Ja też uczę się polskiego, ale przez internet 😊 Plastyka nie jest moim ulubionym przedmiotem – okropnie rysuję i maluję! Za to świetnie gram na gitarze 😊 Moim ulubionym przedmiotem jest informatyka – bardzo lubię surfować po internecie. Ja też interesuję się sportem. Piłka nożna to moja ulubiona dyscyplina 😊 **Zawsze** kiedy mam czas, gram w piłkę z kolegami. **Często** jeżdżę na rowerze i pływam na basenie. **Czasem** gram w tenisa. Interesuję się fotografią, ale **rzadko** robię zdjęcia. Lubię też oglądać filmy. **Zwykle** oglądam filmy przygodowe, ale **nigdy** nie oglądam horrorów. Po prostu się boję! 😊
Pozdrawiam
Eduardo

Często jeżdżę też na rowerze.

latem ☀️   zimą

JAK CZĘSTO?

100%					0%
ZAWSZE	ZWYKLE	CZĘSTO	CZASEM	RZADKO	NIGDY
✓✓✓✓✓	✓✓✓✓	✓✓✓	✓✓	✓	✗

2. Proszę uzupełnić. [505D2]

	LISA	EDUARDO
zawsze		gra w piłkę
zwykle		
często		
czasem		
rzadko		
nigdy	nie jeździ na snowboardzie	

3. Proszę odpowiedzieć na pytania, a następnie zapytać kolegę. [505D3]

1. Jak często jeździsz na rowerze?
2. Jak często chodzisz do kina?
3. Jak często piszesz maile?
4. Jak często odrabiasz zadania domowe?
5. Jak często czytasz książki?
6. Jak często oglądasz telewizję?
7. Jak często rozmawiasz na czacie?
8. Jak często spotykasz się z kolegami?

4. Proszę przygotować dwie prezentacje. [505D4]

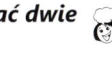

① Amelia, 13 lat
- czytać książki ✓✓✓
- chodzić do kina ✓
- jeździć na rolkach ✗
- surfować po internecie ✓✓✓✓

Amelia ma 13 lat. Ona często czyta książki. Amelia rzadko chodzi do kina. Nigdy nie jeździ na rolkach. Amelia zwykle surfuje po internecie.

② Alicja, 11 lat / Ewa, 11 lat
- chodzić na spacer do parku ✓
- pływać ✓
- malować ✓✓✓
- robić zdjęcia ✓✓✓✓

③ Borys, 10 lat + JA
- grać w gry komputerowe ✓✓✓
- mówić po polsku ✓✓✓
- oglądać telewizję ✗
- jeździć na rolkach ✓✓

④ Mary, 12 lat + TY
- słuchać muzyki pop ✗
- grać w siatkówkę ✓✓✓
- jeździć konno ✓✓
- tańczyć salsę ✓✓✓✓

5. Proszę napisać analogiczne dialogi. [505D5]

① Emma i Diego — ☹ uczyć się

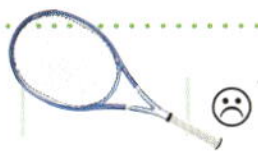

EMMA: Diego, czy **umiesz** grać w tenisa?
DIEGO: Tak, **umiem**.
EMMA: **Chcesz** dziś grać?
DIEGO: **Chcę**, ale teraz nie **mogę**.
EMMA: Dlaczego nie **możesz**?
DIEGO: Nie **mogę** grać, bo **muszę** się uczyć.

② Misaki i Lukas — ☹ iść na zakupy
③ Olga i James — ☹ iść na kurs angielskiego
④ Toru i Clara — ☹ pisać zadanie domowe

Uwaga!
- UMIEĆ
- CHCIEĆ
- MÓC
- MUSIEĆ

Umiem bardzo dobrze grać w tenisa i gram często. Dziś też **chcę** grać w tenisa, ale nie **mogę** (grać), bo **muszę** się uczyć.

6. Proszę uzupełnić. [505D6]

KONIUGACJA -ę, -esz

	móc	rysować
(ja)		
(ty)		
on/ona/ono		
(my)		rysujemy
(wy)	możecie	
oni/one		

KONIUGACJA -ę, -isz/-ysz

	musieć	tańczyć
(ja)		
(ty)		
on/ona/ono	musi	
(my)		tańczymy
(wy)		
oni/one		

KONIUGACJA -m, -sz

	umieć	biegać
(ja)		biegam
(ty)		
on/ona/ono		
(my)		
(wy)		
oni/one	umieją	

7. QUIZ [505D7]

START → **1.** W co można grać?
2. Jakie znasz czasowniki z koniugacji -m, -sz? (minimum 5)
3. Możemy jeździć na... i ...
4. My w sobotę zwykle... (3 czasowniki)
5. Proszę odmienić czasownik „chcieć".
6. Co robisz często? (3 czasowniki)
7. Proszę odmienić czasownik „oglądać".
8. Jakie znasz czasowniki z koniugacji -ę, -isz/-ysz? (minimum 5)
9. Oni w niedzielę... (3 czasowniki)
10. Chcę..., ale nie mogę, bo...
11. Proszę odmienić czasownik „jeździć".
12. ...do kina albo na dyskotekę
13. Wy rzadko... (3 czasowniki)
14. ...zdjęcia albo zakupy
15. Ty nigdy... (3 czasowniki) → **META**

Powtórzenie

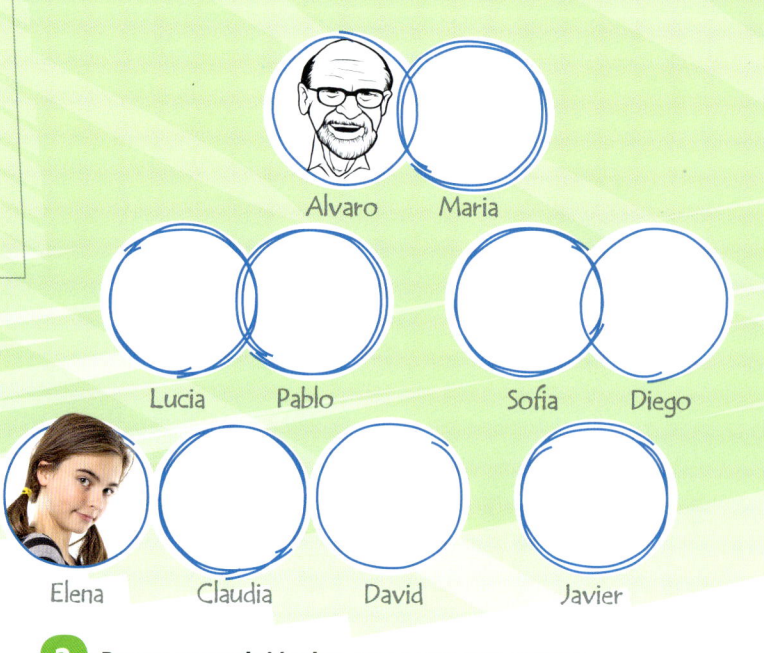

1 Proszę uzupełnić. [505P1]

ON	ONA
....	babcia
→ dziadkowie	
tata	mama
→	
....	żona
→	
syn	....
→	
brat	....
→ rodzeństwo	
....	ciocia
kuzyn	....

Alvaro — Maria
Lucia — Pablo   Sofia — Diego
Elena   Claudia   David   Javier

2 Proszę uzupełnić tekst. UWAGA NA GRAMATYKĘ! [505P2]

Alvaro jest _dziadkiem_ Eleny, Maria to jej ....
Pablo to jej ...., a Lucia to jego ....
i .... Eleny. Sofia jest .... Javiera
i .... Eleny, a Diego to mąż Sofii i ....
Eleny. Claudia to .... Eleny i ....
Javiera, a David jest jej .... i .... Javiera.

3 Proszę narysować rodzinę Eleny i opowiedzieć, jak oni wyglądają. [505P3]

4 Proszę napisać numer sali oraz przedmiot. [505P4]

a Sala numer **31** _trzydzieści jeden_ to ▸ _informatyka._
b Sala numer **42** .... to ▸ ....
c Sala numer **53** .... to ▸ ....
d Sala numer **14** .... to ▸ ....
e Sala numer **20** .... to ▸ ....
f Sala numer **66** .... to ▸ ....
g Sala numer **87** .... to ▸ ....
h Sala numer **78** .... to ▸ ....
i Sala numer **99** .... to ▸ ....
j Sala numer **100** .... to ▸ ....

5 Ile oni mają lat? [505P5]

1. Ala, 11
2. Hania, 1
3. Natalia, 23
4. Kuba, 15
5. Basia, 62
6. Patryk, 12

Ala ma jedenaście lat.

6 Proszę podpisać rysunki. [505P6]

a. grać w tenisa
b. ...
c. ...
d. ...
e. ...
f. ...

g. ... 
h. ... 
i. ... 
j. ... 
k. ... 
l. ...

7 Proszę uzupełnić. [505P7]

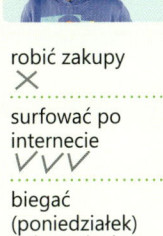

Jak często?
- zawsze ✓✓✓✓✓
- .... ✓✓✓✓
- .... ✓✓✓
- .... ✓✓
- .... ✓
- nigdy ✗

8 Proszę ułożyć zdania. [505P8]

1 Misaki i TY	2 Denis	3 Lukas i JA	4 TY
chodzić do kina ✓✓✓	robić zakupy ✗	grać w siatkówkę ✓✓✓	tańczyć ✓
grać w tenisa ✓	surfować po internecie	jeździć na rowerze ✓✓	czytać książki ✓✓✓
jeździć na łyżwach ✗	biegać (poniedziałek) ✓✓✓✓	pływać (środa) ✗	oglądać telewizję (sobota) ✓✓✓✓✓
mailować (weekend) ✓✓✓✓	śpiewać	chodzić na spacery ✓✓✓	jeździć konno ✗

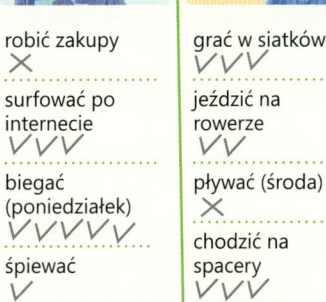

1. Ty i Misaki często chodzicie do kina. Wy rzadko
2. ....
3. ....
4. ....

9 Proszę uzupełnić. [505P9]

→ Ja często ....

→ Ja rzadko ....

→ Ja nigdy ....

10 Proszę dopasować. [505P10]

Ile ona ma lat?

1. Ile ona ma lat? — Trzynaście.
2. Co robisz? • Pisze maile.
3. Idziesz do kina w piątek? • Bardzo rzadko.
4. Co robi twoja siostra? • Odrabiam lekcje.
5. Czy twój brat lubi grać w siatkówkę? • Tak, ale dziś nie mogę.
6. Czy umiesz jeździć na rolkach? • Nie, to jest jej wujek.
7. Czy to jest jej tata? • Nie, w koszykówkę.
8. Jak często chodzisz na siłownię? • Tak, chętnie.

Dominik, 40

sześćdziesiąt dziewięć 69

PLUS+ dla ambitnych!

L

1 *Proszę podpisać ilustrację.* [505E1]

boisko | sędzia ✓ | bramkarz | zawodnik | drużyna
bramka | piłka | gwizdek | trener | wynik

2 *Co oni robią? Proszę zaznaczyć prawdziwe zdanie.* [505E2]

A Drużyna Niebieskich remisuje z drużyną Pomarańczowych. ☐
Drużyna Niebieskich wygrywa z drużyną Pomarańczowych. ✓

B Drużyna Pomarańczowych nie przegrywa z drużyną Niebieskich. ☐
Drużyna Pomarańczowych rywalizuje z drużyną Niebieskich. ☐

C Zawodnik z numerem 7 fauluje kolegę. ☐
Zawodnik z numerem 7 strzela bramkę. ☐

D Zawodnik rezerwowy kibicuje. ☐
Zawodnik rezerwowy trenuje. ☐

E Dziewczynka z długimi, ciemnymi włosami fotografuje. ☐
Dziewczynka z długimi, ciemnymi włosami je popcorn. ☐

F Dziewczynka z krótkimi, jasnymi włosami fotografuje. ☐
Dziewczynka z krótkimi, jasnymi włosami je popcorn. ☐

G Bramkarz łapie piłkę. ☐
Bramkarz kopie piłkę. ☐

H Sędzia notuje wynik. ☐
Sędzia esemesuje. ☐

I Sędzia daje żółtą kartkę. ☐
Sędzia ma gwizdek. ☐

J Trener telefonuje. ☐
Trener obserwuje mecz. ☐

K Ja i Misaki kibicujemy swojej drużynie. ☐
Ja i Misaki denerwujemy się. ☐

L Gruba dziewczynka z kręconymi włosami bije brawo. ☐
Gruba dziewczynka z kręconymi włosami śpiewa. ☐

MECZ

7 *sędzia*

Hura! Gol!

Diego! Strzelaj!

3 *Proszę uzupełnić tekst.* [505E3]

Nasza klasa *organizuje* (organizować) mecz piłki nożnej – drużyna Niebieskich kontra drużyna Pomarańczowych. To nasze szkolne drużyny, które _____ (rywalizować) ze sobą. Ja i Misaki _____ (kibicować) drużynie Niebieskich. Nie _____ (my/móc) przegrać, nie _____ (my/chcieć) remisować, _____ (my/musieć) dziś wygrać! Hura, Diego, nasz najlepszy gracz, właśnie _____ (strzelać) gola! O nie! Ich bramkarz łapie piłkę!

4 Proszę dopasować. [505E4]

a organizować
b kibicować
c rywalizować
d notować
e trenować
f mailować
g planować
h remisować

• wakacje
• jeden do jednego
• mecz
• wyniki
• z kolegą
• swojej drużynie
• do kolegi
• karate

5 Synonim (=) czy antonim (≠)? [505E5]

a gol = bramka
b rywalizować ☐ konkurować
c wygrywać ☐ przegrywać
d kibicować ☐ grać
e notować ☐ pisać
f zawodnik ☐ gracz
g remisować ☐ wygrywać
h kopać piłkę ☐ łapać piłkę

4:1 wygrywać
2:2 remisować
0:3 przegrywać

6 Proszę posłuchać i uzupełnić tekst. [505E6]

Mój ulubiony _sportowiec_ to Robert Lewandowski. On jest piłkarzem. To świetny _____, bo dużo trenuje. Robert Lewandowski jest szczupły, wysoki, _____ i bardzo energiczny. Ma ciemne, krótkie włosy i niebieskie oczy. Jego żona ma na imię Anna. Ona też jest wysportowana, bo _____ karate.

7 Proszę opisać swojego ulubionego sportowca. [505E7]

Kto to jest?

siedemdziesiąt jeden 71

6 Sklepik szkolny

produkty | ceny | z + narzędnik | Ile to kosztuje?

DIALOG 1 [506A11]

MAJA: Uf, nareszcie przerwa. Matematyka to dla mnie jakiś kosmos! Prawie nic nie rozumiem. Jestem taka zmęczona...

OLIVIA: Ja też! Na szczęście teraz mamy fajną lekcję.

MAJA: Jaką? Nie pamiętam.

OLIVIA: Angielski. Masz zadanie domowe?

MAJA: Mam zadanie, ale nie wiem, czy dobrze. A teraz jest długa przerwa czy krótka? Pytam, bo jestem strasznie głodna i muszę coś zjeść.

OLIVIA: Krótka, mamy tylko 10 minut. Tam jest sklepik szkolny, może chcesz coś kupić? Kanapkę albo batonik?

MAJA: O tak! Czekoladowy batonik to jest to. Czysta energia! Ojej, ale mam tylko 2 złote...

OLIVIA: Nie ma problemu, ja mam 5 złotych. Idziemy, bo za moment lekcja!

1 Proszę odpowiedzieć na pytania. [506A1]

1. Czy Maja lubi matematykę? Dlaczego?
   Nie, bo ona mówi, że prawie nic nie rozumie.
2. Czy Olivia lubi angielski? Dlaczego?
3. Czy Maja ma pracę domową?
4. Jaka teraz jest przerwa? Ile ma minut?
5. Co chce kupić Maja w sklepiku szkolnym?
6. Ile złotych ma Olivia?

Jestem strasznie głodna i muszę coś zjeść.

2 Proszę podpisać produkty, a następnie przeczytać i posłuchać, ile co kosztuje. [506A2]

pizza ✓ | banan | kakao | ciastko | czekolada | batonik | drożdżówka | pączek | kanapka | jabłko | sok | mleko

a _____ , ___ zł   g _____ , ___ zł
b _____ , ___ zł   h _____ , ___ zł
c _____ , ___ zł   i _____ , ___ zł
d _____ , ___ zł   j *pizza* 2,00 zł
e _____ , ___ zł   k _____ , ___ zł
f _____ , ___ zł   l _____ , ___ zł

1. Pizza kosztuje dwa **złote**.
2. Banan kosztuje jeden **złoty**, pięćdziesiąt **groszy**.
3. Kakao kosztuje trzy **złote**, dwadzieścia dwa **grosze**.
4. Drożdżówka kosztuje jeden **złoty**, czterdzieści pięć **groszy**.
5. Kanapka kosztuje pięć **złotych**, czterdzieści **groszy**.
6. Jabłko kosztuje osiemdziesiąt **groszy**.

Co możesz kupić w sklepiku szkolnym?

3 *Proszę uzupełnić, a następnie powiedzieć, ile co kosztuje.* [506A3]

a _____ 75 groszy
b _____ 66 _____
c _____ 99 _____
d 2 _____ 44 _____
e 1 _____ 50 _____
f 5 _____ 83 _____
g 13 _____ 14 _____
h 22 _____ 32 _____
i 56 _____ _____

Długopis kosztuje 75 groszy.

Uwaga!
- (1) złoty | grosz
- 2, 3, 4 złote | grosze
- 5, 6, 7... złotych | groszy

[506A12]
▶ zł = PLN

4 *Proszę uzupełnić tabelę produktami z ćwiczenia 2.* [506A4]

PRODUKTY ZDROWE	PRODUKTY KALORYCZNE
banan,	ciastko,

PRODUKTY DO JEDZENIA	PRODUKTY DO PICIA
pizza,	kakao,

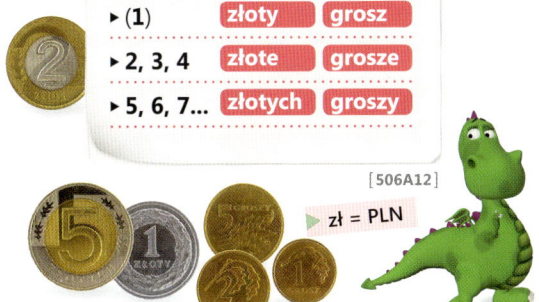

5 *Jakie produkty są w naszym sklepiku szkolnym?* [506A5]

1. pizza:
   a mała
   b duża
2. banan:
   a zielony
   b żółty
3. kakao:
   a zimne
   b gorące
4. ciastko:
   a owocowe
   b czekoladowe
5. czekolada:
   a mleczna
   b z nadzieniem
6. batonik:
   a toffi
   b orzechowy
7. drożdżówka:
   a z serem
   b z marmoladą
8. pączek:
   a z marmoladą
   b z czekoladą
9. kanapka:
   a z serem
   b z szynką
10. jabłko:
    a czerwone
    b zielone
11. sok:
    a jabłkowy
    b pomarańczowy
12. mleko:
    a zimne
    b gorące

6 *Co nie pasuje?* [506A6]

a czekolada ▶ mleczna | owocowa | z serem
b ciastko ▶ toffi | małe | z szynką
c banan ▶ duży | czerwony | żółty
d drożdżówka ▶ z jabłkiem | zielona | mała
e kakao ▶ z marmoladą | duże | zimne
f batonik ▶ gorący | z nadzieniem | mały
g sok ▶ zimny | owocowy | orzechowy
h pizza ▶ z serem | toffi | z szynką

siedemdziesiąt trzy

6

Adam idzie do sklepiku szkolnego. Chce kupić kanapkę z białym serem.

7 Co Adam kupuje dla kolegów? [506A7]

1. Daniel ▶ *pizza*
2. Elena ▶ ....
3. James ▶ ....
4. Clara ▶ ....
5. Artem ▶ ....
6. Misaki ▶ ....

8 Proszę posłuchać i uzupełnić. Gdzie w tekstach jest forma narzędnika? [506A8]

1. DANIEL: Może być mała, z *serem*, z sosem pomidorowym, z ...., na przykład margherita.

2. ELENA: Bardzo lubię z jabłkiem, ale z .... też jest w porządku. Ale musi być duża, bo jestem bardzo głodna.

3. JAMES: Nie pamiętam, czy w sklepiku jest zimne czy gorące? Gorące lubię, ale zimnego nie! Może być z ....

4. CLARA: Generalnie kupuję ...., ale lubię też jabłkowy i bananowy. Mały kartonik z rurką jest ok.

5. ARTEM: Moje ulubione jest ...., ale możesz kupić też żółte, czerwone albo czerwono-żółte.

6. MISAKI: Jestem bardzo zmęczona. Chcę zjeść coś energetycznego. Najbardziej lubię toffi, ale może być mleczna albo z ....

Uwaga!

z + narzędnik

Z CZYM?
▶ z ser**em**
▶ z marmolad**ą**
▶ z mlek**iem**

9 Proszę uzupełnić dialogi. [506A9]

MAJA: Dzień dobry. Czy jest batonik?
PANI: Dzień dobry. Tak, jest.
MAJA: A jaki?
PANI: Na przykład czekoladowy, orzechowy, z *nadzieniem* (nadzienie) toffi.
MAJA: Aha. A jaka jest czekolada?
PANI: Też toffi, z .... (pomarańcza), normalna mleczna.
MAJA: Pomarańczowa czekolada? Hmmm. A ciastko?
PANI: Owocowe, z .... (marmolada) albo czekoladowe.
MAJA: No nie wiem, nie wiem. A z czym jest drożdżówka?
PANI: Z .... (ser), z .... (dżem) albo z .... (jabłko).
MAJA: To poproszę pączka.

ADAM: Dzień dobry.
PANI: Dzień dobry.
ADAM: Przepraszam, z *czym* (co) jest ta kanapka?
PANI: Która? Ta duża czy ta mała?
ADAM: Ta po lewej stronie.
PANI: Ta jest z .... (szynka), a ta z .... (żółty ser).
ADAM: A czy jest kanapka z .... (biały ser)?
PANI: Nie ma. Jest jeszcze z .... (nutella).
ADAM: W takim razie poproszę trzy. Z czym jest pizza?
PANI: Też z .... (ser) i z .... (sos pomidorowy).
ADAM: W porządku, może być, cztery proszę. Dlaczego ta pizza jest zimna?
PANI: Bo to jest sklepik szkolny, a nie pizzeria!

10 Pracujesz w sklepiku szkolnym. Proszę zaprezentować, jak nazywa się sklepik, co można tam kupić i za ile. [506A10]

B Co masz w plecaku?

To jest plecak Jamesa. Co tam jest? Jakie to jest?

biernik l. poj. | zakupy w sklepiku

Uwaga!
w plecaku **JEST** + mianownik
w plecaku James **MA** + biernik

1 Proszę uzupełnić. [506B1]

duża kanapka ✓ | małe ciastko | czarny kot | czekoladowy batonik ✓
sympatyczny Gordon ✓ | słodki sok | brudna książka | czerwone jabłko
żółty banan | zimne kakao ✓ | czarny długopis | mleczna czekolada

W plecaku JEST...

rodzaj **męski**	rodzaj **żeński**	rodzaj **nijaki**
sympatyczny Gordon	czekoladowy batonik	duża kanapka	zimne kakao

W plecaku James MA...

żywotne — rodzaj **męski** — nieżywotne	rodzaj **żeński**	rodzaj **nijaki**
sympatyczn**ego** Gordon**a**	czekoladow**y** batonik**ø**	duż**ą** kanapk**ę**	zimn**e** kaka**o**

2 Co pasuje? [506B2]

1. Czy jest <u>mała pizza</u> | małą pizzę?
2. Mam zielone jabłko | zielonego jabłka.
3. Lukas ma nowego zeszytu | nowy zeszyt.
4. Mathis, tam jest twoja książka | twoją książkę.
5. Mamo, gdzie jest mój plecak | mojego plecaka?
6. Mam nowego „Batmana" | nowy „Batman" na DVD.
7. Sophie ma duży banan | dużego banana.
8. Mam fajnego kolegę | fajnego kolega.
9. Misaki ma eleganckie pióro | eleganckiego pióra.
10. Dziś mamy biologia | biologię czy język polski | języka polskiego?
11. W sklepiku jest tylko soku jabłkowego | sok jabłkowy.

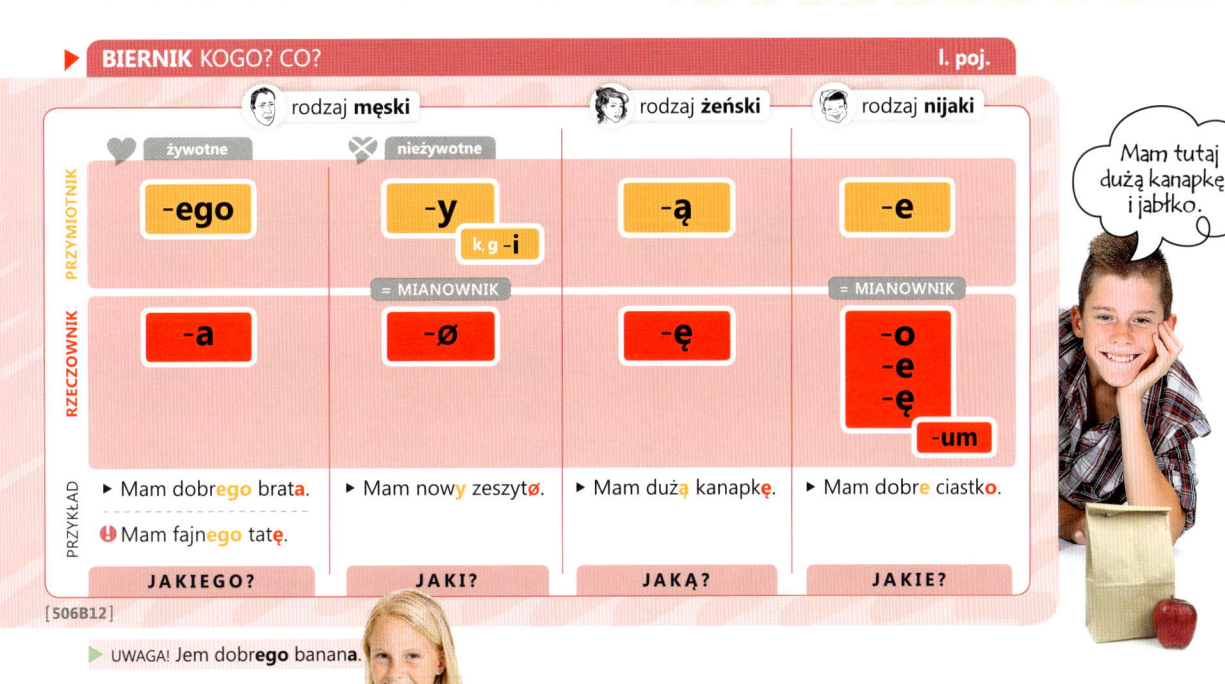

BIERNIK KOGO? CO? l. poj.

	rodzaj **męski**		rodzaj **żeński**	rodzaj **nijaki**
	żywotne	nieżywotne		
PRZYMIOTNIK	-ego	-y (k, g -i)	-ą	-e
		= MIANOWNIK		= MIANOWNIK
RZECZOWNIK	-a	-ø	-ę	-o / -e / -ę / -um
PRZYKŁAD	▸ Mam dobr**ego** brat**a**. ⚠ Mam fajn**ego** tat**ę**.	▸ Mam now**y** zeszyt**ø**.	▸ Mam duż**ą** kanapk**ę**.	▸ Mam dobr**e** ciastk**o**.
	JAKIEGO?	JAKI?	JAKĄ?	JAKIE?

[506B12]

Mam tutaj dużą kanapkę i jabłko.

▸ UWAGA! Jem dobr**ego** banan**a**.

6

3 **Proszę uzupełnić.** [506B3]

Masz jeszcze jeden długopis?

A: Clara, masz jeszcze _____ (jeden długopis)? Ja dzisiaj zapomniałam.

B: Nie, ale mam taki _____ (mały ołówek). Możesz pisać ołówkiem?

A: Oj, nie lubię pisać ołówkiem. Ale moment! Chyba mam w plecaku _____ (czarne pióro).

B: O, tutaj jest!

A: Dzięki!

C: Dzień dobry. Czy ma pani _____ _____ (duża kanapka) z serem żółtym?

D: Nie, mam tylko _____ (mała) z serem białym.

C: A czy ma pani _____ (owocowy batonik)?

D: Nie, mam tylko _____ (czekoladowy).

C: Szkoda!

E: Toru, masz w domu _____ (nowy „Spiderman")?

F: Mam. Jest całkiem fajny. A masz _____ („Batman")?

E: Nie. Ale mam _____ (stary „Superman") na DVD.

F: Serio? „Superman" to kultowy film! Masz _____ (wolny czas) w piątek?

E: Jasne, oglądamy?

---

4 **Proszę posłuchać, co ma w plecaku Emma. Czy masz to samo?** [506B4] 🎧 140

Czy już wiesz, co jest w moim plecaku?

---

5 **Proszę posłuchać i zaznaczyć dobrą odpowiedź.** [506B5] 🎧 141

1. Czarny długopis kosztuje:
   a) 2 zł
   b) 2,50 zł
   c) 3 zł

2. W sklepiku jest:
   a) kanapka z nutellą
   b) kanapka z białym serem
   c) kanapka z szynką

3. Olga kupuje:
   a) niebieski długopis, małego kotka i kanapkę z nutellą
   b) czarny długopis, małe kakao i kanapkę z szynką
   c) niebieski długopis, duże kakao i kanapkę z serem

4. Olga płaci:
   a) 7,17 zł
   b) 7,70 zł
   c) 7,07 zł

---

6 **Proszę uporządkować dialog.** [506B6] ✏️🎧 142

OLGA:

Ile kosztuje? — 3

Tak, proszę jeszcze kanapkę.

Dzień dobry. Czy jest czarny długopis?

No dobrze, proszę duże kakao. Ile płacę?

To poproszę bułkę z białym serem i jeszcze małe kakao.

Proszę. Tu jest osiem złotych.

Aha, więc poproszę ten długopis z kotkiem.

Do widzenia!

A czy jest kanapka z nutellą? — 9

PANI:

Dwa złote, ale mam taki ładny niebieski z małym kotkiem. Kosztuje dwa pięćdziesiąt.

I trzydzieści groszy reszty. Dziękuję. — 16

Coś jeszcze? — 6

Siedem złotych, siedemdziesiąt groszy.

Niestety, nie ma.

Dzień dobry. Tak, jest.

Może chcesz duże? Jesteś taka malutka! Musisz dużo jeść!

Z żółtym serem czy z białym serem? Ta z żółtym kosztuje trzy złote, a z białym trzy dwadzieścia, ale jest naprawdę dobra i zdrowa.

---

76 siedemdziesiąt sześć

7 **Kto to mówi?** [506B7]

Ile kosztuje pączek? ✓ | Ile płacę? | Coś jeszcze? | Nie, to wszystko. | Czy jest drożdżówka z serem? | Złoty sześćdziesiąt. ✓ | Tak, jest. | Niestety, nie ma. | Poproszę małą pizzę. | Co dla ciebie?

1,60

UCZEŃ	PANI/PAN W SKLEPIKU
Ile kosztuje pączek?	Złoty sześćdziesiąt.

Uwaga!

- Czy jest   sok   pizz**a**   kakao   **+ mianownik**
- Ile kosztuje

- Poproszę   sok   pizz**ę**   kakao   **+ biernik**

8 **Co mówi Emma, a co mówi Lukas? Proszę napisać.** [506B8]

a — Czy jest mała pizza? → Proszę małą pizzę.
b
c
d
e

Emma — Lukas

9 **Proszę uzupełnić dialog. UWAGA NA GRAMATYKĘ!** [506B9]

czy jest | złotych | płacę | dla ciebie ✓
groszy | kosztuje | złote | jeszcze | grosze

Dzień dobry.
Dzień dobry Toru. Co _dla ciebie_ ?
Proszę dużą kanapkę z szynką i mały batonik.
Orzechowy czy toffi?
Może być toffi. A .... jabłko?
Tak, jest. Wolisz czerwone czy zielone?
Proszę zielone. Ile .... duży sok pomarańczowy?
2 .... , 30 ....
To nie, poproszę mały. I jeszcze małą coca-colę.
Coś .... ?
Nie, to wszystko. Ile .... ?
8 .... , 42 ....
Dziękuję.

Toru jest bardzo głodny. Co on kupuje?

10 **Proszę napisać dialog w sklepiku.** [506B10]

PANI: Dzień dobry! Co dla ciebie?
TY: ....?
PANI: Tak, jest.
TY: ....?
PANI: 2 złote, 44 grosze.
TY: ....
PANI: Proszę, coś jeszcze?
TY: ....
PANI: Proszę bardzo.
TY: ....?
PANI: 4 złote, 64 grosze.
TY: ....
PANI: Do widzenia.

11 Ty jesteś klientem, a twój kolega pracuje w sklepiku. Masz 10 zł. Co kupujesz? [506B11]

6 Każdy jakieś hobby ma

czasowniki łączące się z biernikiem | **Jaki? Jakiego?...**

A
James: Daniel, co robisz?
Daniel: Piszę post i czytam nowe forum.
James: Tak? Jakie?
Daniel: Muzyczne. Bardzo interesujące 😊

B
James: Misaki, a ty masz w domu zwierzaka?
Misaki: Tak, mam kotka.
James: Jakiego?
Misaki: Małego i słodkiego.
James: Słodkiego? Jak Hello Kitty?

C
Misaki: Adam, kogo ze sportowców lubisz najbardziej?
Adam: Hmm... 😊 Myślę, że Marcina Gortata.
Misaki: Jaki on uprawia sport?
Adam: Koszykówkę.

D
Olivia: Hej, Maja! Jesteś tam?
Maja: Jestem, ale teraz gram w grę.
Olivia: W jaką?
Maja: W Mario Brosa.
Olivia: O, grasz w moją ulubioną grę 😊

1. Proszę dopasować adres strony internetowej do czatu. [506C1]

- ○ www.miastogier.pl
- ○ www.zoohobby.pl
- Ⓐ www.muzyka.onet.pl
- ○ www.sportfan.pl

2. Proszę odpowiedzieć na pytania. [506C2]

1. **Kogo** lubi Adam?
   On lubi Marcina Gortata.
2. **Co** pisze Daniel?
3. **Jakiego** kotka ma Misaki?
4. **Jaki** sport uprawia Marcin Gortat?
5. W **jaką** grę gra Maja?
6. **Jakie** forum czyta Daniel?

3. Proszę dopasować pytania z ćwiczenia 2 do tabeli. [506C3]

► PYTANIA BIERNIKA

RZECZOWNIK		
OSOBA	*kogo?*	**Kogo** lubisz?
OBIEKT	....	.... rysujesz?

PRZYMIOTNIK		
rodzaj **męski** ŻYWOTNY	....	.... aktora lubisz?
rodzaj **męski** NIEŻYWOTNY	*jaki?*	**Jaki** film oglądasz?
rodzaj **żeński**	....	.... książkę czytasz?
rodzaj **nijaki**	....	.... zdanie piszesz?

4. Kogo czy co? [506C4]

1. *Co* lubi Artem? ► Siatkówkę i rower.
2. .... ogląda Diego? ► Hiszpański film.
3. .... rysuje Emma? ► Ulubioną wokalistkę.
4. .... lubi Olivia? ► Maję i Olgę.
5. .... kupuje Ewa? ► Ciastko czekoladowe i kakao.
6. .... lubisz bardziej? ► Batmana czy Supermana?
7. W .... gramy? ► Może w tenisa?
8. .... masz na plakacie? ► Roberta Lewandowskiego.
9. .... one czytają? ► Gazetkę szkolną.

🔔 Uwaga!

- ► MIEĆ
- ► PROSIĆ
- ► LUBIĆ
- ► UPRAWIAĆ
- ► GRAĆ W...
- ► RYSOWAĆ
- ► ROBIĆ
- ► MALOWAĆ
- ► CZYTAĆ
- ► OGLĄDAĆ
- ► PISAĆ
- ► TAŃCZYĆ
- ► KUPOWAĆ
- ► KOCHAĆ

+ biernik

Oglądam hiszpański film przygodowy.

5 Proszę uzupełnić i zadać pytanie (jaki? jakiego?...). [506C5]

To jest moja starsza siostra Yoko.

1. Oglądam (nowy program) _nowy program._
   Jaki program oglądam?
2. Mathis kupuje (duża kanapka) ....
3. Clara pisze (trudny test) ....
4. Elena i Olga lubią (amerykańskie kino) ....
5. James lubi (zielona żaba) ....
6. Yoko ma (wysoki brat) ....
7. Oni uprawiają (ekstremalny sport) ....

Denis lubi surfować po internecie. Kiedy ma wolny czas, czyta ciekawy artykuł, pisze mail albo rozmawia z kolegami na czacie.

Denis 11:23:05
Halo! Jest tam kto???

Mathis 11:23:22
Hej, Denis. Tak, jestem 😊

Denis 11:24:01
Co robisz?

Mathis 11:24:17
Oglądam fajny teledysk.

Denis 11:24:49
Tak? Jaki?

Mathis 11:25:21
Mój ulubiony zespół ma nowy album 😊 Jest naprawdę super! Dzisiaj kupuję tę płytę na Allegro. Muszę tylko poprosić mojego tatę o pięćdziesiąt złotych... 😊

Denis 11:25:33
Jaką muzykę grają?

Mathis 11:25:52
Rockową. Ale mają też płytę metalową.

Denis 11:26:07
Lubisz rock?

Mathis 11:26:18
Jasne, bardzo lubię japoński rock. A ty, jaką muzykę lubisz?

Denis 11:26:45
Ja wolę hip-hop. Lubię amerykański i polski rap.

Mathis 11:27:15
Wow 😊, znasz polską muzykę?

Denis 11:27:18
Tylko trochę. Mogę ci napisać adres strony internetowej z polską muzyką.

Mathis 11:27:29
Można tam oglądać teledysk albo film z koncertu?

Denis 11:27:41
Tak, ale można też czytać forum albo pisać blog. Musisz tylko założyć swój profil.

Mathis 11:27:53
OK. Jaki adres ma ta strona?

Denis 11:28:01
www.lastfm.pl

Mathis 11:28:11
Dzięki!

Denis 11:28:17
Nie ma sprawy. Muszę lecieć. 3maj się!

Mathis 11:28:23
Na razie.

6 Prawda (P) czy nieprawda (N)? [506C6] 143

	P	N
1. Mathis ogląda fajny program.	✓	
2. Mathis kupuje na Allegro nowy album.		
3. Płyta kosztuje pięćdziesiąt złotych.		
4. Mathis musi poprosić mamę o pięćdziesiąt złotych.		
5. Mathis lubi japoński pop.		
6. Denis lubi amerykańską muzykę.		
7. Denis bardzo dobrze zna polską muzykę.		
8. Na stronie internetowej możesz oglądać film.		

7 Proszę posłuchać i uzupełnić, co zaznacza Mathis. [506C7] 144

Mathis loguje się na stronę internetową. Musi uzupełnić swój profil i odpowiedzieć na pytania.

8 Jaki jest twój profil, a jaki twojego kolegi? [506C8]

✓ Mathis
✓ Ty
✓ kolega

chomik   królik   papuga

▶ zwierzak = zwierzę
▶ Mam zwierzaka. = Mam zwierzę.

Wypełnij formularz   Wyloguj

1. Jaki przedmiot szkolny lubisz?
- matematykę
- język polski
- język angielski
- historię
- ✓ informatykę
- muzykę
- inne: ....

2. Jaką muzykę lubisz?
- rockową
- pop
- metalową
- hip-hopową
- klasyczną
- jazzową
- inne: ....

3. Jakie forum często czytasz?
- muzyczne
- sportowe
- literackie
- filmowe
- komputerowe
- zoologiczne
- inne: ....

4. Co zwykle oglądasz w telewizji?
- komedię
- telewizyjny show
- bajkę dla dzieci
- teledysk
- horror
- sport
- inne: ....

5. Jaki sport uprawiasz?
- tenis
- piłkę ręczną
- koszykówkę
- siatkówkę
- piłkę nożną
- pływanie
- inne: ....

6. Jakiego zwierzaka masz w domu?
- kota
- psa
- chomika
- rybkę
- królika
- papugę
- inne: ....

Zaloguj   Zarejestruj
Nazwa użytkownika: j_rockfan@gmail.com
Hasło: •••••••••
Logowanie

6 Kochany Święty Mikołaju!

Mam 175 cm wzrostu.

liczebniki 100-1000 | prezenty | list

1 Proszę uzupełnić. [506D1]

1. jeden
2. dwa
3. t_ _ _
4. cztery
5. pięć
6. _ z _ _ ć
7. siedem
8. osiem
9. d _ _ _ w _ _ ć
10. dziesięć
11. j _ _ _ n _ _ _ _ _
12. dwanaście
13. trzynaście
14. c _ _ _ r _ _ ś _ _ _
15. pię_ naście
16. _ _ e _ na _ cie
17. siedemnaście
18. _ _ _ _ m _ a _ _ i _
19. dziewiętnaście
20. d_ a _ _ _ _ _ _ _ a
30. trzydzieści
40. cz _ _ _ d _ _ _ ś _ _
50. _ _ _ ć _ _ _ e _ _ ą _
60. sześćdziesiąt
70. s _ _ d _ _ d _ _ e _ _ _ t
80. osiemdziesiąt
90. dziewięćdziesiąt
100. s _ _

LICZEBNIKI 100-1000 [150]

100	sto
200	dwieście
300	trzysta
400	czterysta
500	pięćset
600	sześćset
700	siedemset
800	osiemset
900	dziewięćset
1000	tysiąc

2 Proszę skorygować. [506D2]

a. sezćśste — *sześćset* — 600
b. tzrytsa
c. peićtęs
d. sot
e. diweście
f. tsyiąc
g. osimeset
h. dizewęićste
i. czertysat
j. sidemeset

3 Jaka to liczba? [506D3]

a. sześćset|dwadzieścia|jeden — 621
b. dwieściedziesięć
c. dziewięćsetczterdzieścitrzy
d. trzystatrzydzieściosiem
e. osiemsetpięćdziesiątdziewięć
f. pięćsetczternaście
g. czterystasześćdziesiątpięć

4 Jaki liczebnik słyszysz? [506D4] [151]

a. 512 | **520**
b. 840 | 830
c. 350 | 450
d. 180 | 118
e. 330 | 440
f. 920 | 1200
g. 670 | 760

5 Ile to jest? [506D5]

a. 500 + 500 = *tysiąc*
b. 200 + 100 =
c. 400 + 300 =
d. 700 − 200 =
e. 600 − 400 =
f. 900 − 800 =

6 Proszę napisać. [506D6]

Ile oni mają lat?

1. Ryszard — 1543 lata
2. Lucjan — 986 lat
3. Adela — 1222 lata
4. Leoś — 499 lat
5. Grześ — 138 lat

1. Wampir Ryszard ma
2. Wampir Lucjan ma
3. Wampirzyca Adela ma
4. Wampirek Leoś ma
5. Wampirek Grześ ma *sto trzydzieści osiem lat.*

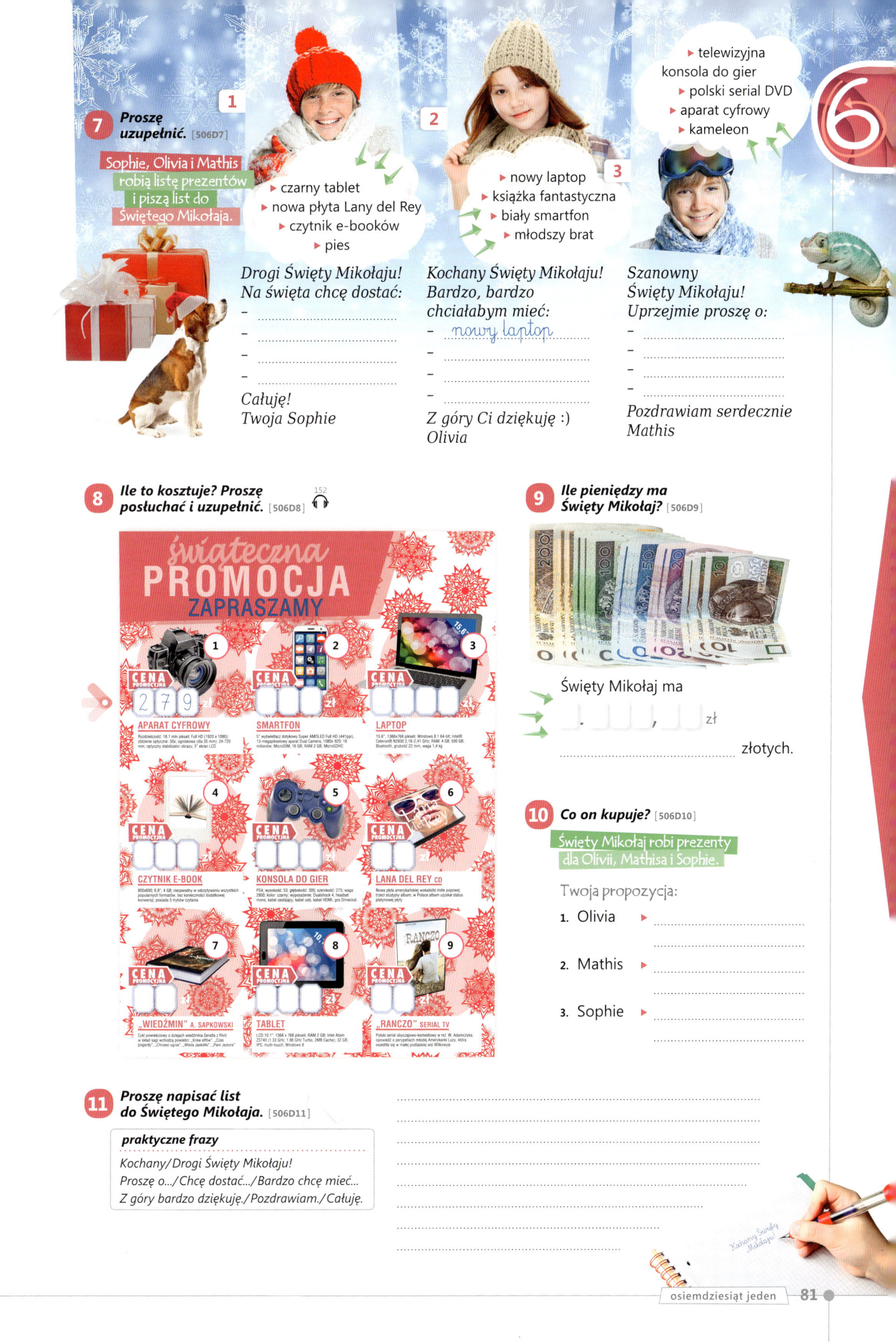

7 *Proszę uzupełnić.* [506D7]

Sophie, Olivia i Mathis robią listę prezentów i piszą list do Świętego Mikołaja.

1
▶ czarny tablet
▶ nowa płyta Lany del Rey
▶ czytnik e-booków
▶ pies

2
▶ nowy laptop
▶ książka fantastyczna
▶ biały smartfon
▶ młodszy brat

3
▶ telewizyjna konsola do gier
▶ polski serial DVD
▶ aparat cyfrowy
▶ kameleon

Drogi Święty Mikołaju!
Na święta chcę dostać:
- ....
- ....
- ....

Całuję!
Twoja Sophie

Kochany Święty Mikołaju!
Bardzo, bardzo chciałabym mieć:
- *nowy laptop*
- ....
- ....

Z góry Ci dziękuję :)
Olivia

Szanowny Święty Mikołaju!
Uprzejmie proszę o:
- ....
- ....
- ....

Pozdrawiam serdecznie
Mathis

8 *Ile to kosztuje? Proszę posłuchać i uzupełnić.* [506D8] 🎧 152

świąteczna PROMOCJA
ZAPRASZAMY

1 APARAT CYFROWY — CENA PROMOCYJNA: 2 7 9 zł
Rozdzielczość: 18.1 mln pikseli; Full HD (1920 x 1080); zbliżenie optyczne: 30x; ogniskowa (dla 35 mm): 24-720 mm; optyczny stabilizator obrazu; 3" ekran LCD

2 SMARTFON — CENA PROMOCYJNA: ___ zł
5" wyświetlacz dotykowy Super AMOLED Full HD (441ppi), 13-megapikselowy aparat Dual Camera, 1080p 920; 16 milionów; MicroSIM, 16 GB; RAM 2 GB; MicroSDHC

3 LAPTOP — CENA PROMOCYJNA: ___ zł
15.6", 1366x768 pikseli; Windows 8.1 64-bit; Intel® Celeron® N2830 2,16-2,41 GHz; RAM: 4 GB; 500 GB; Bluetooth; grubość 22 mm, waga 1,4 kg

4 CZYTNIK E-BOOK — CENA PROMOCYJNA: ___ zł
800x600; 6.8"; 4 GB; niezawodny w odczytywaniu wszystkich popularnych formatów, bez konieczności dodatkowej konwersji; posiada 5 trybów czytania

5 KONSOLA DO GIER — CENA PROMOCYJNA: ___ zł
PS4; wysokość: 53, głębokość: 305, szerokość: 275; waga: 2800; kolor: czarny; wyposażenie: Dualshock 4, headset mono, kabel zasilający, kabel usb, kabel HDMI, gra Driveclub

6 LANA DEL REY CD — CENA PROMOCYJNA: ___ zł
Nowa płyta amerykańskiej wokalistki indie popowej; trzeci studyjny album; w Polsce album uzyskał status platynowej płyty

7 „WIEDŹMIN" A. SAPKOWSKI — CENA PROMOCYJNA: ___ zł
Cykl powieściowy o dziejach wiedźmina Geralta z Rivii; w skład sagi wchodzą powieści: „Krew elfów", „Czas pogardy", „Chrzest ognia", „Wieża Jaskółki", „Pani Jeziora"

8 TABLET — CENA PROMOCYJNA: ___ zł
LCD 10.1"; 1366 x 768 pikseli; RAM 2 GB; Intel Atom Z5740 (1.33 GHz; 1.86 GHz Turbo, 2MB Cache); 32 GB, IPS; multi-touch; Windows 8

9 „RANCZO" SERIAL TV — CENA PROMOCYJNA: ___ zł
Polski serial obyczajowo-komediowy w reż. W. Adamczyka; opowieść o perypetiach młodej Amerykanki Lucy, która osiedliła się w małej podlaskiej wsi Wilkowyje

9 *Ile pieniędzy ma Święty Mikołaj?* [506D9]

Święty Mikołaj ma

___ . ___ ___ ___ , ___ zł

.... złotych.

10 *Co on kupuje?* [506D10]

Święty Mikołaj robi prezenty dla Olivii, Mathisa i Sophie.

Twoja propozycja:

1. Olivia ▶ ....
2. Mathis ▶ ....
3. Sophie ▶ ....

11 *Proszę napisać list do Świętego Mikołaja.* [506D11]

praktyczne frazy

Kochany/Drogi Święty Mikołaju!
Proszę o.../Chcę dostać.../Bardzo chcę mieć...
Z góry bardzo dziękuję./Pozdrawiam./Całuję.

osiemdziesiąt jeden

6 Powtórzenie

1 Co to jest? [506P1]

1. j__ł__
2. p_c_e_
3. b___o_i_
4. __o_
5. dr____ż__k_
6. k a k a o
7. k__a_k_
8. cz_k_l_d_

2 Proszę dopasować. [506P2]

2✓ | 1 | 5 | 7 | 4 | 9 | 3 | 8 | 6
10 | 25 | 22 | 53 | 56 | 14

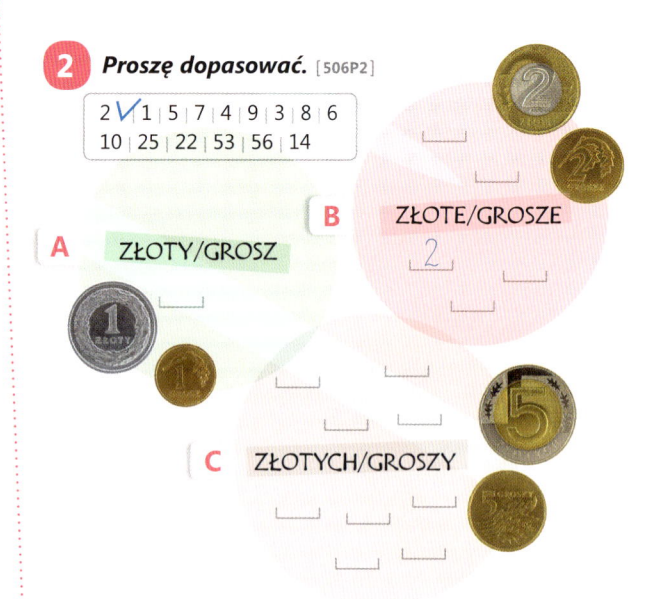

A ZŁOTY/GROSZ

B ZŁOTE/GROSZE — 2

C ZŁOTYCH/GROSZY

3 Prawda (P) czy nieprawda (N)? [506P3]

	P	N
a czerwony banan		✓
b drożdżówka z sosem		
c zimne kakao		
d ciastko z szynką		
e białe jabłko		
f duża kanapka		
g pączek z marmoladą		
h batonik z serem		

4 Proszę uzupełnić. [506P4]

LUKAS: Dzień dobry, ile kosztuje drożdżówka?
PANI: Ta z *serem* (ser) czy z .... (marmolada)?
LUKAS: Ta po lewej.
PANI: Ta z .... (nadzienie owocowe) czy z .... (jabłko)?
LUKAS: Ta po prawej stronie.
PANI: Ta duża z .... (dżem)?
LUKAS: Nie, ta mała!
PANI: To nie jest drożdżówka, to jest pączek!

5 Biernik (B) czy narzędnik (N)? [506P5]

a ja lubię + Ⓑ
b on jest +
c ty czytasz +
d ona robi +
e batonik z +
f my znamy +
g chcę +
h wy oglądacie +
i ty kochasz +
j on interesuje się +
k proszę +
l kanapka z +

6 Co on ma na biurku? Co ona ma na biurku? Proszę znaleźć 6 różnic. [506P6]

A   B

On ma:
1. *drożdżówkę*
2.
3.
4.
5.
6.

Ona ma:
1. *czekoladę*
2.
3.
4.
5.
6.

82 osiemdziesiąt dwa

7. Proszę uporządkować zdania w dialogu. [506P7]

A: dobry | dla | dzień | ciebie | co | ?
Dzień dobry.

B: kanapka | czy | mała | jest | ?

A: jest | tak

B: kosztuje | ile | ?

A: groszy | 2 | 40 | złote

B: kanapkę | sok | i | proszę | pomarańczowy

A: bardzo | proszę

B: płacę | ile | ?

A: 4 | groszy | złote | 20

B: do | dziękuję | widzenia

8. Proszę uzupełnić. [506P8]

1. Daniel lubi (gorące mleko) gorące mleko.
2. Lukas ogląda (nowy „Shrek") ....
3. Masz (praca domowa) .... ?
4. Poproszę (czekoladowy batonik) ....
5. Olivia ma (młodsza siostra) ....
6. Chcesz (zielone jabłko) .... ?
7. Maja gra (tenis) .... i (siatkówka) ....
8. Lubimy (muzyka jazzowa) ....
9. Masz naprawdę (fajny dziadek) .... !

9. Proszę uzupełnić pytania słowami z ramki. [506P9]

Jakiego | Jaką | Co | Jakie | Kogo | Jaki ✓

1. Jaki film oglądasz? ▶ Polski, kryminalny.
2. .... rysujesz? ▶ Moją siostrę.
3. .... mleko lubisz? ▶ Zimne.
4. .... muzykę lubisz? ▶ Rockową i metalową.
5. .... zwierzaka masz w domu? ▶ Tylko kota.
6. .... kupujesz w sklepiku? ▶ Pizzę i coca-colę.

10. Proszę napisać pytanie i odpowiedź. [506P10]

a Jak on ma na imię?
▶ On ma na imię Tymek.
b Jaki sport on uprawia?
▶
c
▶
d
▶
e
▶
f
▶
g
▶

11. Jaki jest ich adres? Proszę napisać słowami numer domu i kod pocztowy. [506P11]

1. Święty Mikołaj ▶ ul. Reniferowa 999, 33-333 Laponia
dziewięćset dziewięćdziesiąt dziewięć, trzydzieści trzy – trzysta trzydzieści trzy

2. Król Lew ▶ ul. Słoneczna 111, 22-222 Afryka

3. Wampir Lucjan ▶ ul. Czosnkowa 666, 88-888 Transylwania

4. Duch Alojzy ▶ ul. Horrorowa 555, 00-000 Nic

12. Proszę napisać list do Świętego Mikołaja. [506P12]

nowy tablet | czarny kot | Bardzo chcę... | płyta DVD z filmem o wampirach | Całuję... | Kochany Święty Mikołaju... | komórka

6 PLUS+ dla ambitnych!

ZNANI POLACY

1 *Jaką muzykę oni grają? Proszę dopasować.* [506E1]

1. Nergal
2. Monika Brodka
3. Rahim
4. Leszek Możdżer

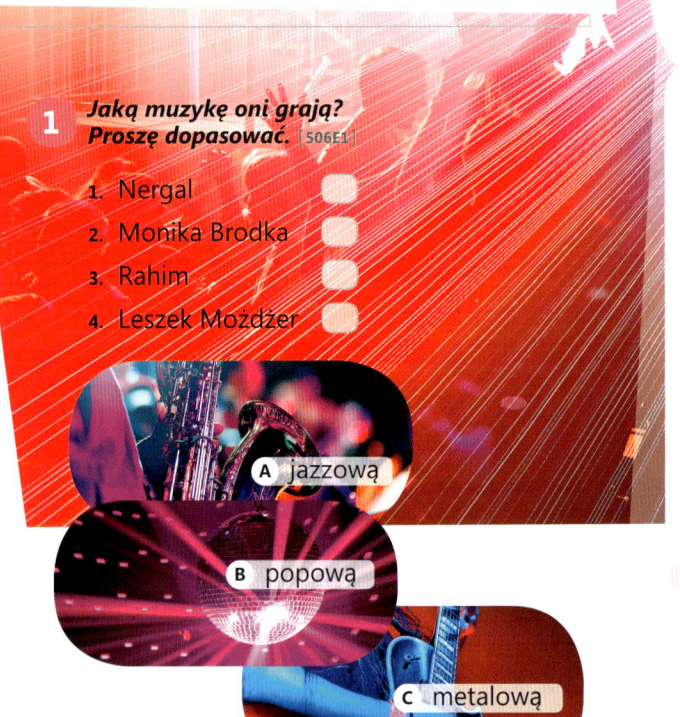

A jazzową
B popową
C metalową
D hip-hopową

2 *Przeczytaj informacje na temat Dawida Podsiadło i odpowiedz na pytania. UWAGA NA GRAMATYKĘ!* [506E2]

IMIĘ I NAZWISKO	Dawid Podsiadło
PSEUDONIM	David Ross
KRAJ	Polska
MIASTO / WIEŚ	Dąbrowa Górnicza
DATA URODZIN	23.05.1993
TYTUŁ PŁYTY	„Comfort and Happiness"
ULUBIONY DZIEŃ TYGODNIA	czwartek
ULUBIONY KOLOR	fioletowy
RODZINA	mama Marzena, brat Wojtek, dziewczyna Ewelina

1. Jak się nazywa ten artysta?
   Nazywa się Dawid Podsiadło.
2. Jaki ma pseudonim?
3. Ile ma lat?
4. Jaką muzykę gra?
5. Jaki tytuł ma jego płyta?
6. Jaki dzień tygodnia lubi?
7. Jaki jest jego ulubiony kolor?
8. Jaką ma rodzinę?
9. Jak myślisz, jaki on jest? (gruby, szczupły, wysoki, sympatyczny...)

3 *Proszę posłuchać informacji o tej osobie i wybrać dobrą odpowiedź.* [506E3]

Jak ona się nazywa?

Imię i nazwisko:

1. Kraj:
   a Polska i Szwecja
   b Polska i Czechy
   c Czechy i Szwecja  
2. Język:
   a polski i szwedzki
   b polski i czeski
   c czeski i szwedzki
3. Muzyka:
   a popowa
   b rockowa
   c popowo-rockowa
4. Nowa płyta:
   a „Rewelacja"
   b „Ewakuacja"
   c „Ewa na wakacjach"
5. Rodzeństwo:
   a siostra Magda i brat Artur
   b siostra Magda i brat Adam
   c siostra Marta i brat Artur
6. Sport:
   a bieganie
   b pływanie
   c narciarstwo
7. Zwierzak:
   a pies
   b kot
   c chomik
8. Ulubiona piosenkarka:
   a Lady Gaga
   b Doda
   c Rihanna

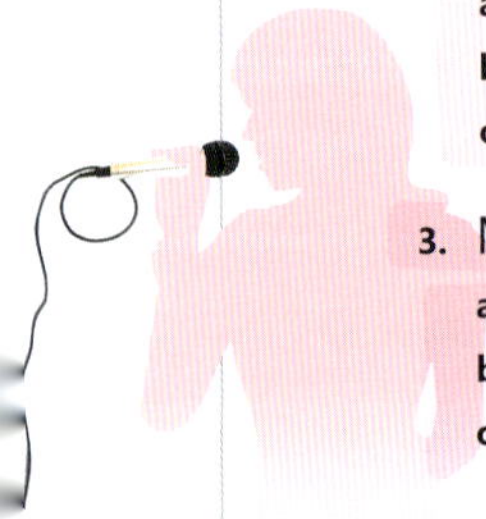

84 osiemdziesiąt cztery

POLSKI KROK PO KROKU

Marcin Gortat	Łódź, Waszyngton	amerykański hip-hop
IMIĘ I NAZWISKO	MIASTO	MUZYKA
NBA Washington Wizards		piłka nożna, boks
DRUŻYNA SPORTOWA		ULUBIONY SPORT
Polska		17.02.1984
KRAJ		DATA URODZIN
213 cm		"Transformers"
WZROST		ULUBIONY FILM
polski, angielski, niemiecki, serbski		brat Filip, brat Robert
JĘZYKI		RODZEŃSTWO

1. AGNIESZKA RADWAŃSKA
2. MARCIN GORTAT
3. JUSTYNA KOWALCZYK
4. ROBERT LEWANDOWSKI

4. Jaki sport oni uprawiają? [506E4]

- a ⃝ piłkę nożną
- b ⃝ koszykówkę
- c ⃝ tenis
- d ⃝ narciarstwo

5. Proszę uzupełnić tekst. [506E5]

Mój ulubiony sportowiec _nazywa się_ Marcin Gortat. On jest z _____. _____ w Łodzi, ale teraz pracuje w Waszyngtonie. Marcin gra w _____ w lidze NBA. Jego drużyna to Washington Wizards. Marcin ma _____ lat. Jest bardzo _____, ma aż 213 cm wzrostu! Prywatnie bardzo lubi _____ nożną i _____. Mówi po polsku, _____, _____ i serbsku. Marcin lubi muzykę, a najbardziej lubi _____. Jego ulubiony _____ to „Transformers". Ma rodzeństwo, dwóch starszych braci: brata _____ i brata _____.

6. Chcesz dostać autograf Roberta Lewandowskiego. Proszę napisać do niego list, zaprezentować się i poprosić o autograf. [506E6]

praktyczne frazy

Drogi/Szanowny Panie Robercie!
Nazywam się... | Mam...
Lubię/Interesuję się... | Chcę...
Z góry bardzo dziękuję./Pozdrawiam.

7. MINI-PROJEKT
Proszę przygotować prezentację dla kolegów. [506E7]

- ▸ Kim on jest?
- ▸ Skąd jest?
- ▸ Jaką muzykę lubi?
- ▸ Czy ma rodzeństwo?

Kto jest twoim idolem?

8. Proszę posłuchać i zaznaczyć dobre nazwisko. [506E8] 154

AKTOR/AKTORKA 
1. Agata Kulesza | Kulesia
2. Agnieszka Grochowska | Groszowska
3. Borys Czyc | Szyc
4. Joanna Żabczyńska | Jabłczyńska
5. Magdalena Różczka | Różecka
6. Małgorzata Koziuchowska | Kożuchowska
7. Marcin Kowalczyk | Kowalcik
8. Mateusz Kościukiewicz | Koszczukiewicz
9. Paweł Malaszyński | Małaszyński
10. Robert Więckiewicz | Więskiewicz

PIOSENKARZ/PIOSENKARKA 
1. Agnieszka Chylińska | Chelińska
2. Ania Tąbrowska | Dąbrowska
3. Czesław Mocil | Mozil
4. Edyta Górniak | Gorniak
5. Dawid Podsiadło | Podszadło

SPORTOWIEC 
1. Anna Rogowska | Rogoska
2. Anita Włodarcik | Włodarczyk
3. Jakub Błaścikowski | Błaszczykowski
4. Jerzy Janowicz | Janowich
5. Kamil Stoch | Stosz

osiemdziesiąt pięć

7 Cztery pory roku

pory roku | pogoda | wiosną, latem...

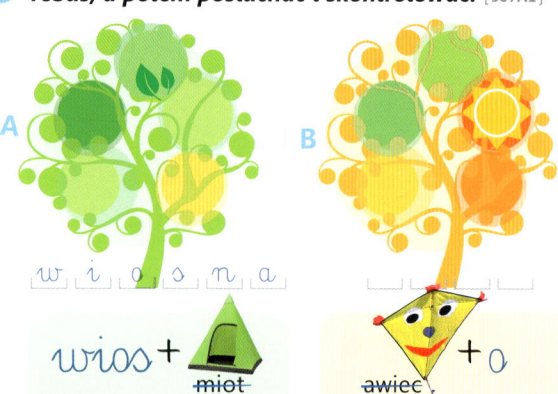

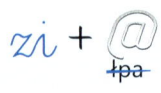

1 Jak się nazywa ta pora roku? Proszę odszyfrować rebus, a potem posłuchać i skontrolować. [507A1]

A. w i o s n a
wios + ~~miot~~

B. ☐ ☐ ☐ ☐
~~awiec~~ + o

C. ☐ ☐ ☐ ☐ ☐
1 + 7 + ń
~~den~~ ~~dem~~

D. ☐ ☐ ☐ ☐
zi + @
~~lpa~~

2 Jaka to pora roku? [507A2]

Ta pora roku jest:
- zielona, ale też niebieska jak woda i żółta jak słońce. — lato
- bardzo zielona, ale też różowa, żółta, biała jak kwiaty.
- biała jak śnieg, trochę też czarna i srebrna.
- złota, ale może być też żółta, brązowa, a nawet czerwona.

3 Kiedy to jest? Proszę uzupełnić. [507A3]

pora roku	kiedy?
MIANOWNIK	NARZĘDNIK
wiosna	
lato	
jesień	jesienią
zima	

4 Kiedy to jest? [507A4]

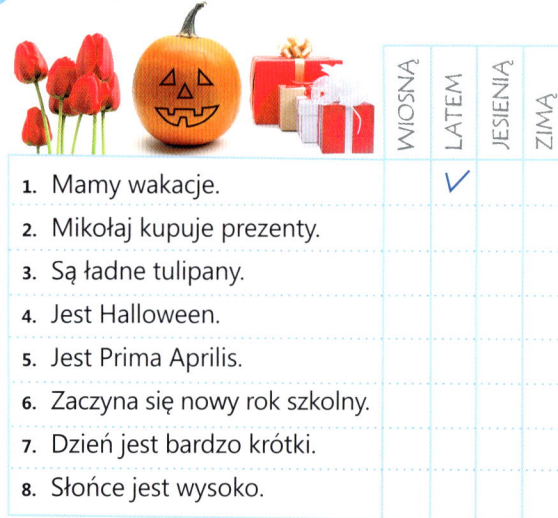

	WIOSNĄ	LATEM	JESIENIĄ	ZIMĄ
1. Mamy wakacje.		✓		
2. Mikołaj kupuje prezenty.				
3. Są ładne tulipany.				
4. Jest Halloween.				
5. Jest Prima Aprilis.				
6. Zaczyna się nowy rok szkolny.				
7. Dzień jest bardzo krótki.				
8. Słońce jest wysoko.				

5 Jaka jest ich ulubiona pora roku? Co lubią wtedy robić? [507A5]

1. Maja — Jej ulubiona pora roku to zima.
2. Daniel 
3. Olivia 
4. Toru 

Maja lubi — Zimą
Daniel lubi
Olivia lubi
Toru lubi

- robić dekoracje z kwiatów
- pić herbatę
- kupować nowe książki
- uprawiać sport
- jeździć na sankach
- jeździć na rowerze
- kupować tulipany
- chodzić na basen

POGODA

6 *Proszę przeczytać, co on zwykle robi.* [507A6] 🎧 160

> Glossik lubi wszystkie pory roku.

1. Kiedy **jest gorąco**, piję dużo wody albo zimną coca-colę.
2. Kiedy **jest ciepło**, mam na sobie tylko szorty i T-shirt.
3. Kiedy **jest zimno**, piję gorącą herbatę albo kakao.
4. Kiedy **jest mróz**, jeżdżę na łyżwach.
5. Kiedy **świeci słońce**, mam na głowie czapkę bejsbolówkę.
6. Kiedy **pada deszcz**, mam parasol.
7. Kiedy **pada śnieg**, jeżdżę na nartach.
8. Kiedy **wieje wiatr**, puszczam latawce.
9. Kiedy **jest burza**, jestem w domu, bo bardzo się boję.
10. Kiedy **jest pochmurno**, myślę: ciekawe, gdzie jest słońce?

7 *Proszę podpisać symbole frazami z ćwiczenia 6.* [507A7]

1. ....
2. .... 
3. .... 
4. *jest mróz* 
5. .... 
6. .... 
7. .... 
8. .... 
9. .... 
10. .... 

8 *Dobrze (✓) czy niedobrze (✗)? Dlaczego?* [507A8]

a pada mróz — ✗ — *pada deszcz lub jest mróz*
b jest zimno — ◯ — ....
c świeci wiatr — ◯ — ....
d wieje zimno — ◯ — ....
e jest pochmurno — ◯ — ....
f pada słońce — ◯ — ....
g świeci deszcz — ◯ — ....
h wieje wiatr — ◯ — ....

9 *Jaka zwykle jest pogoda...* [507A9]

	W POLSCE	W TWOIM KRAJU
wiosną?	Jest ciepło, świeci słońce, czasem jest pochmurno i pada deszcz.	
latem?	Jest gorąco, świeci słońce, czasem jest burza.	
jesienią?	Jest zimno, pada deszcz, wieje wiatr, jest pochmurno.	
zimą?	Jest mróz, zimno, pada śnieg albo świeci słońce.	

10 MINI-PROJEKT [507A10]

Co możecie robić, kiedy:
- jest bardzo, bardzo gorąco?
- są wakacje i non-stop pada deszcz?
- są ferie zimowe, ale nie pada śnieg?
- jest burza, a twoja młodsza siostra bardzo się jej boi?

11 *A jaka jest dzisiaj pogoda?* [507A11]

Dzisiaj ....

osiemdziesiąt siedem **87**

Ale masz fajną bluzę!

ubrania | miesiące | nosić + biernik

UBRANIE

1 Jaka jest pora roku na ilustracji? [507B1]

2 Proszę podpisać ilustracje. [507B2]

czapka ✓ | kurtka | spódnica | spodnie | bluza
szorty | bluzka | tenisówki | kozaki | sweter
płaszcz | koszula | podkoszulek / T-shirt

3 Jakie to ubranie? Proszę dopasować słowa z ćwiczenia 2 do kategorii. [507B3]

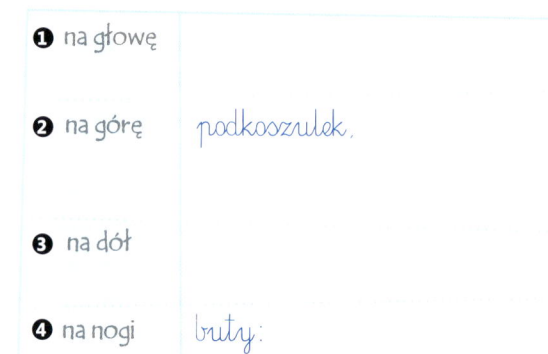

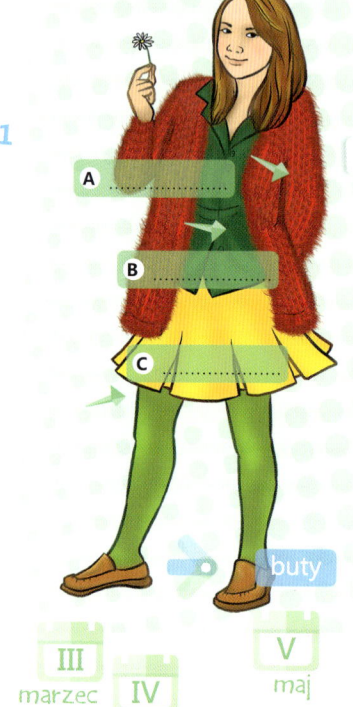

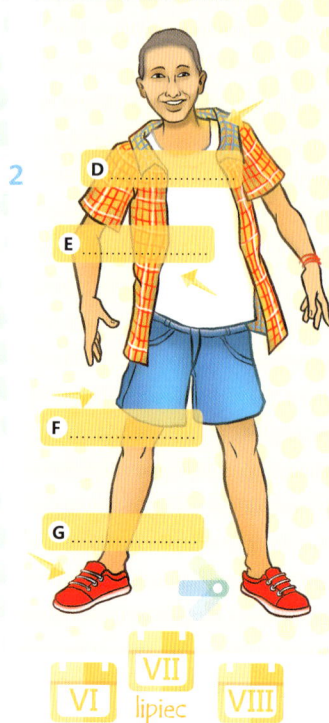

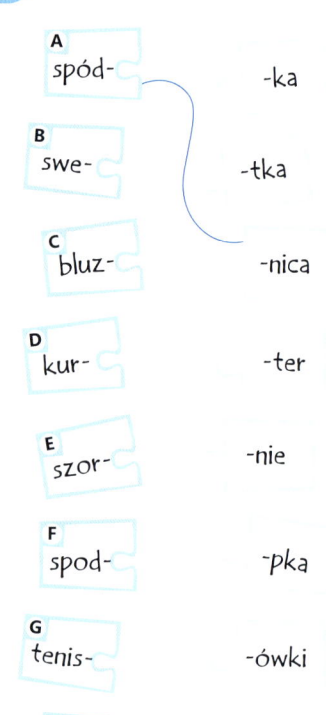

❶ na głowę	
❷ na górę	podkoszulek,
❸ na dół	
❹ na nogi	buty,

buty

III marzec | IV kwiecień | V maj | VI czerwiec | VII lipiec | VIII sierpień

4 Proszę połączyć. [507B4]

- A spód- — -ka
- B swe- — -tka
- C bluz- — -nica
- D kur- — -ter
- E szor- — -nie
- F spod- — -pka
- G tenis- — -ówki
- H cza- — -ty

5 Co to jest? [507B5]

1. Dziewczyny **noszą** ją do spódnicy.
2. To sportowe ubranie na górę – **noszą** je hip-hopowcy.
3. To ubranie na dół. **Nosi** je Diego, kiedy gra w piłkę.
4. **Nosisz** ją zimą i kiedy pada deszcz.
5. Jest na dół – długa albo krótka. **Noszą** ją dziewczyny.
6. **Nosimy** je na nogach.
7. To ciepłe ubranie na głowę. Musisz **nosić** je zimą.

1. b l u z k a

Uwaga!
▶ NOSIĆ **+ biernik**

Noszę płaszcz, kurtkę, bluzę...

6 Proszę uzupełnić tabelkę. [507B6]

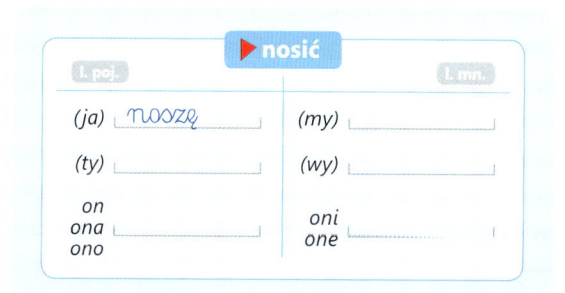

▶ **nosić**

l. poj.		l. mn.	
(ja)	noszę	(my)	
(ty)		(wy)	
on ona ono		oni one	

88 osiemdziesiąt osiem

7 ***Proszę ułożyć zdania. UWAGA NA GRAMATYKĘ!*** [507B7]

1. (my) | nosić | spodnie.
   My nosimy spodnie.
2. (ty) | nosić | szara bluza.
   ....
3. Olivia | nosić | brązowy płaszcz.
   ....
4. (oni) | nosić | szorty | i | tenisówki.
   ....
5. (ja) | nosić | gruba czapka | i | kozaki.
   ....
6. Co | (wy) | nosić | zima | ?
   ....
7. Diego | jesień | nosić | kurtka.
   ....
8. Sophie | Elena | nosić | biała bluzka.
   ....
9. Adam | nosić | czerwona koszula.
   ....

K — czapka
L — ....
M — ....
H — ....
I — ....
J — ....
kalosze

IX wrzesień
X październik
XI listopad
XII grudzień
I styczeń
II luty

8 ***Proszę uzupełnić.*** [507B8]

1. Wiosną i jesienią noszę ....
2. .... szalik ....
3. Kiedy tańczę hip-hop, ...
4. Kiedy jeżdżę na nartach, *noszę spodnie narciarskie, kurtkę i kask.*
5. ....
6. Lubię nosić koszulę w kratkę.

kask

9 ***Prawda (P) czy nieprawda (N)?*** [507B9]   P N

1. Latem często noszę szorty. ✓ ☐
2. Jesienią nigdy nie nosimy parasola. ☐ ☐
3. Wiosną zawsze noszę kozaki. ☐ ☐
4. Zimą na podwórku nosimy tenisówki. ☐ ☐
5. Latem noszę gruby płaszcz. ☐ ☐
6. Wiosną czasem nosimy spódnicę. ☐ ☐
7. Zimą nosimy kurtkę i czapkę. ☐ ☐
8. Jesienią noszę bluzę lub sweter. ☐ ☐

w kropki   w paski   w kratkę

10 Kto to nosi latem? Proszę posłuchać. [507B10]

A co ty nosisz latem? ....

		1	2	3	4	5	6	7
A	SOPHIE	✓						
B	MISAKI							

11 Proszę przeczytać tekst i narysować, co nosi Diego zimą w szkole i na podwórku. [507B11]

Jestem z Hiszpanii, więc bardzo nie lubię, kiedy jest zimno. Zimą zawsze noszę T-shirt i gruby sweter. Mój ulubiony to ten czerwony z żółtym motywem, mam go od babci. Lubię go, bo wygląda jak flaga Hiszpanii! Rzadko noszę bluzy, bo jest mi za zimno. Na dole noszę długie spodnie, często niebieskie dżinsy. W szkole na nogach mam czarne tenisówki, ale na podwórku wysokie, brązowe, zimowe buty. Kiedy pada śnieg, na głowie mam pomarańczową czapkę. Zimą zwykle noszę też zieloną kurtkę z kapturem. Wtedy jest mi ciepło.

Jestem z Hiszpanii, więc bardzo nie lubię, kiedy jest zimno.

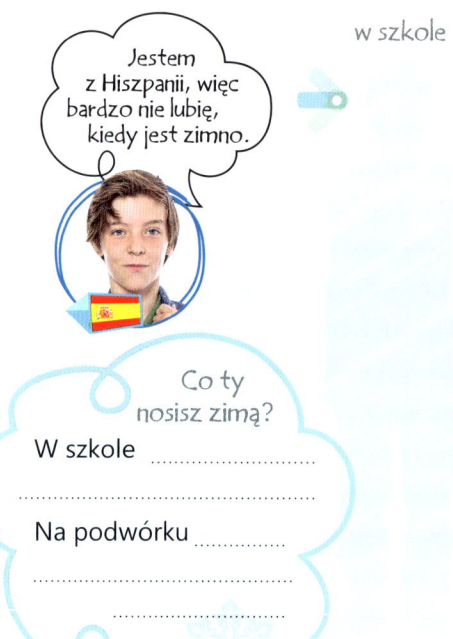

w szkole   na podwórku

Co ty nosisz zimą?

W szkole ....

Na podwórku ....

12 Jaki to miesiąc? Proszę posłuchać i uzupełnić (patrz ilustracja ćw. 2). [507B12]

w__e_niu ✓	kwi__niu ✓	sty_zn_u ✓	mar_u
gr_dn__	l_t_m	c_erw_u	lip_u	ma_u
s__rp_iu	list_pa__ie	pa_d_ierni_u	

MIESIĄC	KIEDY?
I styczeń	w stycz n i u
II	
III	
IV	
V	
VI	
VII	
VIII	
IX	we w rz e ó niu
X	
XI	
XII	

13 Kto to jest? Proszę dopasować osobę do tekstu. [507B13]

a Hobbit
b Drakula
c Harry Potter
d Święty Mikołaj
e Superman

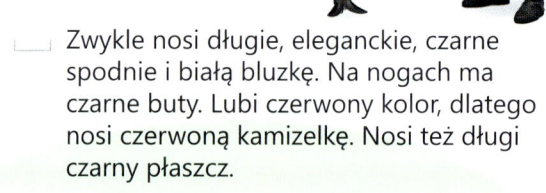

☐ Zwykle nosi długie, eleganckie, czarne spodnie i białą bluzkę. Na nogach ma czarne buty. Lubi czerwony kolor, dlatego nosi czerwoną kamizelkę. Nosi też długi czarny płaszcz.

☐ Codziennie nosi białą bluzkę z eleganckim krawatem. Ma czarne długie spodnie i czarne buty. Nosi też szary sweter. Ma okulary i dlatego wygląda na bardzo inteligentnego chłopca.

☐ Zawsze nosi czerwone spodnie i czerwoną kurtkę. Na głowie ma ciepłą czerwoną czapkę. Na nogach nosi czarne wysokie buty. Dużo pracuje zimą, dlatego nosi grube rękawiczki.

C

Nie mam się w co ubrać!

narzędnik l. mn. | Co masz na sobie?

(Co chcesz dzisiaj do szkoły?)

DIALOG 1 [507C12]

MAJA: *Mamo, nie mam się w co ubrać!*
MAMA: *Jak to? Masz tak dużo ubrań. Co chcesz dzisiaj do szkoły? Bluzkę z długimi czy krótkimi rękawami?*
MAJA: *Chyba tę z krótkimi. W szkole jest bardzo ciepło.*
MAMA: *A na dół? Spódnicę z frędzlami czy z napisami?*
MAJA: *Hmm, wolę spodnie niż spódnicę. Są wygodniejsze.*
MAMA: *Chcesz spodnie z krótkimi czy długimi nogawkami?*
MAJA: *Może z długimi. I wolę te z guzikami.*
MAMA: *A co chcesz na górę? Sweter z cekinami czy aplikacjami?*
MAJA: *Nie lubię swetrów. Wolę bluzę.*
MAMA: *I jeszcze tenisówki. Wolisz te z czerwonymi czy żółtymi sznurówkami?*
MAJA: *Mogą być te z żółtymi.*
MAMA: *Faktycznie, nie masz się w co ubrać!*

Uwaga!

z + narzędnik

Z CZYM?
- z długimi rękawami
- z czerwonymi sznurówkami
- z kolorowymi aplikacjami

[507C13]

3 W ćwiczeniu 2 są formy NARZĘDNIKA LICZBY MNOGIEJ. Proszę je napisać. [507C3]

PRZYMIOTNIK	RZECZOWNIK
czerwonymi	sznurówkami

1 Co ubiera Maja? [507C1]

a bluzkę z krótkimi rękawami? ✓
  bluzę z długimi rękawami? ☐
b spodnie z guzikami? ☐
  spodnie z napisami? ☐
c spodnie z krótkimi nogawkami? ☐
  spodnie z długimi nogawkami? ☐
d sweter z aplikacjami? ☐
  bluzę z aplikacjami? ☐
e tenisówki z żółtymi sznurówkami? ☐
  tenisówki z czerwonymi sznurówkami? ☐

2 Co jest w szafie Mai? [507C2]

a *bluza* z serduszkami
b .... z krótkimi nogawkami
c .... z kolorowymi aplikacjami
d .... z cekinami
e .... z długimi rękawami
f .... z dużymi guzikami
g .... z pomponami
h .... z czerwonymi sznurówkami

dziewięćdziesiąt jeden 91

NARZĘDNIK KIM? CZYM? — l. mn.

	rodzaj **męski**	rodzaj **żeński**	rodzaj **nijaki**
PRZYMIOTNIK		**-ymi** / k g **-imi**	
RZECZOWNIK		**-ami**	
PRZYKŁAD	Płaszcz z duż**ymi** guzik**ami**.	Tenisówki z żółt**ymi** sznurów**kami**.	Dom z duż**ymi** okn**ami**.

JAKIMI?

Gdzie są moje tenisówki z żółtymi sznurówkami?

[507C14]

4 Jaka jest dobra forma? [507C4]

a torba + frędzle
  → *torba z frędzlami*

b bluzka + cekiny

c szorty + guziki

d spódnica + napisy

e T-shirt + aplikacje

f czapka + żółte pompony

g spodnie + długie nogawki

h bluzka + krótkie rękawy

i tenisówki + kolorowe sznurówki

---

5 Co ma na sobie Adam? Proszę wybrać. [507C5]

a żółty podkoszulek z krótkimi rękawami ✓
  niebieski podkoszulek z długimi rękawami ✗

b czarne spodnie z guzikami
  czarne szorty z aplikacjami

c zielone tenisówki z białymi sznurówkami
  białe adidasy z zielonymi sznurówkami

d czarna czapka bejsbolówka z pomponami
  czerwona czapka bejsbolówka z napisami

Czy wiesz, co dzisiaj mam na sobie?

Uwaga!
- Zwykle **noszę...**
- Teraz **mam na sobie...** + biernik
- Teraz **jestem ubrany w...**

[507C15]

6 Proszę wybrać jedną osobę z grupy i nie mówić, kto to jest. Co on/ona ma dzisiaj na sobie? Reszta grupy zgaduje. [507C6]

---

7 Co ma na sobie Anastasija? UWAGA NA GRAMATYKĘ! [507C7]

krótka spódnica ✓ | frędzle | czerwona bluzka | czarny kot | różowy sweter | małe guziki | fioletowe sznurówki

Dzisiaj mam na sobie *krótką spódnicę* z ....
Jestem też ubrana w moją ulubioną .... z .... Mam jeszcze na sobie .... z .... Na nogach mam białe tenisówki z ....

---

8 Co ona ma na sobie? [507C8]

Popularna polska wokalistka robi zakupy w centrum Warszawy. Na co dzień wygląda jak normalna kobieta! Ma na sobie czarne spodnie z długimi n_____, brązowy podkoszulek z krótkimi r_____ i kolorowymi a_____. Ma też t_____ z frędzlami. W ręce trzyma siatki z zakupami. Na nogach ma tenisówki z beżowymi s_____.

Gwiazda na zakupach.

92 dziewięćdziesiąt dwa

9 Ty opisujesz osobę, a twój kolega zgaduje, które to zdjęcie. [507C9]

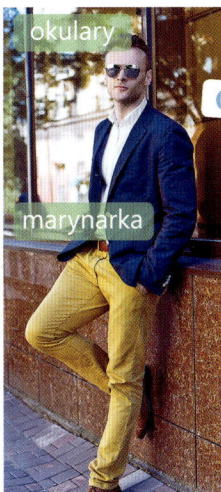

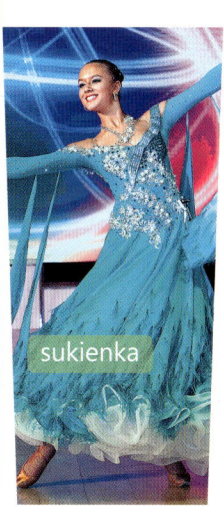

A · B okulary · C · marynarka · D · E · sukienka · K

10 MINI-PROJEKT
Proszę zaprojektować ubranie dla twojego idola. Ty mówisz, co on ma na sobie, a twój kolega rysuje. [507C10]

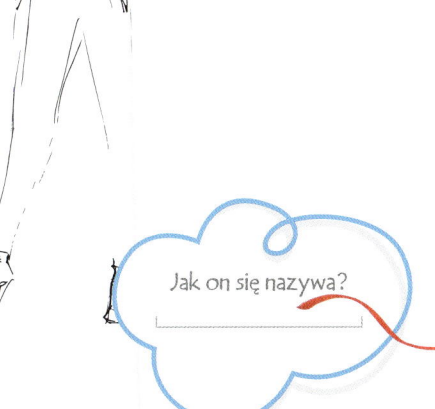

Jak on się nazywa?

11 PSYCHOTEST
Jaki jest twój styl? [507C11]

1. Twój ulubiony kolor to:
   a różowy i pomarańczowy
   b czarny i czerwony
   c niebieski i biały
   d żółty i szary

2. W szkole zwykle nosisz:
   a kolorową spódnicę i bluzkę
   b czarny T-shirt i czarne spodnie
   c niebieską spódnicę i białą bluzkę
   d duże spodnie i duży T-shirt

3. Ubranie, którego nigdy nie nosisz, to:
   a czapka bejsbolówka
   b różowa spódnica
   c bluza z kapturem
   d mały sweter z guzikami

4. Twój ulubiony film to:
   a „Legalna blondynka", „Szkoła uczuć"
   b „Zmierzch", „Dracula"
   c „Harry Potter", „Akademia Pana Kleksa"
   d „Step up", „8 mila"

5. Lubisz ubrania:
   a z kwiatami i serduszkami
   b z czarnymi elementami i cekinami
   c z guzikami i długimi rękawami
   d z dużymi napisami i aplikacjami

6. W wolnym czasie lubisz:
   a czytać książki, malować, rysować
   b słuchać muzyki rockowej lub metalowej
   c uczyć się, robić pracę domową
   d tańczyć, uprawiać sport, biegać

Których odpowiedzi masz najwięcej: a, b, c, d?

a Twój styl to styl romantyczny. Zwykle nosisz pastelowe ubrania z kwiatami. Być może teraz masz na sobie spódnicę i kolorową bluzkę lub mały sweter z guzikami. Zimą czapka z pomponami to coś, co lubisz.

b Twój styl to styl gotycki. Czarny to twój ulubiony kolor. Jesteś ubrany/ubrana w czarne spodnie, czarną bluzkę i czarne tenisówki. Od czasu do czasu nosisz też ubrania z metalowymi cekinami.

c Twój styl to styl szkolny. Lubisz nieskomplikowane ubrania. Zwykle nosisz białą bluzkę z długimi rękawami i niebieskie spodnie z długimi nogawkami. Być może masz na sobie szary sweter z guzikami i okulary.

d Twój styl to styl hip-hopowy. Prawdopodobnie jesteś ubrany/ubrana w duże spodnie, duży T-shirt i dużą bluzę z kapturem. Na nogach masz tenisówki z kolorowymi sznurówkami. Lubisz wygodne ubrania, rzadko nosisz coś eleganckiego.

dziewięćdziesiąt trzy

"Mój sąsiad jest wampirem"

zebranie pytań | prezentacja – podsumowanie

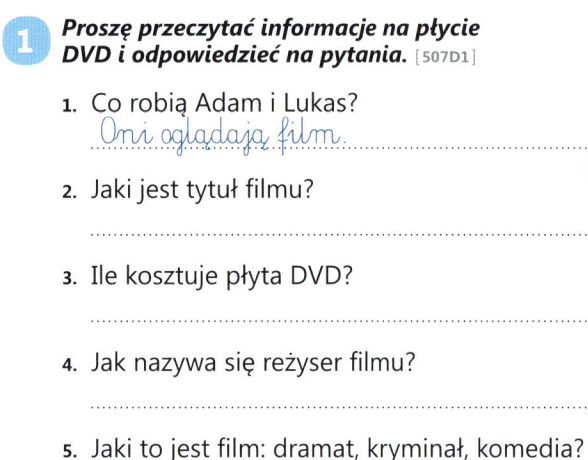

Jest zima. Adam i Lukas spędzają wolny czas w domu i oglądają film.

1 *Proszę przeczytać informacje na płycie DVD i odpowiedzieć na pytania.* [507D1]

1. Co robią Adam i Lukas?
   Oni oglądają film.
2. Jaki jest tytuł filmu?
   ....
3. Ile kosztuje płyta DVD?
   ....
4. Jak nazywa się reżyser filmu?
   ....
5. Jaki to jest film: dramat, kryminał, komedia?
   ....

2 *Proszę przeczytać informację na temat akcji filmu i wybrać jedną odpowiedź.* [507D2]

W Krakowie na ulicy Sekretnej 6 w małym bloku mieszkają cztery osoby. Ich życie jest normalne. Codziennie chodzą do pracy, spotykają się z kolegami albo z rodziną, robią zakupy, mają swoje hobby. Pewnego dnia telewizja podaje informację, że na ulicy Sekretnej mieszka wampir. Wampir może być agresywny i głodny! Niestety nikt nie wie, jak on się nazywa, jak wygląda i kim jest. Młody policjant ma trudne zadanie: musi dowiedzieć się, kto jest wampirem...

Policjant robi portrety psychologiczne sąsiadów.

A OSOBA 1

3 *Proszę uzupełnić tekst.* [507D3-A]

Pan Ernest Cichoń ma 45 *lat*. Z zawodu jest .... i bardzo dużo pracuje, często w nocy. Jest szczupły, (195 cm) .... i trochę smutny. Zwykle nosi czarne ...., białą koszulę z krawatem i elegancki płaszcz z czerwonymi .... Na głowę nosi kapelusz. Nie ma rodziny, mieszka tylko z .... Jego ulubiona pora roku to .... Lubi, kiedy jest pochmurno. Mówi, że ☀ .... nie jest zdrowe. Kiedy pada 🌧 ...., lubi być w domu, pić gorącą ☕ .... i oglądać horrory. Mówi po polsku, po 🇬🇧 .... i po rumuńsku.

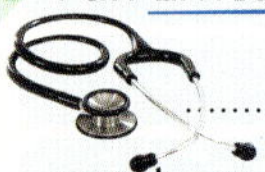

B OSOBA 2

Proszę uzupełnić tekst. [507D3-B]

lata ✓ | gotuje | nosi | świeci | spodnie | aktorką
wesoła | syna | książki | pora | sznurówkami

Pani Natalia Krzykawska jest .... Pracuje w Teatrze Starym w Krakowie. Ma 33 *lata*. Ma męża i jednego .... Jest niska, wysportowana i bardzo .... Lubi sportowe ubrania. Prywatnie zwykle .... czerwoną bluzę z kapturem, ... dresowe i adidasy z czerwonymi .... Jej ulubiona .... roku to wiosna. Lubi, kiedy .... słońce, ale nie jest bardzo gorąco. W wolnym czasie lubi czytać .... Jej ulubiona .... to „Zmierzch" Stephenie Meyer. W domu często .... potrawy z sosem pomidorowym.

4 *Proszę zrobić portret psychologiczny policjanta. Może to on jest wampirem?* [507D4]

Mateusz Borewicz | 29 lat | niebieskie spodnie młody | bluzka | wysoki i wysportowany | jesień kurtka i czapka | żona i córka | deszcz i wiatr oglądać seriale i grać w gry komputerowe

5 *Jak myślicie, kto jest wampirem? Dlaczego?* [507D5]

1. Miasto z filmu to:
   a Kraków   **b** Sekretna   **c** Kiełski

2. W bloku mieszkają:
   a 2 osoby   **b** 3 osoby   **c** 4 osoby

3. Te osoby codziennie robią:
   a pracę domową   **b** zakupy   **c** sekrety

4. Informację o wampirze podaje:
   a radio   **b** gazeta   **c** telewizja

5. Wampir jest:
   a młody   **b** agresywny   **c** policjantem

6. Policjant:
   a nie wie, kto jest wampirem
   b wie, kto jest wampirem
   c wygląda jak wampir

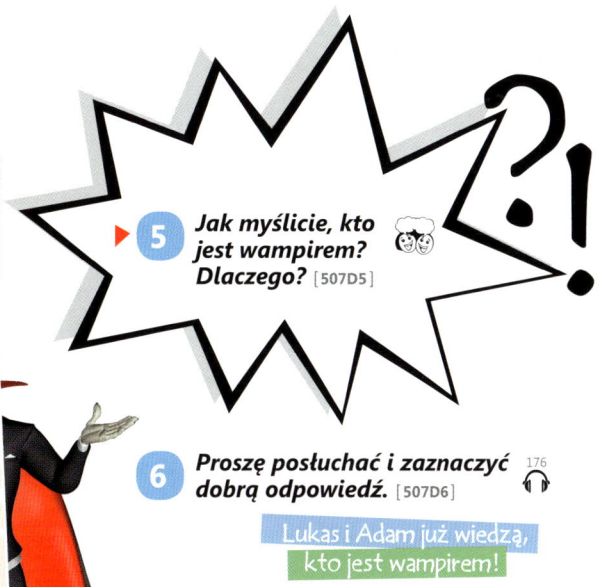

6 *Proszę posłuchać i zaznaczyć dobrą odpowiedź.* [507D6]

Lukas i Adam już wiedzą, kto jest wampirem!

Wampirem jest:
a Ernest Cichoń
b Natalia Krzykawska
c Zbigniew Krewki
d Dagmara Normalińska
e Mateusz Borewicz

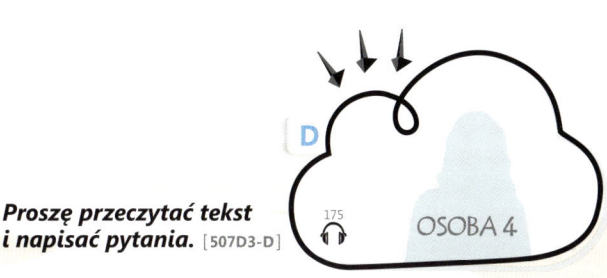

C

Proszę posłuchać i odpowiedzieć na pytania. [507D3-C]

OSOBA 3

1. Jak się nazywa?
   Zbigniew Krewki

2. Ile ma lat?

3. Kim jest z zawodu?

4. Czy ma rodzinę?
   Tak, ... i dwoje ....

5. Jaki jest?
   .... i agresywny.

6. Co zwykle nosi?
   .... T-shirt, ...,
   buty i ....

7. Jaką porę roku lubi?

8. Jaką pogodę lubi?

9. Co lubi robić?

D

Proszę przeczytać tekst i napisać pytania. [507D3-D]

OSOBA 4

Pani Dagmara Normalińska pracuje w szkole, jest młodą nauczycielką. Uczy historii i biologii. Ma 26 lat. Jest wysoka, szczupła i bardzo wesoła. Nie ma rodziny, mieszka sama, ale spotyka się z chłopakiem. Do pracy nosi zwykle eleganckie ubrania: czarną spódnicę, białą bluzkę, sweter z guzikami i eleganckie buty. Ma też okulary. W wolnym czasie czyta książki, ale też sama pisze kryminał historyczny. Lubi gotować, ale nie lubi czosnku. Jej ulubiona pora roku to lato, bo wtedy ma długie wakacje i może robić to, co chce. Lubi deszcz i wiatr. Nie lubi, kiedy jest bardzo gorąco i świeci słońce. Wtedy zawsze jest w domu.

1. *Jak się nazywa osoba numer 4?*
2.
3.
4.
5.
6.
7.
8.
9.
10.

dziewięćdziesiąt pięć

Powtórzenie

1 Gdzie tu są pory roku? [507P1]

słońcelatowiatrjesieńśniegzimapochmurnowiosnadeszcz

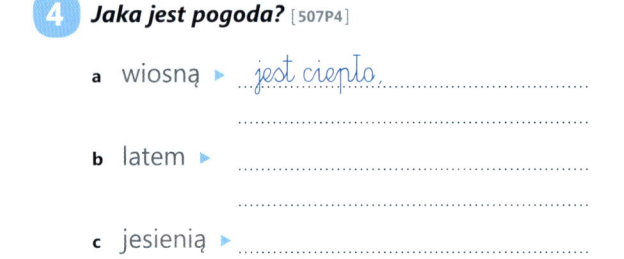

2 Jaka to pogoda? [507P2]

POZIOMO 1, 2, 3, 4

1. śnieg

PIONOWO 5, 6, 7, 8

3 Jaka jest ich ulubiona pora roku? [507P3]

1 Sophie: Lubię, kiedy pada deszcz i jest pochmurno. Lubię czytać książki i oglądać telewizję w domu.

2 Adam: Lubię, kiedy świeci słońce i jest gorąco. Lubię biegać i grać w piłkę na podwórku.

3 Emma: Lubię, kiedy jest ciepło i wieje delikatny wiatr. Lubię zbierać kwiaty i spacerować.

4 Artem: Lubię, kiedy pada śnieg i jest mróz. Lubię jeździć na nartach i lepić bałwana.

Lubię, kiedy _____

5 Ty ▸ Lubię _____

1. Sophie ▸ Jej ulubiona pora roku to jesień.
2. Adam ▸ Jego ulubiona pora roku to _____
3. Emma ▸
4. Artem ▸
5. Ty ▸

4 Jaka jest pogoda? [507P4]

a wiosną ▸ jest ciepło
b latem ▸
c jesienią ▸
d zimą ▸

5 Co to jest? Proszę napisać alfabetycznie od a do z! [507P5]

1. bluza
2.
3.
4.
5.
6.
7.
8.

6 Proszę uzupełnić zdania. [507P6]

1. Latem (ja) noszę szorty, podkoszulek i sandały.
2. Zimą (ty) _____ płaszcz, czapkę i zimowe buty.
3. Jesienią Diego _____ parasol i kurtkę przeciwdeszczową.
4. Wiosną (my) _____ spódnicę i tenisówki.
5. Wiosną (wy) _____ spodnie i adidasy.
6. Emma i Misaki _____ tenisówki z Hello Kitty.

7 Co oni zwykle noszą? Prawda (P) czy nieprawda (N)? [507P7]

Bolek zwykle nosi: P   N
a koszulę z długimi rękawami ☑ ☐
b spodnie z krótkimi nogawkami ☐ ☐
c kozaki ☐ ☐

Lolek zwykle nosi:
d biały T-shirt ☐ ☐
e czerwoną spódnicę ☐ ☐
f czapkę ☐ ☐

9 Co pasuje? [507P9]

a bluzka z długimi rę- • kami
b spodnie z krótkimi no- • ponami
c czapka z pom- • rówkami
d torba z frędz- • kacjami
e płaszcz z guzi- • kawami
f sweter z ceki- • lami
g buty ze sznu- • nami
h bluza z apli- • gawkami

11 Proszę napisać, co on ma na sobie. [507P11]

On ma na sobie:
....
....
....
....

12 Proszę dopasować pytania. [507P12]

1. Jak masz na • mieszkasz?
2. Skąd • lubisz?
3. Gdzie • lat?
4. Ile masz • ulubiona pora roku?
5. Czy masz • imię?
6. Co lubisz • sobie?
7. Jaka jest twoja • robić?
8. Jaką pogodę • nosisz?
9. Co zwykle • jesteś?
10. Co masz na • rodzinę?

8 Proszę napisać zdania. [507P8]

1. (ja) | mieć na sobie | bluzka | krótkie rękawy
   Mam na sobie bluzkę z krótkimi rękawami.

2. Olga | nosić | spodnie | czerwone guziki
   ....

3. (my) | mieć na sobie | bluza | kolorowe napisy
   ....

4. One | nosić | spódnica | duże cekiny
   ....

5. (ty) | mieć na sobie | adidasy | białe sznurówki
   ....

6. (wy) | nosić | szorty | krótkie nogawki
   ....

7. Toru i Misaki | mieć na sobie | czapka | pompony
   ....

10 Proszę uzupełnić. [507P10]

Polska ✓ | mieszkać | popularna modelka | rok
mąż | mały pies | lubić | moda | duży sweter
lato | długa spódnica | angielski

Anja Rubik jest z *Polski*. .... w Nowym Jorku. Jest bardzo .... Teraz ma 31 .... Ma .... i .... , który ma na imię Charlie. Jest wysoka, szczupła i bardzo ładna. .... uprawiać sport, szczególnie jogę, i jeździć na rowerze. Interesuje się .... Zimą ubiera się w stylu rockowym, zwykle nosi .... i wygodne spodnie. .... lubi styl hippisowski, dlatego często nosi .... i duży T-shirt. Jej ulubione ubranie to skórzana kurtka. Mówi po polsku, po .... i po francusku.

13 Proszę odpowiedzieć na pytania z ćwiczenia 12 i napisać w zeszycie autoprezentację. [507P13]

Mam na imię...

PLUS+
dla ambitnych!

U HILAREGO — LATO, WAKACJE, SŁOŃCE! A gdzie są twoje okulary? Zapraszamy do nas!

PROMOCJA! BUCIK — Sandały i tenisówki już od 30 złotych!

SMAKOŁYK — DLA KAŻDEGO COŚ SŁODKIEGO! Lubisz kremówki? A może wolisz szarlotkę?

LETNIA WYPRZEDAŻ DŻINS — SZORTY I T-SHIRTY -30%

LITERACKA — SPECJALNA EDYCJA DLA KOLEKCJONERÓW. Wszystkie części „Harry'ego Pottera" w nowej okładce!

NATURALNA — TYLKO U NAS DUŻY WYBÓR KOSMETYKÓW DO MAKIJAŻU W MODNYCH KOLORACH

WITAMINKA — CHCESZ BYĆ ZDROWY? SKONSULTUJ SIĘ Z NASZYM FARMACEUTĄ...

KLEKS — KREDKI, OŁÓWKI, ZESZYTY. Wszystko, czego potrzebujesz w szkole!

WEEKEND RABATÓW — KLIK — LAPTOPY I SMARTFONY -100 zł

KOLOR — PAKIET: strzyżenie + stylizacja. SZAMPON GRATIS.

SKLEPY

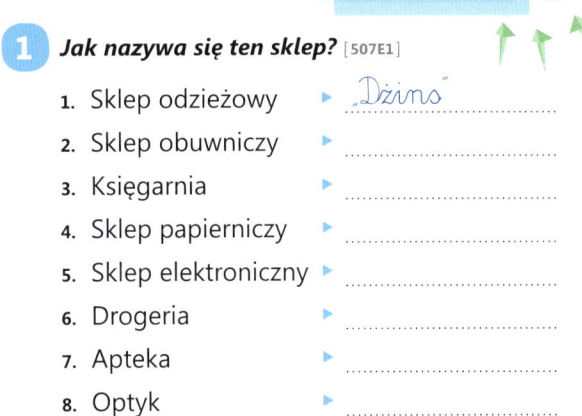

1. Jak nazywa się ten sklep? [507E1]

1. Sklep odzieżowy ▶ „Dżins"
2. Sklep obuwniczy ▶ ...
3. Księgarnia ▶ ...
4. Sklep papierniczy ▶ ...
5. Sklep elektroniczny ▶ ...
6. Drogeria ▶ ...
7. Apteka ▶ ...
8. Optyk ▶ ...
9. Fryzjer ▶ ...
10. Cukiernia ▶ ...

2. Z czym jest ten sklep? [507E2]

ubrania ✓ | książki | komputery | okulary | ciastka | lekarstwa | buty | długopisy, zeszyty... | kosmetyki

1. Sklep odzieżowy to sklep *z ubraniami*.
2. Sklep obuwniczy to sklep z ...
3. Księgarnia to sklep z ...
4. Sklep papierniczy to sklep z ...
5. Sklep elektroniczny to sklep z ...
6. Drogeria to sklep z ...
7. Apteka to sklep z ...
8. Optyk to sklep z ...
9. Cukiernia to sklep z ...

3. Proszę posłuchać i uzupełnić. [507E3]

W sobotę są imieniny babci. Maja nie ma się w co ubrać i musi zrobić zakupy w galerii.

1.
— Czy mogę **przymierzyć** tę koszulę?
— Oczywiście.
— A gdzie jest **przymierzalnia**?
— Tam, po .... stronie, za kasą.

2.
— Te buty są za .... Czy jest **rozmiar** 38?
— Niestety, nie .... Jest tylko 37.

4 Proszę dopasować. [507E4]

garnitur✓ | czapka | sandały | sukienka | koszula | szalik
rajstopy | kąpielówki | skarpetki | piżama | rękawiczki | dres
legginsy | pasek | kostium kąpielowy | chustka | kapelusz

LATO	ZIMA	CAŁY ROK
		garnitur

5 Co nie pasuje? [507E5]

a ubranie na głowę
kapelusz | ~~rękawiczki~~ | czapka

b zawsze mamy parę (1+1)
rękawiczki | skarpetki | rajstopy

c ubranie na basen
pasek | kąpielówki | kostium kąpielowy

d ubranie na nogi
szalik | legginsy | rajstopy

e może być z guzikami
koszula | piżama | sandały

f noszą to dziewczyny
kostium kąpielowy | kąpielówki | sukienka

g jest bardzo eleganckie
garnitur | kapelusz | dres

h dodatek, coś ekstra do...
pasek | sukienka | chustka

Jak .... ?
Legginsy w paski czy w panterkę?

Te w paski są .... **Pasują** do twojej koszuli.

Przepraszam panią, ile .... ten pasek?

Tu jest **cena**. 109 złotych.

Ojej! Jest strasznie ....

Tak. To nowa kolekcja.

6 Jak myślisz, co Maja ma na sobie na imieninach babci? [507E6]

Są imieniny babci.

Maja ma na sobie białą koszulę.

7 Proszę opisać. [507E7]

Jaki jest idealny strój:
a na imieniny babci?
b na dyskotekę szkolną?
c na egzamin gimnazjalny?
d na bal karnawałowy?
e na randkę?

8 MINI-PROJEKT
Proszę zrobić modową sesję zdjęciową. [507E8]

8 Co jesz na śniadanie?

śniadanie | czasowniki: jeść, pić, woleć | Co zwykle jesz?

1 Proszę dopasować. [508A1] 🎧 178

chleb ✓ | bułka | herbata | ser żółty | szynka | tuńczyk | kiełbasa | jajko | jogurt | dżem | sałata | pomidor | ogórek | woda mineralna | sok | masło | kawa | mleko | cytryna | płatki śniadaniowe | cukier

ŚNIADANIE

B. chleb

2 Co to jest? [508A2]

1. k_a_k_a_o
2. sz _ _ k _
3. _ og _ _ t
4. _ o _ _ d _ r
5. _ _ j _ o
6. c _ _ e _
7. _ i _ ł _ _ s _
8. _ a _ ł _

3 Proszę odpowiedzieć na pytania. UWAGA NA GRAMATYKĘ! [508A3]

1. Co jemy z masłem? ▶ bułkę | ....
2. Co jest żółte? ▶ .... | ....
3. Z czym jesz płatki śniadaniowe? ▶ z .... | z ....
4. Co jest zielone? ▶ .... | ....
5. Co pijesz z cytryną? ▶ .... | ....
6. Z czym jest drożdżówka? ▶ z ....
7. Co pijesz z mlekiem? ▶ .... | ....
8. Co jesz z mlekiem? ▶ ....

100 sto

POLSKI KROK PO KROKU

KOSZMARNE ŚNIADANIE

Rano w kuchni u Spóźnialskich jest zawsze wielkie zamieszanie. Wszyscy się spieszą, bo mają mało czasu. Pan Spóźnialski ma za 30 minut spotkanie z dyrektorem i bardzo się stresuje, dlatego nic nie je. Pije tylko kawę z cytryną. Pani Spóźnialska też się spieszy do pracy. Ona je jogurt truskawkowy z tuńczykiem i pije herbatę z pomidorem. A co jedzą dzieci? Kasia je jajko z dżemem, a Bartek sok z masłem, żółtym serem i sałatą. Babcia, Aniela Pospieszalska, robi dla wnuków kanapki na drugie śniadanie. Niestety kot Miauczek cały czas przeszkadza babci, bo też chce swoje kakao. W szkole na przerwie Kasia je kanapkę z kiełbasą i czekoladą. Kanapka Bartka jest z dżemem i z tuńczykiem.

4 Proszę zamienić koszmarne śniadanie na prawdziwe śniadanie. [508A4]

chleb | mleko ✓ | majonez | masło | mleko | cytryna | płatki śniadaniowe | pomidor

1. Pan Spóźnialski pije kawę z *mlekiem*.
2. Pani Spóźnialska je jogurt z ....
3. Ona pije herbatę z ....
4. Kasia je jajko z ....
5. Bartek je ....
6. Kot chce ....
7. W szkole Kasia je kanapkę ....
8. Kanapka Bartka jest z ....

Uwaga!
▸ na śniadanie
JEM I PIJĘ + biernik

5 Proszę uzupełnić tabele. [508A5]

jeść

l. poj.		l. mn.	
(ja)		(my)	
(ty)		(wy)	
on ona ono		oni one	*jedzą*

pić

l. poj.		l. mn.	
(ja)		(my)	
(ty)		(wy)	*pijecie*
on ona ono		oni one	

6 Jeść czy pić? Proszę uzupełnić. [508A6]

1. Na śniadanie babcia .... bułkę z dżemem.
2. Moi rodzice .... czarną kawę z cukrem.
3. Dziecko .... kakao.
4. Ja lubię .... jogurt z płatkami.
5. Misaki i Diego .... drugie śniadanie.
6. Ja i Robert .... kanapki z tuńczykiem.
7. Co (ty) .... ? Kawę czy herbatę?
8. Dlaczego (wy) .... moje mleko?

7 Co oni jedzą i piją na śniadanie? [508A7]

Na śniadanie jem *chleb, ser żółty, pomidora* i piję *mleko*.

❶ Maja ❷ James ❸ Elena ❹ Toru ❺ Olivia

Na śniadanie jem .... i piję ....

Na śniadanie jem .... i piję ....

Na śniadanie jem .... i piję ....

Na śniadanie jem .... i piję ....

8. Czyje to śniadanie? Proszę posłuchać i wpisać imię [508A8]

A. ....
B. ....
C. Olivia
D. ....
E. ....

9. Proszę napisać, co oni jedzą, a potem posłuchać i sprawdzić. [508A9]

1. Olivia je *jogurt z płatkami śniadaniowymi i pije herbatę z mlekiem.*
2. Mathis ....
3. Lukas je chleb z ....
4. Misaki ....
5. Adam ....

Uwaga!
na śniadanie
▸ JEM +biernik z +narzędnik

Jak myślisz, co wolę?

10. Proszę uzupełnić. [508A10]

1. Wolę *tuńczyka* (tuńczyk) niż .... (kiełbasa).
2. Wolicie .... (cola) czy .... (woda)?
3. Lukas woli .... (pomidor) niż .... (sałata).
4. Wolimy .... (ser) niż .... (szynka).
5. Rodzice wolą .... (herbata) niż .... (mleko).
6. Wolisz .... (czarna) czy .... (biała kawa)?

11. Co jesz i pijesz na śniadanie? [508A11]

Na śniadanie jem
....

A co je i pije twój kolega?
....

SOPHIE: Wolisz wodę **czy** sok?
OLIVIA: Wolę sok **niż** wodę.

▸ woleć = preferować, bardziej lubić

Uwaga!
▸ WOLEĆ +biernik niż +biernik

▸ wolę, wolisz

[508A12]

Nie lubię tłustej kiełbasy!

B 8

dopełniacz l. poj. | pyszny, smaczny, okropny...

*Olga, czy ta kanapka jest **smaczna**?*

*Tak, jest **pyszna** – to moja ulubiona kanapka z kurczakiem i zieloną sałatą.*

*Jesz sałatkę z tuńczykiem i papryką? Tuńczyk jest **niesmaczny**, a papryka jest **okropna**!*

1 Jakie to jest? [508B1]

1. bułka + szynka = ☺
   Bułka z szynką jest smaczna.
2. kawa + cytryna = ☹☹
3. ciastko + czekolada = ☺☺☺
4. pizza + jajko = ☹
5. pączek + marmolada = ☺☺
6. kanapka + tuńczyk = ☺
7. jajko + dżem = ☹☹
8. mleko + sok = ☹

PYSZNY	BARDZO DOBRY	SMACZNY	NIEDOBRY/ NIESMACZNY	OKROPNY/ OBRZYDLIWY
☺☺☺	☺☺	☺	☹	☹☹

[508B10]

2 Proszę zaproponować 3 pyszne ☺☺☺ i 3 okropne ☹☹ zestawy. [508B2]

My uwielbiamy mleko truskawkowe!

DIALOG 1 [508B8]

DIEGO: Nareszcie przerwa. Jestem bardzo głodny.
TORU: Ja też. Co masz dziś na drugie śniadanie?
DIEGO: Kanapkę z kiełbasą i pomidorem.
TORU: Kiełbasa jest tłusta. **Nie lubię tłustej kiełbasy.**
DIEGO: Mam też jabłko, słodkie ciastko i wodę mineralną.
TORU: O, jabłko. Niestety, **nie mam** ani **jabłka**, ani **słodkiego ciastka**. Ja jem sałatkę z tuńczykiem, serem żółtym i czerwoną papryką.
DIEGO: Z tuńczykiem? Łee, **nie lubię tuńczyka** ani **żółtego sera**, ani **czerwonej papryki**. Papryka jest okropna. A co pijesz?
TORU: Piję sok pomidorowy.
DIEGO: Sok pomidorowy?! **Nie lubię soku pomidorowego**, jest niesmaczny.

sałatka | sałata

DIALOG 2 [508B9]

MAJA: Ale gorąco! Chce mi się pić!
ELENA: Chcesz mleko truskawkowe?
MAJA: Fuj! Ani ja, ani mój brat nie lubimy **truskawkowego mleka**!
ELENA: Nie mam **brata**, ale i ja, i mój mały kot uwielbiamy mleko truskawkowe.
MAJA: Ale ja nie mam **małego kota** i nie chcę **twojego mleka**...

3 Proszę uzupełnić. [508B3]

1. CZEGO NIE LUBI TORU?	4. CZEGO NIE MA TORU?
tłustej	
2. CZEGO NIE LUBI DIEGO?	5. KOGO NIE MA ELENA?
3. CZEGO NIE LUBI MAJA?	6. CZEGO NIE MA MAJA?

sto trzy 103

8

Nie mam starszego brata.

▶ DOPEŁNIACZ KOGO? CZEGO? l. poj.

	rodzaj **męski**		rodzaj **żeński**	rodzaj **nijaki**
	żywotne	nieżywotne		
PRZYMIOTNIK	-ego	-ego	-ej	-ego
RZECZOWNIK	-a	-a / -u	-y (k, g, l - i)	-a
PRZYKŁAD	▶ Nie mam starsz**ego** brat**a**. ▶ Nie mam mał**ego** kot**a**.	▶ Nie jem żółt**ego** ser**a**. ▶ Nie mam zimn**ego** sok**u**.	▶ Nie jem tłust**ej** kiełbas**y**. ▶ Nie lubię czerwon**ej** papryk**i**.	▶ Nie mam słodki**ego** ciastk**a**. ▶ Nie lubię truskawkow**ego** mlek**a**.
UWAGA	❗ Nie znam twoj**ego** tat**y** ani wasz**ego** koleg**i**.			
	JAKIEGO?		**JAKIEJ?**	**JAKIEGO?**

[508B11]

📌 Uwaga!

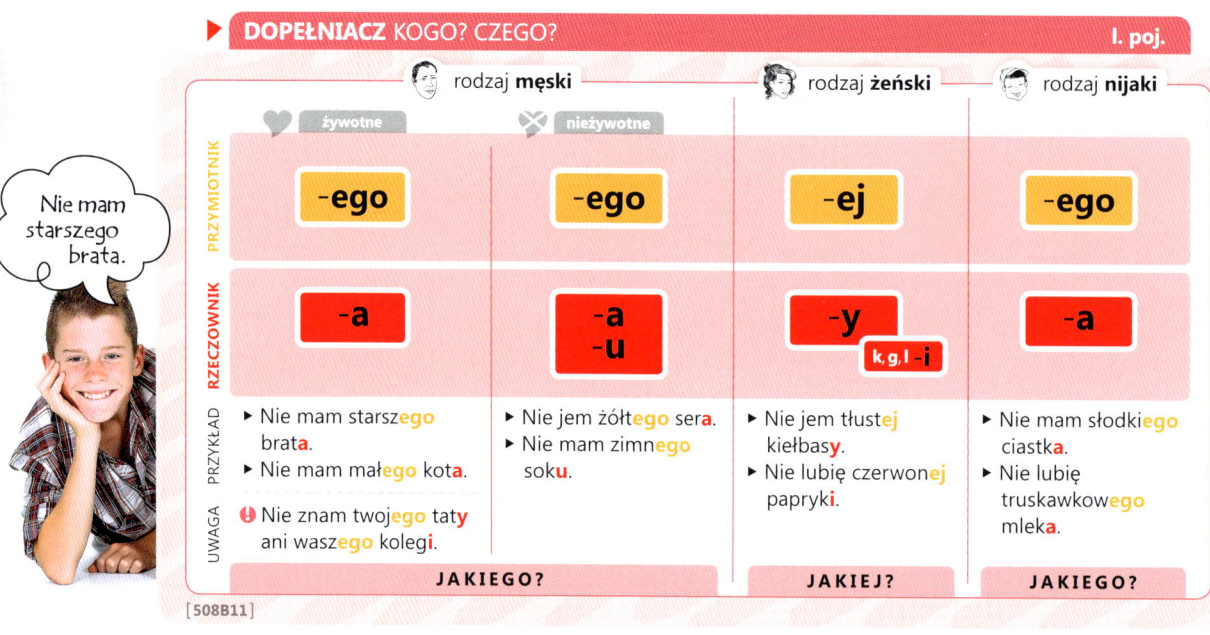

	NEGACJA
▶ Lubię **włoską pizzę**. ▶ Mam **zimny sok**. ▶ Chcę **zielone jabłko**.	▶ Nie lubię **włoskiej pizzy**. ▶ Nie mam **zimnego soku**. ▶ Nie chcę **zielonego jabłka**.
biernik	**dopełniacz**

[508B12]

4 Proszę uzupełnić. [508B4]

1. Nie mam _małego kota_ (mały kot).
2. Nie piję .... (czarna kawa).
3. Nie lubię .... (gorące mleko).
4. Nie pijecie .... (coca cola)?
5. Nie ma .... (jogurt naturalny).
6. Nie jesz .... (drugie śniadanie)?
7. Nie znam .... (twój kolega).
8. Nie lubicie .... (żółty ser)?

5 Biernik czy dopełniacz? [508B5]

1. Nie lubię zieloną herbatą | zieloną herbatę | <u>zielonej herbaty</u>.
2. Nie jem masło | masła | masłem.
3. Proszę ciemny chleb | ciemnego chleba | ciemnym chlebem.
4. Nie piję słodki sok | słodkiego soku | słodkim sokiem.
5. Masz zimną colą | zimnej coli | zimną colę?
6. Nie ma czekoladowym ciastem | czekoladowe ciasto | czekoladowego ciasta.

6 Proszę ułożyć dialogi. [508B6]

1 kanapka + ser żółty + zielona sałata | sok pomidorowy

A: Co masz na drugie śniadanie?
B: Mam kanapkę z serem żółtym i zieloną sałatą, mam też sok pomidorowy.
A: Ja nie lubię ani sera żółtego, ani zielonej sałaty, ani soku pomidorowego.

2 jogurt | drożdżówka | gruszka | cola

3 kanapka + jajko + pomidor | banan | woda mineralna

4 sałatka | ciemny chleb | sok jabłkowy

5 bułka + kiełbasa + ogórek | batonik czekoladowy | mleko czekoladowe

6 pizza | jabłko | sok pomarańczowy

7 Proszę przeprowadzić wywiad: Co kto lubi, a czego nie lubi? Proszę zaprezentować wybraną osobę. [508B7]

		twój kolega	twoja koleżanka	TY
a	pomidor			
b	żółty ser			
c	ciemny chleb			
d	jogurt naturalny			
e	kiełbasa			
f	kanapka z dżemem			
g	zimne mleko			
h	jajko na miękko			

A: Czy lubisz pomidora?
B: ✓ Tak, lubię pomidora, bo jest smaczny.
   ✗ Nie, nie lubię, bo...

Nie cierpię krupniku!

obiad | stołówka | wyrażanie preferencji

1 Proszę rozwiązać krzyżówkę, a hasło wpisać pod ilustracją. [508C1]

1. papryka
2.
3.
4.
5.
6.
7.

1 ▸ może być czerwona, żółta, zielona
2 ▸ jest białe – jemy je z płatkami śniadaniowymi
3 ▸ bardzo smaczne ☺☺☺
4 ▸ bardzo niesmaczny ☹☹
5 ▸ zwykle jest tłusta, to nie jest szynka
6 ▸ z tą rybą można jeść kanapkę albo sałatkę
7 ▸ jest słodkie, jemy je na deser

2 Proszę posłuchać i uzupełnić jadłospis. [508C2]

MENU

ZUPA
A żurek
B zupa

DRUGIE DANIE
C
D z frytkami
E

DESER
F
G

STOŁÓWKA

3 Proszę podpisać ilustracje i pogrupować produkty. [508C3]

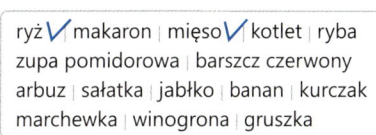

ryż ✓ | makaron | mięso ✓ | kotlet | ryba
zupa pomidorowa | barszcz czerwony
arbuz | sałatka | jabłko | banan | kurczak
marchewka | winogrona | gruszka

A ...... B ...... żurek sałata C ...... pierogi D ......
krupnik H ...... F mięso G ...... brzoskwinia E ...... brokuły
J ...... naleśniki I ...... kalafior frytki
K ...... L ...... M ryż groszek ziemniaki N ...... O ......

kompot

ZUPY	DRUGIE DANIE	OWOCE	WARZYWA	NAPOJE
	mięso ryż			

sto pięć 105

8

Ja poproszę żurek i pierogi z mięsem.

Dla mnie ciasto czekoladowe.

DIALOG 1 [508C11]

ELENA: Zamawiamy?
DIEGO: Tak, ty pierwsza.
ELENA: Dzień dobry, dla mnie zupa pomidorowa i kotlet schabowy z frytkami i sałatką.
PANI: A co chcesz na deser?
ELENA: Ciasto czekoladowe. Poproszę też kompot.
PANI: Proszę bardzo. A co dla ciebie?
DIEGO: Ja poproszę żurek i pierogi z mięsem. A jakie owoce są na deser?
PANI: Arbuz albo gruszka.
DIEGO: Wolę gruszkę i poproszę sok jabłkowy w kartoniku.

DIALOG 2 [508C12]

TORU: Nie cierpię krupniku!
MISAKI: Co to znaczy „nie cierpię"?
TORU: To znaczy, że bardzo, bardzo nie lubię.
MISAKI: Aha. Nie cierpisz krupniku?! Ja uwielbiam krupnik! To moja ulubiona zupa!

▶ uwielbiam = bardzo, bardzo lubię ☺☺☺
▶ nie cierpię = bardzo, bardzo nie lubię ☹☹☹

5 *Proszę uzupełnić tabelę, a następnie opowiedzieć.* [508C5]

	Toru	koleżanka	kolega	TY
a krupnik	☹☹☹			
b ryba	☺☺☺			
c ryż	☺☺☺			
d marchewka	☺☺			
e kalafior	☹			
f kompot	☺☺			

Toru nie cierpi krupniku, ale uwielbia rybę...

4 *Proszę ułożyć dialogi.* [508C4]

1. Denis: zupa pomidorowa – makaron | ryba + frytki + marchewka | banan

PANI: Co dla ciebie?
DENIS: Zupa pomidorowa, ale bez makaronu.
PANI: A na drugie danie?
DENIS: Poproszę rybę z frytkami i marchewką.
PANI: Co na deser?
DENIS: Proszę banana.

2. Artem: zupa jarzynowa + makaron | kurczak + ziemniaki + groszek | ciasto – czekolada

PANI:
ARTEM:
PANI:
ARTEM:
PANI:
ARTEM:

3. Anastasija: barszcz czerwony + ziemniaki | kotlet + ryż + sałatka – jajko | arbuz
4. Emma: krupnik – marchewka | pierogi + ser | kompot + brzoskwinia
5. James: żurek + jajko – kiełbasa | naleśniki + biały ser + owoce | winogrona

Uwaga!
▶ Dla mnie... **+ mianownik**
▶ Proszę... **+ biernik**

Dla mnie zup**a** pomidorow**a**.
Proszę zup**ę** pomidorow**ą**.

Uwaga!
▶ Z CZYM? **z** **+ narzędnik**
z ryż**em**, z marchewk**ą**
▶ BEZ CZEGO? **bez** **+ dopełniacz**
bez ryż**u**, bez marchewk**i**

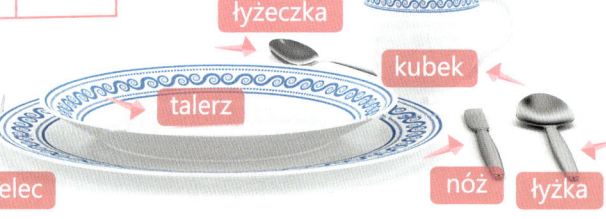

łyżeczka — kubek — talerz — nóż — łyżka — widelec

6 *Czyj to obiad?* [508C6]

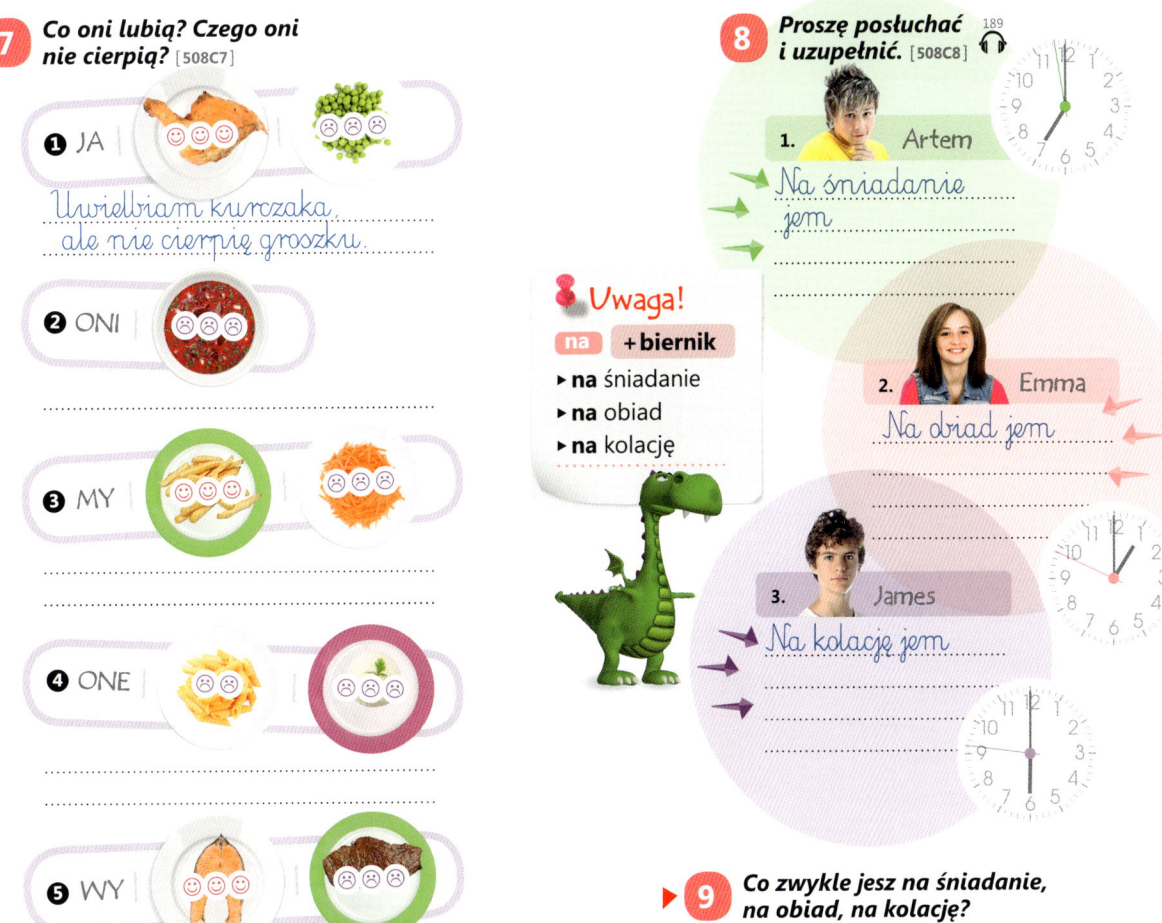

Toru | Lukas
Sophie | Maja

Smacznego!

A .... C ....
B .... D ....

7 *Co oni lubią? Czego oni nie cierpią?* [508C7]

❶ JA — *Uwielbiam kurczaka, ale nie cierpię groszku.*

❷ ONI — ....

❸ MY — ....

❹ ONE — ....

❺ WY — ....

❻ ON — ....

❼ ONA — ....

8 *Proszę posłuchać i uzupełnić.* [508C8]

1. Artem
Na śniadanie jem ....

Uwaga!
na + **biernik**
▸ na śniadanie
▸ na obiad
▸ na kolację

2. Emma
Na obiad jem ....

3. James
Na kolację jem ....

9 *Co zwykle jesz na śniadanie, na obiad, na kolację? A co jedzą twoi koledzy?* [508C9]

10 *MINI-PROJEKT* [508C10]

Proszę zaproponować obiad (zupę, drugie danie, deser) dla:
▸ wegetarianina
▸ koleżanki, która chce być bardzo szczupła
▸ kolegi łakomczucha, który lubi dużo jeść

sto siedem **107**

8 D Czego szukasz?

czasowniki: szukać, potrzebować, bać się

1 Proszę uzupełnić tekst na podstawie rysunku. [508D1]

Oto Abrakus – mały czarodziej z Magolandii. Abrakus ma 123 lata i chodzi do szkoły. Abrakus nie jest wysoki, ma zielone _oczy_ i rude _____. Nosi okulary i czarny kapelusz. Ma białą _____, czerwoną kamizelkę, czarne _____, zielone _____ z żółtymi _____ i czarny, długi _____ z dużymi _____. Oczywiście, jak każdy czarodziej w Magolandii, Abrakus ma magiczną różdżkę i _____ sowę. Abrakus lubi się uczyć, ale nie cierpi pana Hokusa – nauczyciela magii i dlatego często ma problemy...

Oto Abrakus – mały czarodziej z Magolandii.
Czarodziej Abrakus

2 Co on lubi? Czego nie lubi? [508D2]

Abrakus lubi ....
....
....

Abrakus nie lubi ....
....
....

a	wiosna	j	telewizja
b	śnieg	k	burza
c	słońce	l	piątek
d	jajko na twardo z majonezem	m	zielona sałata
		n	dentysta
e	biała sowa	o	sport
f	wujek Merlin	p	jajko na miękko
g	środa	r	ciocia Helga
h	czarować	s	pływać
i	słuchać muzyki		

UWIELBIAM ☺☺☺
KOCHAM ☺☺
LUBIĘ ☺
NIE LUBIĘ ☹
NIE CIERPIĘ ☹☹

3 Proszę opisać te osoby (patrz ćwiczenie 1 i ćwiczenie 2). [508D3]

▸ Jakie są i jak wyglądają?
▸ Co mają na sobie?
▸ Jakie zwierzęta mają?
▸ Co lubią?
▸ Czego nie lubią?

Mała czarownica jest bardzo sympatyczna. Jest niska i...

A Mała Czarownica
B Ciocia Helga (miotła)
C Pan Hokus (szczur)

A Mała Czarownica
▸ poniedziałek ☹
▸ marchewka ☹☹
▸ kapusta ☺
▸ muzyka klasyczna ☺☺☺
▸ babcia Alicja ☺☺
▸ tłusta kiełbasa ☺
▸ deszcz ☹
▸ jogurt naturalny ☹☹

B Ciocia Helga
▸ zielony groszek ☹
▸ dżem ☹
▸ mleko z płatkami ☹☹
▸ burza ☹
▸ niedziela ☹☹
▸ kuzyn Merlin ☺
▸ jeździć na deskorolce ☺☺☺
▸ .... ☺☺☺
▸ .... ☺☺

C Pan Hokus
▸ cebula ☹☹
▸ wiatr ☺☺☺
▸ czarna kawa ☺
▸ uczeń Abrakus ☹
▸ czosnek ☺
▸ podróżować ☺
▸ .... ☺☺☺
▸ .... ☹☹
▸ .... ☺

4 Proszę opisać, jak wygląda twoja koleżanka/twój kolega, w co jest ubrany. Proszę zapytać co lubi, co uwielbia, a czego nie lubi, nie cierpi. [508D4]

5 **Proszę uzupełnić.** [508D5]

Abrakus ma znowu problem.

Abrakus ma znowu problem – nie ma dziś swojej _magicznej różdżki_ (magiczna różdżka) i nie może odrobić zadania domowego na lekcję pana Hokusa. Żeby czarować potrzebuje: .... (czarny kot), ... (biała myszka), ... (niebieski, magiczny ołówek), ... (duży, zielony ptak), ... (mała, zielona żaba), ... (gruba, czarna książka), ... (magiczny kubek), ... (srebrny klucz) i .... (czerwone krzesło). To wszystko jest w starym domu przy ulicy Zaczarowanej 13, ale Abrakus nie wie, w którym pokoju. Na szczęście Abrakus ma swój magiczny parasol i tym parasolem może otworzyć dwie pary drzwi, ale uwaga – tylko dwie pary! Musi się spieszyć, bo lekcja magii jest za kwadrans. Dokąd ma iść, żeby szukać .... (czarny kot), ... (biała myszka) i innych rzeczy?

6 *Co znajdzie, a czego nie znajdzie Abrakus w pokoju numer...?* [508D6]

W pokoju numer 1 Abrakus znajdzie: białą myszkę... ale nie znajdzie magicznego kubka ani... Jeśli Abrakus otworzy pokój numer... i numer... znajdzie wszystko, czego potrzebuje na lekcję magii.

▶ **Uwaga!**
▶ POTRZEBOWAĆ
▶ SZUKAĆ
▶ BAĆ SIĘ

+ dopełniacz

▶ szukać (+ dopełniacz) klucza
≠ znaleźć (+ biernik) klucz

Potrzebuję **parasola**.
Szukam **klucza**.
Boję się **burzy**.

[508D8]

7 *QUIZ* [508D7]

START
1. Zawsze szukam... (3 rzeczowniki)
2. Proszę odmienić czasownik „potrzebować".
3. A: ...szukasz? B: *Magicznego kubka.*
4. Bardzo boję się .
5. Co masz dziś na sobie?
6. Czego zwykle potrzebujesz na lekcji?
7. Jakiego dnia tygodnia nie lubisz?
8. Nie lubię jeść...
9. Co uwielbiasz? (2 rzeczowniki + 2 czasowniki)
10. Czego się boisz? (3 rzeczowniki)
11. Jakiej muzyki słuchasz?
12. Czego nie cierpisz? (2 rzeczowniki + 2 czasowniki)
13. Proszę odmienić czasownik „bać się".
14. Pan Hokus szuka swojego .
15. Czego potrzebujesz, żeby przygotować smaczne śniadanie?
16. A: ...on się boi? B: *Pana Hokusa.*
META

8 Powtórzenie

Jakie znasz warzywa?

1 Proszę podpisać ilustracje. [508P1]

a .... b .... c ....
d .... e .... f ....
g .... h .... i ....
j *ziemniaki* k .... l ....

2 Jakie znasz…? [508P2]

a posiłki: .... | .... | *deser* | ....

b zupy: .... | .... | ....

c warzywa: .... | .... | ....

d owoce: .... | .... | ....

e napoje: .... | .... | ....

3 Proszę uzupełnić. [508P3]

a 😊😊😊 *pyszny*
b 😊😊 ....
c 😊 ....
d ☹ ....
e ☹☹ ....

4 Proszę ułożyć zdania. [508P4]

1. ty | chcieć | sok | czy | herbata | cytryna?
   Chcesz sok czy herbatę z cytryną?

2. śniadanie | ja | jeść | jogurt | płatki śniadaniowe
   ....

3. co | ty | pić | śniadanie?
   ....

4. oni | jeść | zupa pomidorowa | bez | makaron
   ....

5. czy | wy | jeść | kurczak | frytki | zielona sałata?
   ....

6. my | pić | kawa | mleko | bez | cukier
   ....

7. co | wy | chcieć | deser?
   ....

8. ja | nie | lubić | zupa jarzynowa | ryż
   ....

5 Proszę rozwiązać krzyżówkę. [508P5]

1. *mięso*

1 ▸ szynka, kiełbasa, kurczak
2 ▸ niedobry ☹
3 ▸ na miękko albo na twardo
4 ▸ to warzywo ma pomarańczowy kolor i jest zdrowe
5 ▸ pomidorowa, krupnik...
6 ▸ 🍇 
7 ▸ ...schabowy
8 ▸ z mięsem, z serem albo ruskie
9 ▸ chleb + ... + szynka = kanapka

Dziękuję.

6 *Proszę połączyć zdania.* [508P6]

1. Toru nie cierpi jeść...
2. Denis uwielbia...
3. Diego bardzo lubi pierogi...
4. Elena nie cierpi mrozu...
5. Artem lubi pić herbatę...
6. Maja nie lubi...

- z cukrem.
- bo bardzo nie lubi, kiedy jest zimno.
- krupniku. Uważa, że jest okropny.
- jeść tłustej kiełbasy.
- z mięsem.
- jeść rybę.

7 *Co lubi, a czego nie lubi Diego?* [508P7]

	a	b sobota	c	d	e	f	g
	h	i wtorek	j	k	l	m	n

Diego lubi muzykę,
....
....
ale nie lubi...
....
....

8 *Proszę skorygować tekst.* [508P8]

Gordon pisze tekst, ale niestety robi błędy gramatyczne.

Mała czarownica jest bardzo ~~sympatyczną~~. Ona zwykle nosi żółta spódnica z czerwonymi serduszka i zieloną bluzka. Ma czarny kot, magiczną różdżka i miotła. Mała czarownica nie lubi poniedziałek ani marchewkę, ani jogurtem naturalnym. Ona uwielbia muzyką klasyczną i babcia Alicja. Lubi też tłustą kiełbasa i czerwona kapusta, ale nie lubi mięsem z cebula.

Mała czarownica jest bardzo sympatyczna.
....

9 *Proszę ułożyć dialog.* [508P9]

PANI: Co .... ?
ADAM: Proszę ....
(żurek + jajko).
PANI: A na .... ?
ADAM: Proszę ....
(ryba + ziemniaki) i ....
.... (marchewka + groszek).
PANI: A na deser?
ADAM: .... i ....
(naleśniki + ser + jabłko l.mn.).

PANI: Co .... ?
TY: Proszę ....
PANI: A na .... ?
TY: Proszę ....
....
PANI: A .... ?
TY: ....

10 *Proszę odpowiedzieć na pytania.* [508P10]

1. Czego potrzebujesz w parku? roweru
2. Czego potrzebujesz na lekcji polskiego? ....
3. Czego zwykle szukasz? ....
4. Czego się boisz? ....

8 PLUS+
dla ambitnych!

PIKNIK
- wędka
- jezioro
- jagody

1 QUIZ
Jak myślisz, co pasuje? [508E1]

1. Piknik organizujemy:
   a w centrum handlowym
   b w domu
   c <u>w lesie</u>

2. Idealny strój na piknik to:
   a płaszcz i długie spodnie
   b długie spodnie i bluza
   c długa spódnica i bluzka

3. Na pikniku można:
   a palić ognisko
   b rozmawiać na czacie
   c kibicować

4. Kiełbaski można:
   a łowić
   b piec
   c zbierać

5. Jagody to:
   a warzywo
   b owoc
   c ryba

6. Maliny są:
   a czarne
   b czerwone
   c zielone

7. Grzyby możemy zbierać:
   a wiosną
   b zimą
   c jesienią

8. Ryby mieszkają:
   a w lesie
   b w łódce
   c w jeziorze

9. Można łowić:
   a zdjęcia
   b ryby
   c piosenki

10. Ryby można łowić:
    a łódką
    b deskorolką
    c wędką

11. Pływać można:
    a łódką
    b deskorolką
    c wędką

2 Co pasuje? [508E2]

a zbierać — piosenki
b śpiewać — kiełbaski
c piec — grzyby
d łowić — ryby
e zbierać — łódką
f pływać — ognisko
g palić — jagody

3 Prawda (P) czy nieprawda (N)? Dlaczego? [508E3]

1. Dziś jest sobota. **P** ✓
2. Nasza klasa organizuje zawody sportowe w lesie.
3. Planujemy palić ognisko.
4. Planujemy zbierać maliny.
5. Emma chce pływać łódką.
6. James chce grać w piłkę.
7. Mathis siedzi w łódce i gra na gitarze.
8. Artem jest głodny.
9. W koszyku piknikowym są warzywa i owoce.
10. W koszyku piknikowym nie ma nic słodkiego.

4 Proszę uzupełnić. [508E4]

Dziś sobota. Nasza klasa organizuje _piknik_ w lesie. Planujemy palić _____ s ___, piec ____ ł _____, zbierać __ g ____ i ___ y __. Diego i Emma chcą pływać ____ k _, a James chce __ w ___ ryby. Mathis siedzi przy ognisku i gra na __ t _____, a my śpiewamy p _____.

Artem jest trochę głodny, nie chce czekać na kiełbaski. Nie ma problemu. Nasz .... piknikowy jest pełny. Mamy ...., ..., ... i .... na kanapki. Są też ...., ... i .... na sałatkę. Na deser są ciastka i owoce: ...., ..., ... i ....

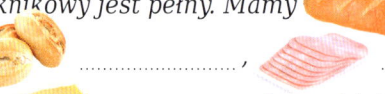

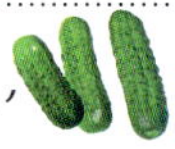

> Nasza klasa organizuje dziś piknik.

8

łódka • las • ognisko • koszyk • czereśnie • truskawki • A talerz • B • C • D • grzyby • maliny

5 Czego oni nie mają? [508E5]

1. Chcemy zbierać grzyby, ale nie mamy **koszyka**.
2. James chce łowić ryby, ale nie ma ....
3. Diego i Emma chcą pływać, ale nie mają ....
4. Mathis chce grać na gitarze, ale nie ma ....
5. Artem chce kroić chleb, ale nie ma ....
6. Misaki chce jeść jogurt, ale nie ma ....
7. Olga chce się napić soku, ale nie ma ....
8. Adam chce jeść kiełbaskę z sosem, ale nie ma ....
9. Lukas organizuje mecz, ale nie ma ....

Gdzie jest nóż?

6 Proszę odpowiedzieć na pytania. [508E6]

1. Kiedy zwykle organizujesz piknik?
2. Gdzie zwykle organizujesz piknik?
3. Czego potrzebujesz na piknik?
4. Co zwykle jesz na pikniku?
5. Co zwykle robisz na pikniku?
6. Czego nigdy nie robisz na pikniku?
7. Czego nigdy nie jesz na pikniku?

7 MINI-PROJEKT
Zorganizuj piknik dla twojej klasy. [508E7]

1. Dzień?
2. Godzina?
3. Miejsce?
4. Czego potrzebujecie?
5. Co planujecie jeść?
6. Co planujecie robić?

8 Jakie zwierzęta mieszkają w polskim lesie? [508E8]

lis | wilk | niedźwiedź | jeleń | wiewiórka ✓ | zając | dzik | jeż

ZWIERZĘTA

A **wie wi ór ka**
B _e_
C _i_
D w_l_
E d__k
F _a__c
G n__d____d_
H j__e_

sto trzynaście **113**

9 Moje miasto

obiekty w mieście | przyimki: obok, przed...

1 QUIZ Ile znasz słów na literę...? [509A1]

M .... I .... A *akwarium*

S .... T *trudny* O ....

2 Co to jest? Proszę dopasować słowa z ramki do obiektów w mieście. [509A2] 194

szpital ✓ | sklep | kiosk | poczta | dworzec | przystanek | teatr | muzeum | stadion sportowy | kino | park | basen

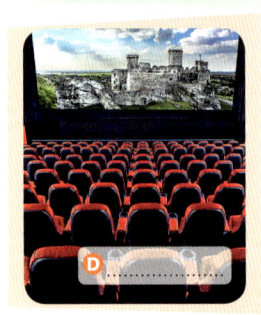

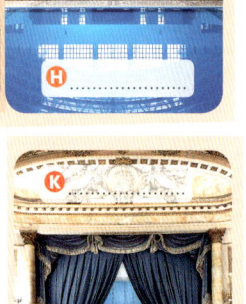

MIASTO

A .... B *szpital* C ....
D .... E .... F ....
G .... H .... I ....
J .... K .... L ....

3 Proszę posłuchać dźwięków i ponumerować miejsca. [509A3] 195

a ⎵ basen
b ⎵ szpital
c ⎵ dworzec
d ⎵ park
e ⎵1⎵ sklep
f ⎵ kino
g ⎵ stadion sportowy
h ⎵ poczta

4 Jakie to miejsce? [509A4]

a możemy tam oglądać sztukę: obrazy i zdjęcia
▶ *muzeum*

b kupujemy tam różne produkty: mleko, spodnie, komputer...
▶ ....

c czekamy tam na tramwaj albo autobus
▶ ....

d oglądamy tam spektakl albo operę
▶ ....

e idziemy tam, kiedy chcemy wysłać list, pocztówkę albo paczkę
▶ ....

f kupujemy tam małe rzeczy: gazetę, bilet albo wodę
▶ ....

g tam pływamy, jest dużo wody
▶ ....

h autobus i pociąg zaczynają tam i kończą kurs
▶ ....

5 Proszę przeczytać tekst i zdecydować: prawda (P) czy nieprawda (N)? [509A5]

To jest moje miasto. **Tutaj** *jest dworzec autobusowy, a* **tam** *dworzec kolejowy.* **Po prawej stronie** *jest przystanek tramwajowy. Nasz tramwaj to numer 24.* **Na wprost** *jest sklep, gdzie możesz kupić sok albo wodę, a* **po lewej stronie** *jest kiosk z biletami i fajnymi gazetami sportowymi.* **Za** *sklepem jest szpital. Pamiętaj, że numer alarmowy to 112!* **Obok** *szpitala jest duży park, gdzie możemy jeździć na rolkach albo grać w badmintona.* **Koło** *parku są też kościół i stadion sportowy. W piątek jest mecz, chcesz pójść?* **Naprzeciwko** *stadionu jest basen, ale jest otwarty tylko latem w wakacje. Centrum miasta jest* **blisko** *dworca autobusowego. Jest tam teatr i małe kino, które ma ambitny repertuar. Ja wolę chodzić do kina niż do teatru, a ty?* **Między** *kinem* **a** *teatrem jest poczta. Możesz tam kupić pocztówkę i wysłać do rodziny albo znajomych. Z moimi kolegami spotykam się zawsze* **przed** *muzeum, to taki charakterystyczny punkt mojego miasta.*

To jest moje miasto.

Lukas jest z wizytą u Adama. Adam prezentuje swoje miasto.

	P	N
1. W mieście Adama jest dworzec autobusowy i kolejowy.	✓	
2. Adam do domu jeździ tramwajem.		
3. W kiosku możesz kupić gazety.		
4. Numer tramwaju to 112.		
5. W parku możesz uprawiać sport.		
6. W weekend jest mecz na stadionie.		
7. Basen jest otwarty zimą.		
8. Adam często chodzi do teatru.		
9. Na poczcie możesz kupić wodę.		
10. Charakterystyczny punkt miasta to poczta.		

Uwaga!
- za
- przed
- między

+ narzędnik

- obok
- koło
- naprzeciwko
- na wprost
- blisko

+ dopełniacz

6 Gdzie to jest? [509A6]

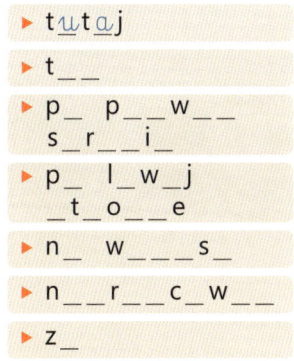

- t<u>u</u>t<u>a</u>j
- t _ _
- p_ p__w__ s_r__i_
- p_ l_w_j _t_o__e
- n_ w___ s_
- n__r__c_w__
- z_
- o_o_
- _o_o
- b__s__
- m_ę_z_
- p_ _ _ d

7 Proszę uzupełnić zdania. [509A7]

a Sklep jest *na wprost.*
b Kiosk jest _____
c Przystanek jest _____ dworca.
d Park jest _____ kościoła.
e Sklep jest _____ szpitalem.
f Szpital jest _____ parku.
g Stadion jest _____ basenu.
h Poczta jest _____ kinem a teatrem.

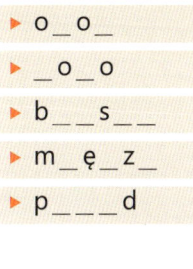

Jesteś na dworcu autobusowym.

GDZIE TO JEST?

POLICJA — APTEKA — SZPITAL — INFORMACJA TURYSTYCZNA — PLAC MATEJKI — KOŚCIÓŁ

między / za / przed / naprzeciwko / na wprost / koło / obok

8 Proszę uzupełnić tabelę. [509A8]

mianownik	narzędnik	dopełniacz
1. park	parkiem	parku
2. sklep		
3. kiosk		
4. basen		
5. szpital		
6. dworzec		
7. poczta		
8. kino		
9. kościół		
10. muzeum		

TU | TAM | PO LEWEJ STRONIE | PO PRAWEJ STRONIE | NA WPROST — jest/są + mianownik

ZA | PRZED | MIĘDZY — + narzędnik

OBOK | KOŁO | NAPRZECIWKO | BLISKO — + dopełniacz

9 Jaki to jest obiekt? Proszę posłuchać i podpisać. [509A9]

GDZIE TO JEST?

A — dworzec
B —
C —
D —
E —

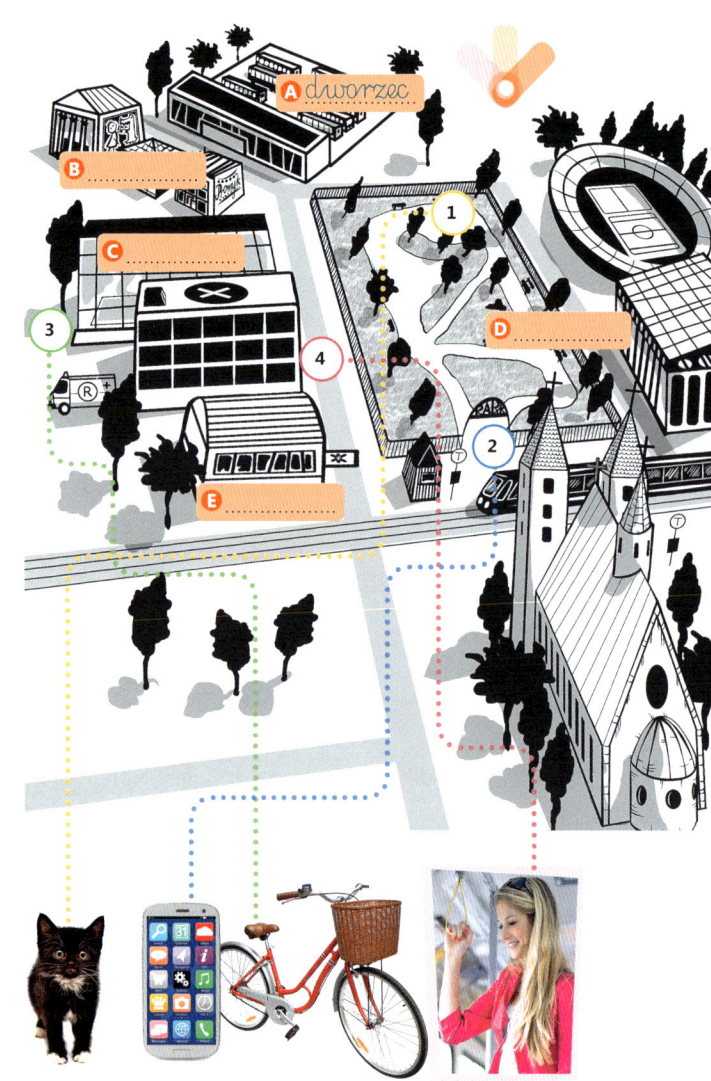

10 Proszę odpowiedzieć na pytania. [509A10]

1. Gdzie jest basen?
   Basen jest obok parku.

2. Gdzie jest muzeum?

3. Gdzie jest przystanek tramwajowy?

4. Gdzie jest kościół?

5. Gdzie jest teatr?

6. Gdzie jest sklep?

11 Ty wybierasz jeden obiekt i opisujesz, gdzie jest. Kolega mówi, co to jest. [509A11]

To jest przed..., obok..., koło...

12 Proszę przeczytać ogłoszenia (anonse) i pomóc tym osobom. Gdzie to jest? [509A12]

NR 73(129330)/2014 PONIEDZIAŁEK 14.03.2014

GAZETA LOKALNA

OGŁOSZENIA DROBNE

SZUKAM

1. Uwaga! Zaginął kot Filemon. Mały, czarny, z białym krawatem i skarpetkami. Prosimy o kontakt pod numerem: 512 346 987! Tęsknimy ☹ Smutna rodzina.

2. W sobotę w tramwaju linii 52 zgubiłem telefon: nowy, szary, z kolorowymi obrazkami. Uczciwego znalazcę proszę o kontakt pod numerem: 12 24 65 222. Czeka nagroda.

3. Skradziono rower! Czerwony, z czarnymi napisami i koszykiem. Masz informację na jego temat? Pisz! Mój adres: rowerowymaniak@poczta.onet.pl. Maciek

4. Szukam nieznajomej! Piękna dziewczyna, blondynka, 18-20 lat, podróżuje autobusem linii 173, nosi różową marynarkę i długą żółtą spódnicę. Napisz do mnie: tajemniczy.nieznajomy@wp.pl.

13 MINI-PROJEKT

Proszę zrobić mapę swojego miasta i zaprezentować je kolegom. Co jest po lewej, po prawej stronie, na wprost? [509A13]

Jakie to miasto?

B

Jak dojść do muzeum?

pytanie o drogę | do + dopełniacz | na + biernik

Proszę iść prosto!

1 **Które słowa pasują do siebie i dlaczego?** [509B1]

- stadion
- sklep
- dworzec
- park
- kiosk
- przystanek
- kino
- basen
- muzeum
- poczta
- teatr
- szpital
- apteka

muzeum + kino + teatr → bo tam spędzamy wolny czas

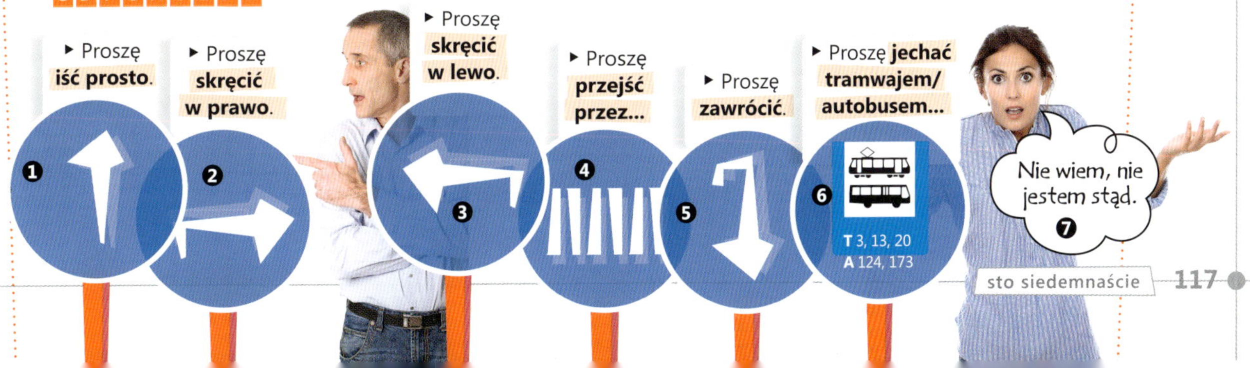

2 **Proszę posłuchać dialogów, a następnie je zainscenizować.** [509B2] 198

Lukas spotyka się z Adamem przed muzeum. Niestety nie ma mapy i pyta, jak dojść…

A Przepraszam, jak dojść do muzeum?
Proszę iść prosto, muzeum jest obok kina. To bardzo blisko.
Dziękuję bardzo!

B Przepraszam, jak dojść do kina?
Nie jestem stąd. Nie wiem, gdzie jest kino.
Szkoda…

C Przepraszam, czy wie pan, gdzie jest kino?
Oczywiście, że wiem! **Proszę skręcić w prawo**, a potem w lewo. Kino jest na wprost, koło teatru.

D Przepraszam, czy tą drogą dojdę do teatru?
Nie, **proszę zawrócić**! Teatr jest po lewej stronie, a nie po prawej.
Ojej…

E Przepraszam, gdzie jest teatr?
Proszę przejść przez park, potem **proszę skręcić w prawo** koło szpitala, a potem w lewo obok stadionu. Teatr jest na wprost, obok poczty.
Aha, dziękuję…

F Przepraszam, jak dojechać na pocztę?
Proszę jechać tramwajem numer 20 i wysiąść na przystanku „POCZTA". O, tam jest twój tramwaj!
Uff, dziękuję!

3 **Co pasuje?** [509B3]

1. Przepraszam, jak — zawrócić.
2. Proszę iść — tramwajem numer 1.
3. Proszę skręcić w — stąd.
4. Proszę skręcić — prawo.
5. Proszę — dojść do kina?
6. Proszę przejść — w lewo.
7. Nie jestem — prosto.
8. Proszę jechać — przez park.

▶ **PYTANIE** [509B11]

- Przepraszam, jak dojść do…?
- Przepraszam, jak dojechać do…?
- Przepraszam, czy wie pan/pani, gdzie jest…?
- Przepraszam, czy dobrze idę do…?/czy to jest droga do…?

ODPOWIEDŹ

▶ Proszę **iść prosto**. ❶
▶ Proszę **skręcić w prawo**. ❷
▶ Proszę **skręcić w lewo**. ❸
▶ Proszę **przejść przez…** ❹
▶ Proszę **zawrócić**. ❺
▶ Proszę **jechać tramwajem/ autobusem…** ❻
T 3, 13, 20
A 124, 173

Nie wiem, nie jestem stąd. ❼

sto siedemnaście

4 Proszę uporządkować zdania. [509B4]

a. dojść | do | przepraszam, | ? | jak | teatru
Przepraszam, jak dojść do teatru?

b. pani | wie, | stadion | gdzie | czy | ? | jest

c. przepraszam, | ? | dojechać | pocztę | jak | na

d. prosto | iść | proszę

e. przejść | proszę | ulicę | przez

f. proszę | prawo | w | skręcić

g. jechać | autobusem | 179 | proszę | numer

h. jestem | wiem, | nie | nie | stąd

5 Jaka jest dobra forma? [509B5]

Przepraszam, jak dojść…

1. (do) | na *szkoły?* ▶ szkoła
2. do | na _____ ▶ park
3. do | na _____ ▶ poczta
4. do | na _____ ▶ muzeum
5. do | na _____ ▶ sklep
6. do | na _____ ▶ kiosk
7. do | na _____ ▶ galeria
8. do | na _____ ▶ przystanek

Uwaga!

▶ IŚĆ / JECHAĆ **do** + **dopełniacz**
do teatru, **do** szpitala, **do** kina
do Adama, **do** babci

ale
na + **biernik**
na pocztę, **na** basen, **na** stadion,
na dworzec, **na** przystanek

[509B12]

6 Proszę uzupełnić dialogi, a potem posłuchać i skontrolować. [509B6] 🎧 199

A: Przepraszam, jak d_o_j_ś_ć_ do sklepu?
B: Proszę i___ p_____, a potem s_____ _ l____.
A: Dziękuję!

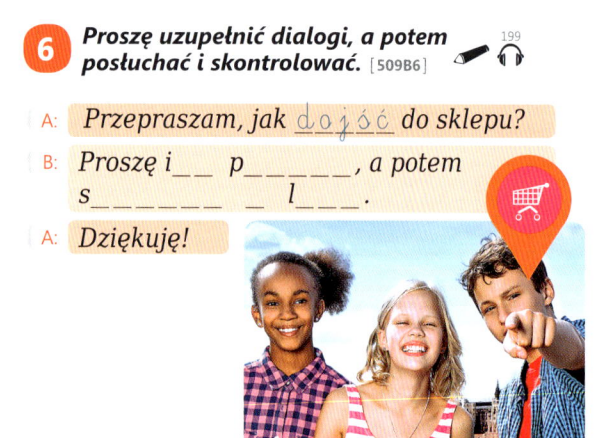

C: Przepraszam, czy wie pan, gdzie jest szkoła?
D: Tak, proszę p_____ p_____ ulicę i s_____ _ p_____. Szkoła jest na wprost.
C: Dziękuję bardzo!

E: Przepraszam, jak d_____ do dworca?
F: Proszę jechać t_____ numer 14 i wysiąść na czwartym przystanku.
E: Dziękuję!

I: Przepraszam jak d_____ do szpitala?
J: Ojej, to zła droga. Proszę z_____. Szpital jest p_ l_____ s_____, a nie p_ p_____.
I: Bardzo pani dziękuję!

G: Przepraszam, gdzie jest basen?
H: Nie wiem, n___ j_____ s____.

1
Proszę iść prosto!

2
Jak dojść do muzeum?

3
Czy wie pani, gdzie jest stadion?

4
Proszę jechać autobusem numer 164.

7 Co oni mówią? [509B7]

8 Proszę posłuchać i narysować drogę do gabinetu dyrektora. Jaki numer ma jego gabinet? [509B8]

Marek Nowicki
DYREKTOR

Mapa szkoły z salami ponumerowanymi 1–17, korytarzami, holem, szatniami, sklepikiem szkolnym, szkolną higienistką, pokojem nauczycielskim

Masz WF, jesteś na sali gimnastycznej.

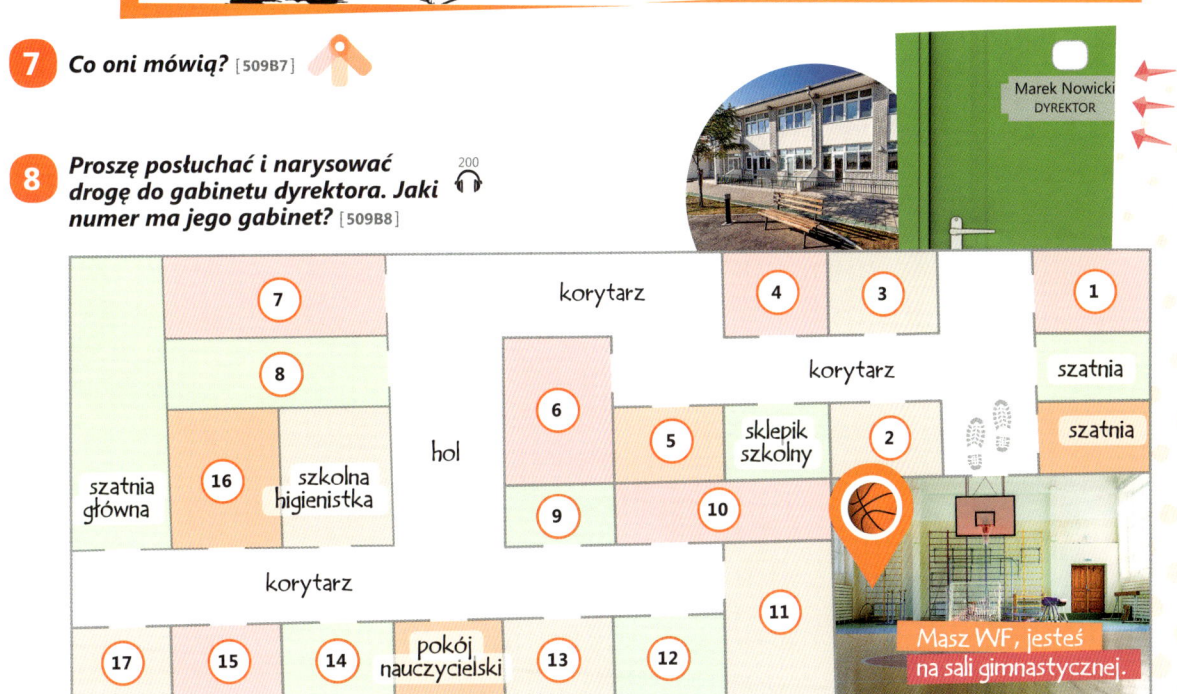

9 Jak dojść... [509B9]
- z pokoju nauczycielskiego do sali gimnastycznej?
- ze sklepiku szkolnego do szatni głównej?
- z gabinetu dyrektora do sali numer 4?

Z pokoju nauczycielskiego proszę iść...

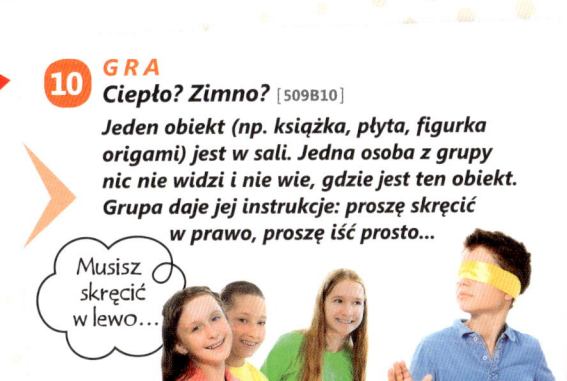

10 GRA
Ciepło? Zimno? [509B10]

Jeden obiekt (np. książka, płyta, figurka origami) jest w sali. Jedna osoba z grupy nic nie widzi i nie wie, gdzie jest ten obiekt. Grupa daje jej instrukcje: proszę skręcić w prawo, proszę iść prosto...

Musisz skręcić w lewo...

sto dziewiętnaście

9 Chodzić czy iść?

czasowniki ruchu | środki transportu

Żółw Jerzy chodzi bardzo, bardzo wolno. Wie, że ruch to zdrowie, dlatego cały czas trenuje i dużo chodzi pieszo! Codziennie **chodzi** do szkoły. Dzisiaj **idzie** do sklepu. Czasem **chodzi** na stadion. Jutro **idzie** do parku. Często **chodzi** na basen. W ten piątek **idzie** na pocztę.

1 ANKIETA [509C1]

Jak często chodzisz?

		CODZIENNIE	CZĘSTO	CZASEM	RZADKO	NIGDY
a	do kina					
b	do teatru					
c	do muzeum					
d	na pocztę					
e	na basen					
f	do parku					
g	do sklepu					
h	na stadion					

2 Proszę przeczytać tekst. Jaka jest różnica między „iść" a „chodzić"? [509C2]

Jak myślicie, co musi robić żółw Jerzy, żeby być zdrowym i mieć dobrą formę fizyczną?

Musi jeść szpinak...

Żółw Jerzy

3 Proszę uzupełnić tabele i dopasować wyrażenia. [509C3]

regularnie | w ten piątek | codziennie ✓ | teraz
w tę sobotę | rzadko | za chwilę | czasem | nigdy
jutro | zaraz | często | dzisiaj ✓ | zwykle | zawsze

Zawsze chodzę do szkoły pieszo.

chodzić

l. poj.		l. mn.	
(ja)	chodzę	(my)	
(ty)		(wy)	
on ona ono	chodzi	oni one	

codziennie,

Idziemy teraz do biblioteki?

iść

l. poj.		l. mn.	
(ja)	idę	(my)	
(ty)		(wy)	
on ona ono	idzie	oni one	

dzisiaj,

4 „Chodzić" czy „iść"? [509C4]

1. Sophie często _chodzi_ do teatru i w tę niedzielę też _____.
2. Dzisiaj (ja) _____ na pocztę, ale rzadko tam _____.
3. Dokąd teraz (my) _____? Wy _____ do domu, a ja do pracy.
4. Jak często (ty) _____ do kina? Nigdy nie (ja) _____.
5. Mój tata _____ regularnie na mecze, ale w ten weekend nie _____.
6. Misaki i Toru codziennie _____ do szkoły, ale jutro nie _____.
7. Diego tam _____! Widzisz?

5 Proszę posłuchać, uzupełnić kalendarz i odpowiedzieć na pytania: tak (T) czy nie (N). [509C5]

Jest poniedziałek. Adam i Lukas planują tydzień w mieście.

czerwiec

poniedziałek	wtorek	środa	czwartek	piątek	sobota	niedziela
16	17	18	19	20	21	22
	idą do parku					*są w domu*

	T	N
a Czy Lukas lubi chodzić do kina?	✓	
b Czy Adam często chodzi do kina?		
c Czy Lukas regularnie chodzi do muzeum?		
d Czy Lukas chodzi na basen z tatą?		
e Czy rodzina Lukasa rzadko chodzi na mecze?		
f Czy Lukas kupuje prezenty dla rodziny?		
g Czy rodzice Adama w niedzielę idą do sklepu?		

Panda Amanda jest trochę gruba. Ma problem z wagą, bo bardzo lubi jeść. Chce być szczupła, dlatego codziennie **jeździ** do szkoły rowerem. Dzisiaj **jedzie** do szkoły na rolkach. Rzadko **jeździ** autobusem. Jutro **jedzie** na deskorolce. Nigdy nie **jeździ** samochodem. W ten czwartek **jedzie** na hulajnodze.

Żółw Jerzy ma przyjaciółkę, pandę Amandę.

Panda Amanda

6 *Proszę przeczytać tekst. Jaka jest różnica między „jechać" a „jeździć"?* [509C6]

Jak myślicie, czym panda Amanda jeździ zimą?

Zimą jeździ na nartach...

7 *Proszę uzupełnić tabele.* [509C7]

Od czasu do czasu jeżdżę taksówką.

▶ od czasu do czasu = czasami = czasem

Teraz jadę tramwajem.

jeździć

l. poj.		l. mn.	
(ja)		(my)	
(ty)		(wy)	
on / ona / ono	jeździ	oni / one	jeżdżą

▶ codziennie

jeździ ✓ | jeżdżą ✓ | jeżdżę
jeździcie | jeździsz | jeździmy

jechać

l. poj.		l. mn.	
(ja)		(my)	
(ty)		(wy)	
on / ona / ono	jedzie	oni / one	jadą

▶ dzisiaj

jadą ✓ | jedzie ✓ | jedziemy
jedziesz | jadę | jedziecie

8 *Proszę uzupełnić.* [509C8]

jeździć czy **jechać**?

1. Często (ja) *jeżdżę* na rowerze.
2. Zwykle (my) .... do szkoły autobusem.
3. Emma i Daniel dzisiaj .... tramwajem do kina.
4. Umiecie .... na deskorolce?
5. Zimą mój tata często .... na łyżwach.
6. Teraz (ja) .... do domu.
7. W ten weekend (my) .... samochodem do babci.
8. Dobrze (ty) .... na nartach?

9 *Czy umiesz? Proszę porozmawiać z kolegą.* [509C9]

Czy umiesz jeździć...

		☺	☹
a	na rowerze?		
b	na snowboardzie?		
c	na rolkach?		
d	na deskorolce?		
e	na łyżwach?		
f	na nartach?		
g	na sankach?		
h	konno?		
i	na hulajnodze?		

Jak jeździsz na nartach? Świetnie... Jak często? Kiedy? Z kim?

9 Droga do szkoły

zaimki osobowe w narzędniku | SMS-y

1 QUIZ
Czy to już umiesz? [509D1]   Dobra odpowiedź: **+1 punkt**.

1. Zimą regularnie _jeżdżę_ na nartach.
   a chodzę b idę **c** jeżdżę d jadę
2. Często _____ pieszo do szkoły.
   a chodzę b idę c jeżdżę d jadę
3. _____ dzisiaj do kina? To bez sensu – pogoda jest idealna na spacer.
   a chodzimy b idziemy c jeździmy d jedziemy
4. Jutro _____ do szkoły rowerem czy autobusem?
   a chodzisz b idziesz c jeździsz d jedziesz
5. Czym zwykle _____ do szkoły? Tramwajem czy samochodem?
   a chodzicie b idziecie c jeździcie d jedziecie
6. Maja teraz _____ do domu, bo musi się uczyć.
   a chodzi b idzie c jeździ d jedzie
7. Lukas i Adam nigdy nie _____ tramwajem.
   a chodzą b idą c jeżdżą d jadą
8. Co teraz robisz? _____ autobusem na kółko teatralne.
   a chodzę b idę c jeżdżę d jadę
9. Dlaczego tak rzadko _____ do muzeum?
   a chodzisz b idziesz c jeździsz d jedziesz

Ile masz punktów? ☐

1-3 punkty ▶ Nie jest dobrze ☹ Musisz się jeszcze trochę nauczyć...
4-6 punktów ▶ Nie jest źle, ale może być trochę lepiej! Małe powtórzenie to dobry pomysł.
7-8 punktów ▶ Gratulacje! Już to umiesz ☺ Teraz czas na nowy temat!

2 Proszę dopasować SMS-y, a następnie uzupełnić tabelę. [509D2]

1. Mathis, jest **z wami** Clara?
2. Mamo, gdzie jest tata? Muszę **z nim** porozmawiać!
3. Jasne 😊 Misaki też idzie **z nami**?
   Chyba nie. Wolę iść **z tobą** na rolki 😊
4. Cześć! Adam i Lukas idą w piątek na mecz. Idziesz **z nimi**?
5. Hej, idziesz **ze mną** do kina?
   Nie, jest z Olivią i Emmą. Uczy się **z nimi** do testu.
   Może jest u babci? Dzisiaj jedzie **z nią** do lekarza.

G

MIANOWNIK KTO? CO?

ja	ty	on	ona	ono	my	wy	oni	one
ze	z							
mną					nim	nami		

NARZĘDNIK Z KIM? Z CZYM?

3 Proszę skorygować zdania. [509D3]

1. Adam, idziesz z ~~my~~ _nami_ na mecz w sobotę?
2. Często chodzę z ona _____ do kina.
3. Mamo, mogę iść z oni _____?
4. Jedziesz ze ja _____ na wycieczkę rowerową?
5. Z ty _____? Pewnie! Kto jeszcze jedzie z my _____?
6. Mój brat chodzi na kurs tańca, a ja z on _____.
7. Jestem chora i nie mogę iść z wy _____ na basen.
8. Uczę się z one _____ do testu.

4 Proszę uzupełnić tabelę. [509D4]

MOJA DROGA DO SZKOŁY

iść prosto ✓ | z koleżanką ✓ | skręcić w prawo | skręcić w lewo | obok stadionu ✓ | przejść przez parking | samochodem | z nią | naprzeciwko basenu | pieszo ✓ | pięć minut ✓ | z kolegami | koło parku | z bratem | jechać tramwajem nr 6 | rowerem | pół godziny | na wprost poczty | kwadrans | z nimi | godzinę | dziesięć minut | tramwajem | autobusem | blisko dworca

1. JAK?/CZYM?	2. Z KIM?	3. JAK DŁUGO?
pieszo	z koleżanką	pięć minut

Adam mówi Łukaszowi, jak wygląda jego droga do szkoły.

Do szkoły zwykle…

5 **Proszę posłuchać i zanotować.** [509D5] 204

1. Jak chodzi / jeździ do szkoły?
   pieszo albo ....
2. Z kim?
   ....
3. Jak długo?
   ....
4. Jak dojść do szkoły?
   Musi ....
5. Gdzie jest jego szkoła?
   ....

6 **Proszę zamienić informacje z ćwiczenia 5 na krótki tekst.** [509D6]

Adam zwykle *chodzi do szkoły pieszo*, ale ....
Zawsze chodzi .... Idą mniej więcej ....
Najpierw muszą ...., a potem i .... Szkoła jest ....

7 **A jaka jest twoja droga do szkoły?** [509D7]

▶ Jak chodzisz / jeździsz do szkoły?
▶ Z kim?
▶ Jak długo?
▶ Jak dojść do twojej szkoły?
▶ Gdzie jest twoja szkoła?

Maja jest chora. Pisze mail do Julii.
od: maja12@wp.pl | do: julia.r@gazeta.pl

8 **Proszę przeczytać. Prawda (P) czy nieprawda (N)?** [509D8] 205

• Temat: Lekcje   11 października 7:25

Cześć Julia!
Piszę do Ciebie, bo jestem trochę chora i dzisiaj nie idę do szkoły 😷 Czy jutro możesz przyjść do mnie z zeszytami? Muszę przepisać lekcje i zrobić pracę domową.
Mój dom jest blisko szkoły (to 10 albo 15 minut drogi). Najpierw musisz iść prosto koło stadionu, a potem skręcić w lewo. Potem musisz iść jeszcze trochę prosto i przejść przez park. Mój dom jest po prawej stronie, obok małego kiosku. Możesz też jechać tramwajem numer 2 i wysiąść na trzecim przystanku.
Szkoda, że nie jestem w szkole z Wami 😢 Ale cieszę się, że jutro się z Tobą spotkam! 😊
Na razie!
Maja
PS. Kiedy mamy test z matematyki?!

	P	N
1. Maja pisze mail do Julii.	✓	
2. Maja dzisiaj jest w domu, bo robi pracę domową.		
3. Julia dzisiaj idzie do Mai.		
4. Maja mieszka blisko szkoły.		
5. Maja idzie do szkoły pół godziny.		
6. Maja mieszka obok parku.		
7. Julia musi jechać tramwajem.		
8. Maja jest smutna, bo nie idzie do szkoły.		
9. Maja wie, kiedy jest test z matematyki.		

9 **Jesteś chory. Proszę napisać krótki mail lub SMS do kolegi z informacją, jak dojść ze szkoły do twojego domu.** [509D9]

4. JAK DOJŚĆ?	5. GDZIE JEST?
iść prosto	*obok stadionu*

9 Powtórzenie

1 Co to jest? [509P1]

a lekarz | chory | 112 ▸ szpital
b film | bilet | ekran ▸ ....
c autobus | bilet | czekać ▸ ....
d woda | pływać | kraul ▸ ....
e uczyć się | tablica | uczeń ▸ ....
f spacer | drzewo | zielony ▸ ....
g batonik | kupować | kasa ▸ ....
h mecz | piłka nożna | sport ▸ ....
i obraz | sztuka | artysta ▸ ....

2 Proszę dopasować. [509P2]

a jest obok poczty — park
b jest naprzeciwko sklepu — sklep
c jest za przystankiem — szkoła
d jest przed basenem — przystanek
e jest na wprost parku — muzeum
f jest koło teatru — kościół
g jest między szpitalem a dworcem — teatr

3 Proszę uzupełnić tabelę. [509P3]

obok ✓ | między | naprzeciwko
do | przed | koło | za | blisko | na

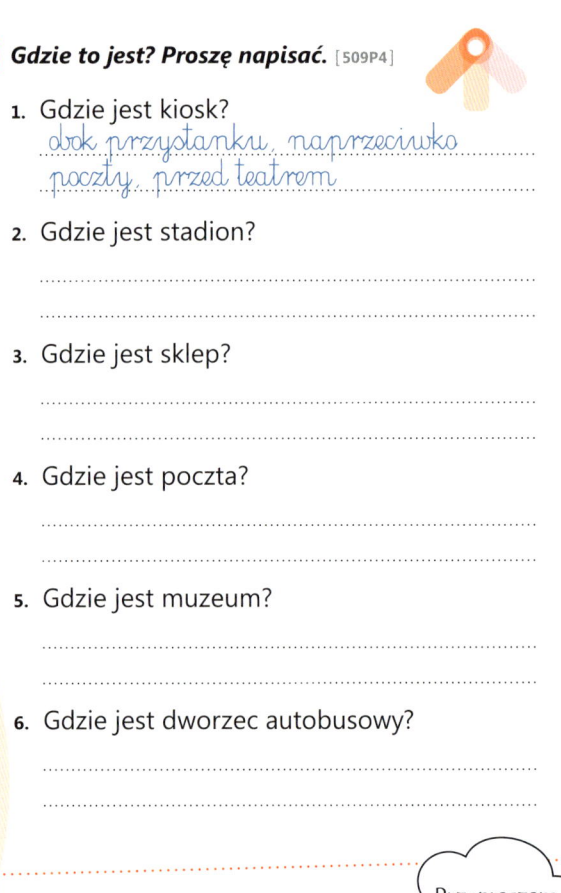

NARZĘDNIK	BIERNIK	DOPEŁNIACZ
		obok

4 Gdzie to jest? Proszę napisać. [509P4]

1. Gdzie jest kiosk?
   obok przystanku, naprzeciwko poczty, przed teatrem
2. Gdzie jest stadion?
   ....
3. Gdzie jest sklep?
   ....
4. Gdzie jest poczta?
   ....
5. Gdzie jest muzeum?
   ....
6. Gdzie jest dworzec autobusowy?
   ....

5 Proszę napisać instrukcje. [509P5]

1 ▸ Proszę jechać tramwajem.
2 ▸ ....
3 ▸ ....
4 ▸ ....
5 ▸ ....
6 ▸ ....

6 Przepraszam, jak dojść... [509P6]

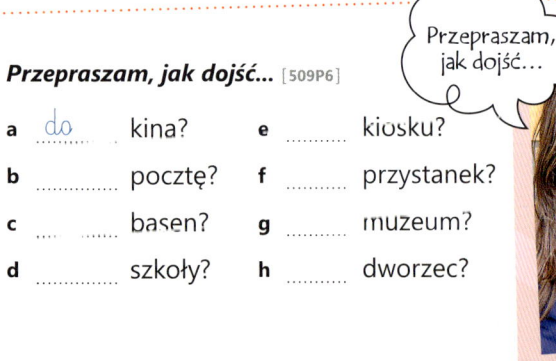

a do kina?
b .... pocztę?
c .... basen?
d .... szkoły?
e .... kiosku?
f .... przystanek?
g .... muzeum?
h .... dworzec?

7. Proszę uzupełnić dialogi. [509P7]

A: Przepraszam, jak _____ na stadion?
B: Proszę iść _____, a potem _____ w prawo.
A: Dziękuję _____!

C: Przepraszam, czy _____ pani, _____ jest poczta?
D: Tak, proszę skręcić w _____, a potem _____ przez ulicę. Poczta jest na wprost.
C: _____!

E: Przepraszam, czy to jest droga do kina?
F: Nie, proszę _____! Kino jest po _____ stronie, a nie po lewej.
E: Ojej, dziękuję!

G: Przepraszam, czy to jest droga do teatru?
H: Nie _____, nie jestem _____.
G: Rozumiem, dziękuję.

8. Proszę skorygować zdania. [509P8]

1. Julia często ~~jedzie~~ na rolkach.
   Julia często jeździ na rolkach.
2. Codziennie chodzimy autobusem do szkoły.
   ....
3. Jutro chodzę pieszo do koleżanki.
   ....
4. Jak często idziesz do kina?
   ....
5. Artem i Lukas idą tam rowerem!
   ....
6. Lubicie jechać na nartach?
   ....
7. Toru chodzi dzisiaj do dentysty.
   ....
8. Zwykle jeździmy do szkoły pieszo.
   ....

9. Proszę odpowiedzieć na pytania. [509P9]

Chodzę z nią do szkoły.

1. Z kim chodzisz do szkoły?
   ona ▶ Chodzę z nią do szkoły.
2. Z kim idziesz jutro do kina?
   ty ▶ ....
3. Z kim codziennie jeździsz na deskorolce?
   oni ▶ ....
4. Z kim jedziesz na wakacje?
   wy ▶ ....
5. Z kim chodzisz na basen?
   on ▶ ....
6. Z kim jeździsz na rolkach?
   one ▶ ....
7. Z kim ona uczy się polskiego?
   ja ▶ ....
8. Z kim one są w grupie?
   my ▶ ....

10. Proszę napisać tekst ze słowami. [509P10]

Janek | pieszo | z kolegami
15 minut | prosto | w prawo
przez park | szpital | stadion

Janek zwykle chodzi do szkoły pieszo.
....
....
....

11. Proszę dopisać polskie znaki, a potem odpisać na SMS-a. [509P11]

Hej, jestem ko_o szko_y! Mam dla ciebie ksi___k_. Jak doj___ do twojego domu?

12. Proszę uzupełnić. [509P12]

1. Idę na pocztę [Poczta].
2. Mieszkam obok _____ [Szpital].
3. Park jest za _____.
4. Jestem między _____ a _____ [Apteka].
5. Czekamy przed _____ [Szkoła].

9 PLUS+ dla ambitnych!

Kraków

Klasa Glossika ma gości z Węgier. Razem z Glossikiem zwiedzają Kraków.

DIALOG 1 [509E6]

ANTOS: Glossiku, co interesującego możemy zobaczyć w Krakowie?
GLOSSIK: Wszystko! Najbardziej popularne miejsca to zamek Wawel, rzeka Wisła i Rynek.
ADELA: Rynek? A co to jest?
GLOSSIK: To duży plac w centrum miasta. Jest tam charakterystyczny kościół. Nazywa się Kościół Mariacki. Na Rynku są też Sukiennice i pomnik Adama Mickiewicza.
ANTOS: Sukiennice? Jak sukienka? Można tam kupić ubrania?
GLOSSIK: Teraz nie. To duży budynek na środku Rynku. Są tam sklepy z pamiątkami.
ADELA: A kim jest ten Adam? To twój kolega?
GLOSSIK: Nie, to popularny poeta romantyczny. W Krakowie jest też aleja Adama Mickiewicza. Aleja to taka duża ulica.
ANTOS: Jakie jest twoje ulubione miejsce w Krakowie?
GLOSSIK: Hmm... To chyba jaskinia Smoka Wawelskiego, mojego pra-pra-pradziadka.
ANTOS: Gdzie ona jest?
GLOSSIK: Blisko Wisły, obok Wawelu. Legenda o Smoku Wawelskim to straszna historia! Opowiem wam ją potem.
ANTOS: Już się nie mogę doczekać. Wycieczka na pewno będzie super!

Antos
Adela

Kraków to rodzinne miasto Glossika, dlatego smok bardzo dużo o nim wie.

Smok Wawelski to mój pra-pra-pradziadek.

1 Co ty wiesz o Krakowie? [509E1]

2 Proszę przeczytać, co mówi Glossik i wybrać dobrą odpowiedź? [509E2]

1. Wisła to:
   a zamek b rzeka c rynek
2. Rynek to duży:
   a kościół b plac c pomnik
3. Charakterystyczny kościół w Krakowie nazywa się:
   a Mariacki b Wawel c Mickiewicza
4. Duży budynek w centrum, gdzie są sklepy z pamiątkami, to:
   a Pomnik b Rynek c Sukiennice
5. Adam Mickiewicz to:
   a poeta b pradziadek c plac
6. Jaskinia smoka wawelskiego jest blisko:
   a Rynku b Wisły c Krakowa

3 Proszę dopasować słowa do definicji. [509E3]

a monument, statua
  ▶ pomnik
b budynek z krzyżem
  ▶ ....
c mieszka tam smok
  ▶ ....
d duży plac w centrum miasta
  ▶ ....
e tam studiujemy
  ▶ ....
f tam pracuje prezydent miasta
  ▶ ....
g duża woda, na przykład Wisła, Nil, Dunaj
  ▶ ....
h elegancki transport dla turystów
  ▶ ....
i wysoki budynek, na przykład Eiffle'a w Paryżu
  ▶ ....
j mieszka tam król, królowa i królewna
  ▶ ....

4 Co widzisz na fotografiach? [509E4]

A ....
B ....
C ....
D ....

5 *Proszę czytać instrukcje, iść trasą i robić zadania. Gdzie jest koniec wycieczki?* [509E5]

Wycieczka po Krakowie.

GRA MIEJSKA

LEGENDA
1. Barbakan
2. Brama Floriańska
3. Kościół Mariacki
4. Sukiennice
5. Wieża ratuszowa
6. Uniwersytet Jagielloński
7. Kościół św. Andrzeja

A Jesteś przed Barbakanem.
▸ Co jest na wprost?

B Proszę iść prosto ulicą Floriańską. To ulica ze sklepami i restauracjami.
▸ Jakie znasz polskie potrawy (dania, rzeczy do jedzenia)?
1.
2.
3.

C Proszę iść cały czas prosto i dojść do Rynku.
▸ Co jest po lewej stronie?

D Proszę posłuchać tekstu. 207
▸ Jak nazywa się melodia grana z wieży?
 a chór b hejnał c chorał

E Proszę przejść przez Rynek i iść do Sukiennic. Chcesz kupić pamiątkę z Krakowa, małego smoka.
▸ Proszę napisać krótki dialog ze słowami: smok, kosztuje, 15 zł, proszę, dziękuję.
TY: ....
PAN: ....
TY: ....

F Proszę iść obok wieży ratuszowej i dalej prosto ulicą świętej Anny. Proszę skręcić w lewo w ulicę Jagiellońską.
▸ Co jest po prawej stronie?

G To miejsce jest bardzo stare. Funkcjonuje od 1364 roku.
▸ Ile ma teraz lat?

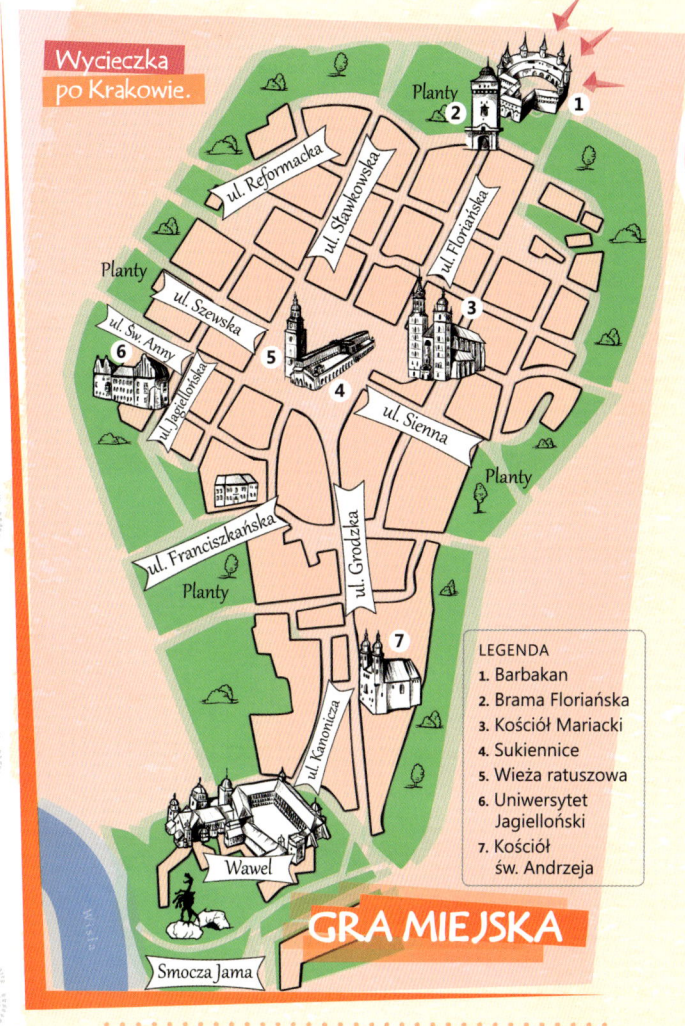

H ▸ Jak nazywa się zielony park koło Rynku?

I Proszę iść prosto parkiem, dojść do ulicy Franciszkańskiej i skręcić w lewo. Tam, po lewej stronie jest budynek z bardzo znanym oknem. 209
▸ Czy wiesz, kto często tu mieszkał? To bardzo znana osoba!

J Proszę iść prosto ulicą Franciszkańską i skręcić w prawo w ulicę Grodzką. To bardzo turystyczna ulica.
▸ Jaki historyczny budynek tam jest?

K Proszę iść dalej ulicą Kanoniczą.
▸ Co jest na wprost?

L ▸ Co zwykle nosi typowa królewna?

M Proszę skręcić w lewo i iść nad Wisłę.
▸ Co możemy robić nad rzeką, kiedy jest ładna pogoda?
1.
2.
3.

N ▸ Co jest po prawej stronie? Kto tam mieszka? **Proszę narysować jego portret.**

O KONIEC WYCIECZKI ☺

rzeka
zamek
pomnik ✓
kościół
rynek
ratusz
wieża
jaskinia
uniwersytet
dorożka

sto dwadzieścia siedem **127**

10 Czas szybko leci…

Która godzina? | liczebniki porządkowe

1 Proszę uzupełnić tabelę, a następnie posłuchać i powtórzyć. [510A1] 🎧 210

siedem ✓ | dwudziesta pierwsza | jedenasta | dwudziesta czwarta | czternaście | dziewiąta | szósta | dziewiętnasta | cztery | osiemnaście | dwadzieścia | dziesięć | siedemnasta | dwunasta | piętnasta | druga

Która jest u ciebie godzina?

GODZINY

1.	jeden	▶ pierwsza	1:00
2.	dwa	▶	2:00
3.	trzy	▶ trzecia	3:00
4.	....	▶ czwarta	4:00
5.	pięć	▶ piąta	5:00
6.	sześć	▶	6:00
7.	*siedem*	▶ siódma	7:00
8.	osiem	▶ ósma	8:00
9.	dziewięć	▶	9:00
10.	....	▶ dziesiąta	10:00
11.	jedenaście	▶	11:00
12.	dwanaście	▶	12:00
13.	trzynaście	▶ trzynasta	13:00
14.	....	▶ czternasta	14:00
15.	piętnaście	▶	15:00
16.	szesnaście	▶ szesnasta	16:00
17.	siedemnaście	▶	17:00
18.	....	▶ osiemnasta	18:00
19.	dziewiętnaście	▶	19:00
20.	....	▶ dwudziesta	20:00
21.	dwadzieścia jeden	▶	21:00
22.	dwadzieścia dwa	▶ dwudziesta druga	22:00
23.	dwadzieścia trzy	▶ dwudziesta trzecia	23:00
24.	dwadzieścia cztery	▶	24:00

2 Która jest u ciebie godzina? [510A2] 🎧 211

Maja (Kraków) ✓ | Denis (Moskwa) | Olivia (Londyn) | Toru (Tokio) | Artem (Kijów) | Emma (Nowy Jork)

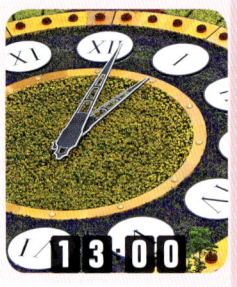

a *Maja* (12:00)
b .... (11:00)
c .... (14:00)
d .... (19:00)
e .... (13:00)
f .... (20:00)

3 Co mówi lektor? [510A3] 🎧 212

1. *pierwsza* | piąta
2. dziewiąta | dziesiąta
3. dwunasta | dwudziesta
4. trzynasta | czternasta
5. szósta | siódma
6. ósma | osiemnasta
7. trzynasta | trzecia
8. piętnasta | dziewiętnasta

sto dwadzieścia osiem

POLSKI KROK PO KROKU

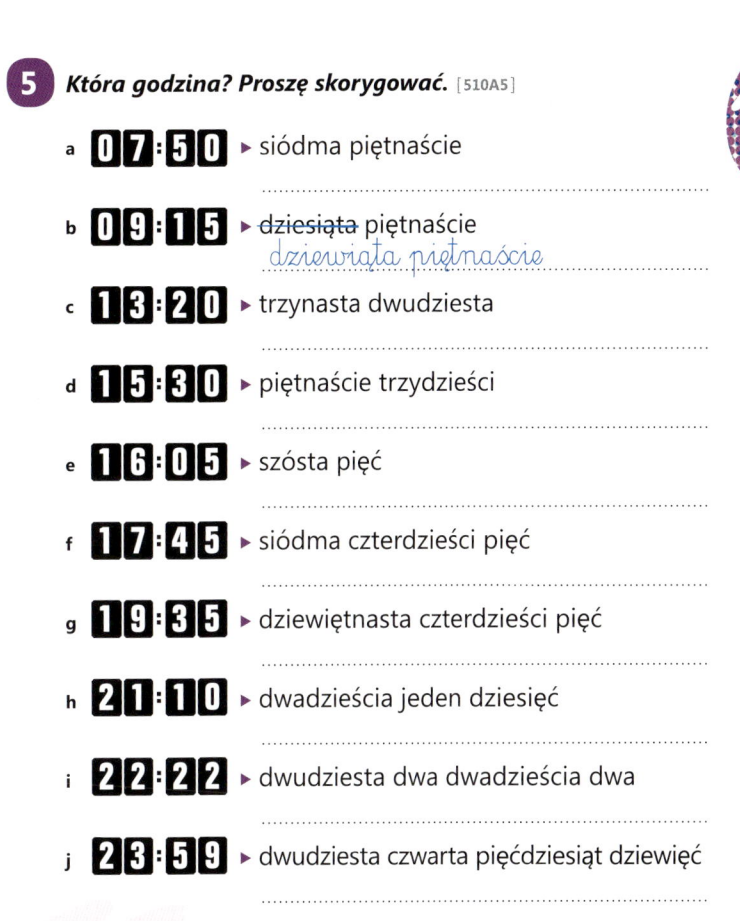

4. Która godzina? Proszę dopasować. [510A4]

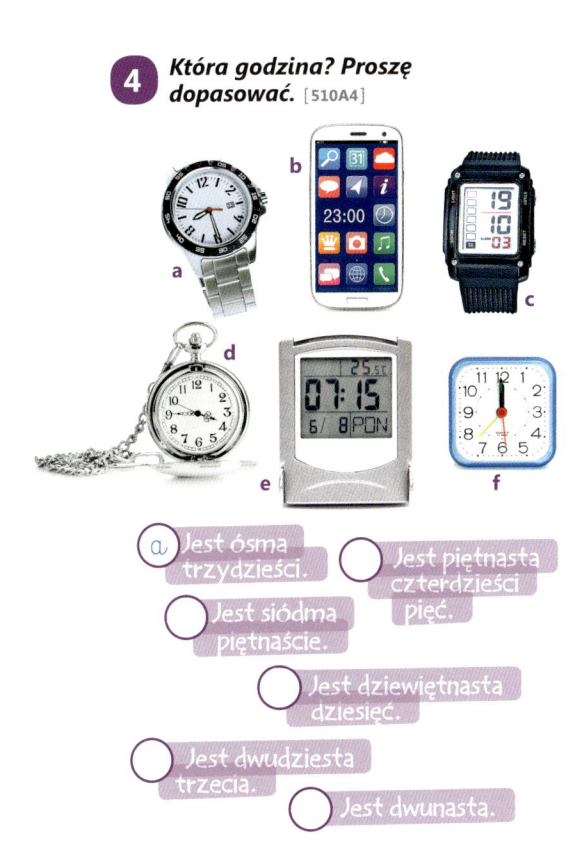

- a) Jest ósma trzydzieści.
- ⚪ Jest piętnasta czterdzieści pięć.
- ⚪ Jest siódma piętnaście.
- ⚪ Jest dziewiętnasta dziesięć.
- ⚪ Jest dwudziesta trzecia.
- ⚪ Jest dwunasta.

5. Która godzina? Proszę skorygować. [510A5]

- a **07:50** ▸ siódma piętnaście
- b **09:15** ▸ ~~dziesiąta~~ piętnaście → *dziewiąta piętnaście*
- c **13:20** ▸ trzynasta dwudziesta
- d **15:30** ▸ piętnaście trzydzieści
- e **16:05** ▸ szósta pięć
- f **17:45** ▸ siódma czterdzieści pięć
- g **19:35** ▸ dziewiętnasta czterdzieści pięć
- h **21:10** ▸ dwadzieścia jeden dziesięć
- i **22:22** ▸ dwudziesta dwa dwadzieścia dwa
- j **23:59** ▸ dwudziesta czwarta pięćdziesiąt dziewięć

KTÓRA GODZINA? [510A11]

TRZYNASTA / PIERWSZA -a

TRZYNASTA CZTERDZIEŚCI PIĘĆ
ZA PIĘTNAŚCIE DRUGA
za... -a

TRZYNASTA PIĘTNAŚCIE
PIĘTNAŚCIE PO PIERWSZEJ
...po -ej

TRZYNASTA TRZYDZIEŚCI
WPÓŁ DO DRUGIEJ
wpół do -ej

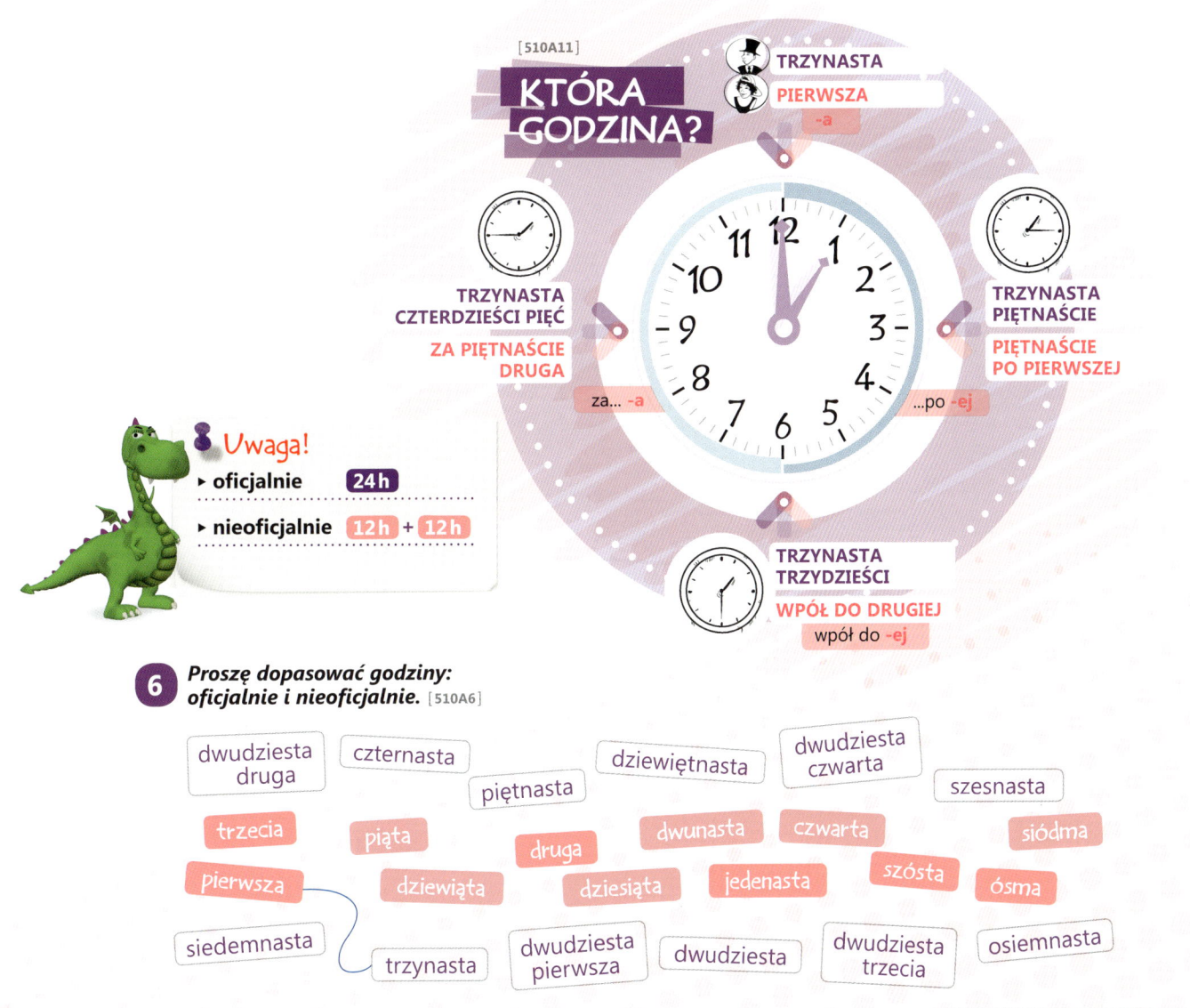

Uwaga!
- oficjalnie 24h
- nieoficjalnie 12h + 12h

6. Proszę dopasować godziny: oficjalnie i nieoficjalnie. [510A6]

dwudziesta druga · czternasta · dziewiętnasta · dwudziesta czwarta · piętnasta · szesnasta

trzecia · piąta · druga · dwunasta · czwarta · siódma
pierwsza · dziewiąta · dziesiąta · jedenasta · szósta · ósma

siedemnasta · trzynasta · dwudziesta pierwsza · dwudziesta · dwudziesta trzecia · osiemnasta

7. Która godzina? Proszę napisać nieoficjalnie. [510A7]

a 08:05 ▸ ósma pięć
   pięć po ósmej

b 12:15 ▸ dwunasta piętnaście

c 15:20 ▸ piętnasta dwadzieścia

d 20:25 ▸ dwudziesta dwadzieścia pięć

e 03:30 ▸ trzecia trzydzieści

f 09:30 ▸ dziewiąta trzydzieści

g 16:30 ▸ szesnasta trzydzieści

h 22:30 ▸ dwudziesta druga trzydzieści

i 05:40 ▸ piąta czterdzieści

j 10:45 ▸ dziesiąta czterdzieści pięć

k 18:55 ▸ osiemnasta pięćdziesiąt pięć

l 21:59 ▸ dwudziesta pierwsza pięćdziesiąt dziewięć

8. Proszę uporządkować dialogi i dopasować do ilustracji. [510A8]

A
- Ojej, przepraszam. Zaraz idę do domu...
- Jestem u Julii. Jest dopiero dwudziesta.
- Kasiu, gdzie jesteś? Wiesz, która jest godzina?! **1**
- Nie dwudziesta, a dwudziesta druga!

B
- Za 5 minut zaczyna się mecz. **3**
- A kto gra?
- O nie! Zapomniałem! Michał, która jest godzina?
- Wisła z Cracovią. Gdzie jest pilot od telewizora?!
- Pięć po szóstej. Dlaczego pytasz?

C
- Już prawie dwunasta!
- Wojtek, co ty jeszcze robisz? Czas do łóżka.
- Serio? Jak ten czas szybko leci...
- Nic specjalnego. Oglądam teledyski. A która jest godzina? **2**

D
- Ja też. Która jest godzina?
- Piętnaście po ósmej.
- Jak ja nie lubię matematyki! I nie lubię poniedziałku.
- O nie, jeszcze pół godziny... **4**

9. Proszę posłuchać i zaznaczyć, która jest godzina. [510A9]

1. Dialog 1:
   a 12:00   b 20:00   **c 22:00**

2. Dialog 2:
   a 18:05   b 17:55   c 5:55

3. Dialog 3:
   a 2:00   b 20:00   c 24:00

4. Dialog 4:
   a 8:15   b 8:50   c 7:45

10. Proszę narysować i napisać oficjalnie i nieoficjalnie. [510A10]

Która jest teraz godzina?

▸ 15 minut = kwadrans

B

O której godzinie jest koncert?

O której...? | **Od której...?** | **Do której...?**

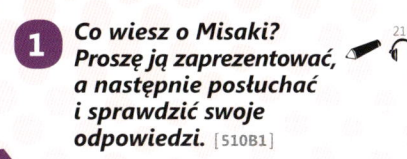

---

1 Co wiesz o Misaki? Proszę ją zaprezentować, a następnie posłuchać i sprawdzić swoje odpowiedzi. [510B1]

12 ✓ Japonia | Tokio | moda | manga fotografia | rysować | robić zdjęcia malować | szara bluza + pokemon długie spodnie | T-shirt + Hello Kitty

Misaki ma dwanaście lat...

PROGRAM
- sobota -

MAJ 11

10:00 Prezentacja uczestników
11:00 Krótka historia mangi – wykład
11:30 Spektakl teatralny
12:15 Warsztaty plastyczne „Twoja manga"
13:30 Wystawa komiksów
14:05 Dyskusja: „Czy manga to literatura?"
14:45 Gra miejska
16:20 Film „Ohayō"
17:30 Quiz wiedzy o Japonii z nagrodami
18:40 Koncert zespołu „Arigato" (japoński rock)
20:00 Dyskoteka
21:50 Zakończenie i pożegnanie

2 Proszę przeczytać program i odpowiedzieć na pytania. [510B2]

O której godzinie jest:

a prezentacja uczestników? ▶ *O dziesiątej.*
b wykład? ▶
c dyskoteka? ▶
d są warsztaty? ▶ *Piętnaście po dwunastej.*
e dyskusja? ▶
f film? ▶
g spektakl? ▶ *O wpół do dwunastej.*
h wystawa? ▶
i quiz? ▶
j gra miejska? ▶ *Za piętnaście trzecia.*
k koncert? ▶
l zakończenie? ▶

Uwaga!

Która jest godzina?	**O której** godzinie jest film, mecz, lekcja?
▶ pierwsza	▶ o pierwsz**ej**
▶ piętnaście po pierwszej	▶ piętnaście po pierwszej
▶ wpół do drugiej	▶ **o** wpół do drugiej
▶ za piętnaście druga	▶ za piętnaście druga

[510B9]

3 Proszę posłuchać i uzupełnić plan na niedzielę. [510B3]

▶ 9:00 Lekcja języka japońskiego
▶ 9:45 Origami – warsztaty
▶ __:__ Moda w komiksach – pokaz
▶ 11:30 Manga w japońskiej telewizji – seans filmowy
▶ __:__ Sushi – warsztaty kulinarne
▶ 13:00 Trening taekwondo
▶ __:__ Warsztaty tańca japońskiego
▶ 14:20 Karaoke
▶ __:__ Zakończenie

4 Co pasuje? O której godzinie? [510B4]

a o trzynastej — za piętnaście dziewiąta
b o dziesiątej trzydzieści — o pierwszej
c o jedenastej trzydzieści — piętnaście po dwunastej
d o dwunastej piętnaście — dwadzieścia po drugiej
e o ósmej czterdzieści pięć — o wpół do jedenastej
f o trzynastej pięćdziesiąt — za dziesięć druga
g o czternastej dwadzieścia — o trzeciej
h o piętnastej — o wpół do dwunastej

sto trzydzieści jeden **131**

5 O której to jest godzinie? [510B5]

1. Lekcja zaczyna się o ósmej. Trwa 45 minut. O której godzinie kończy się lekcja?
   a ○ 8:00   **b ○ 8:45**   c ○ 9:45

2. Jest czternasta pięćdziesiąt. Za 5 minut Denis ma autobus, czyli:
   a ○ 14:45   b ○ 14:50   c ○ 14:55

3. Mecz zaczyna się o szesnastej piętnaście. Jedna połowa meczu to 45 minut. O której godzinie jest przerwa?
   a ○ 16:45   b ○ 17:00   c ○ 17:15

4. W szkole długa przerwa zaczyna się o dwunastej. Trwa 20 minut. O której kończy się przerwa?
   a ○ 12:20   b ○ 12:00   c ○ 11:40

5. Sophie jest w domu o czternastej trzydzieści. Jej mama wraca godzinę później, czyli:
   a ○ 14:30   b ○ 15:30   c ○ 16:30

Uwaga!
▸ od **-ej** do **-ej**

od pierwsz**ej** do drugi**ej**
od ósm**ej** do dziewiąt**ej**
od jedenast**ej** do dwunast**ej**

[510B10]

7 Jaki jest twój plan lekcji na dzisiaj? Od której do której godziny jesteś w szkole? [510B7]

Weekend Misaki był świetny! Ale teraz jest już poniedziałek i Misaki idzie do szkoły.

6 Proszę przeczytać jej plan lekcji na poniedziałek i odpowiedzieć na pytania. [510B6]

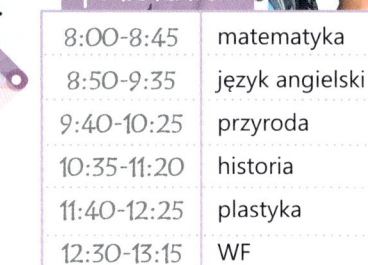

poniedziałek	
8:00-8:45	matematyka
8:50-9:35	język angielski
9:40-10:25	przyroda
10:35-11:20	historia
11:40-12:25	plastyka
12:30-13:15	WF

1. Co jest od ósmej do ósmej czterdzieści pięć?
   ▸ _Matematyka._

2. Co jest od dziewiątej czterdzieści do dziesiątej dwadzieścia pięć?
   ▸ _____

3. Co jest od jedenastej czterdzieści do dwunastej dwadzieścia pięć?
   ▸ _____

4. Od której do której jest angielski?
   ▸ _Od ósmej pięćdziesiąt do dziewiątej trzydzieści pięć._

5. Od której do której jest historia?
   ▸ _____

6. Od której do której jest WF?
   ▸ _____

8 Proszę przedyskutować, co i o której oni planują robić, a potem posłuchać. [510B8]

A Adam interesuje się sportem, szczególnie piłką nożną i koszykówką. Lubi też chodzić do kina i jeździć na rowerze.

B Sophie lubi tańczyć i słuchać muzyki. Ostatnio interesuje się polskimi tańcami ludowymi. W wolnym czasie ogląda teledyski ulubionych zespołów.

C James interesuje się biologią, fizyką i chemią. Lubi eksperymentować. Lubi też zwierzęta i filmy przyrodnicze.

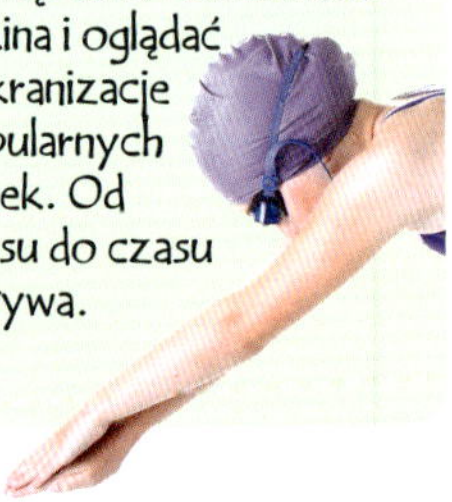

D Anastasija lubi czytać książki, interesuje się historią. Lubi też chodzić do kina i oglądać ekranizacje popularnych książek. Od czasu do czasu pływa.

PROGRAM TELEWIZYJNY TV11
14.05.2014
17:00 Muzyczna godzina
17:55 Fakt czy fałsz? program edukacyjny
18:45 Dobranocka, film animowany
19:00 Fakty
19:30 Sport
19:35 Pogoda
20:05 Mam talent!
22:00 Spiderman 2, film fabularny

SZKOŁA TAŃCA „PIRUET"
ŚRODA
16:05 Salsa
16:45 Hip-hop
18:30 Polskie tańce ludowe (kujawiak)
19:25 Taniec towarzyski (walc)
20:10 Polskie tańce ludowe (mazurek)

KINO „UCIECHA"
REPERTUAR
ŚRODA, 14 MAJA
16:00 Harry Potter i Kamień Filozoficzny
17:20 Gwiezdne wojny – Mroczne Widmo
18:15 Shrek 1
19:05 Madagaskar
20:30 Władca Pierścieni

KLUB SPORTOWY „Olimpijczyk"
ŚRODA
16:00 Joga
16:15 Karate
17:30 Halowa piłka nożna
18:00 Aerobik
18:20 Basen – kurs
18:55 Siatkówka
19:10 Tenis stołowy
19:45 Koszykówka
20:00 Taekwondo

C

Dzień jak co dzień

rutyna | Co robisz codziennie?

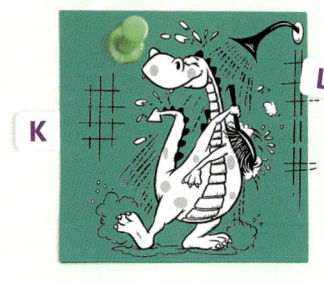

Co Glossik robi codziennie?

A — budzi się (6:00)
B
C
D
E
F (07:15) SZKOŁA
G SZKOŁA
H
I
J
K
L (21:30)
M

Codziennie jestem bardzo zajęty!

1 *Proszę napisać godziny, a następnie podpisać ilustracje.* [510C1]

Smok Glossik codziennie **budzi się** o szóstej rano (6:00), ale **wstaje** o wpół do siódmej (...........). **Ubiera się** i za piętnaście siódma (...........) **je** duże **śniadanie**: dwa albo trzy tygrysy. Po śniadaniu **myje zęby** i piętnaście po siódmej (...........) **idzie do szkoły**, gdzie intensywnie uczy się języka polskiego. W szkole ma lekcje od ósmej (...........) do czternastej (...........). **Wraca do domu** za piętnaście trzecia (...........). Tam je obiad: cztery średnie żyrafy. W domu **odrabia pracę domową**, a potem **spotyka się z kolegami** albo **ogląda telewizję**. O dziewiętnastej (...........) je małą kolację, tylko jednego lwa. O dwudziestej pierwszej (...........) **bierze prysznic** i o wpół do dziesiątej (...........) **idzie spać**. Potem smacznie **śpi**.

2 *Co nie pasuje?* [510C2]

a je śniadanie | obiad | ~~zęby~~ | kolację
b myje zęby | komputer | się | kubek
c wraca do domu | pracy | szkoły | budzić
d rozmawia przez ulicę | internet | Skype'a | telefon
e spotyka się z bratem | kolegami | babcią | kotem
f idzie do szkoły | na rowerze | do kina | na basen

sto trzydzieści trzy **133**

3 *Proszę uzupełnić tabele.* [510C3]

KONIUGACJA -ę, -isz/-ysz

	budzić się	spać
(ja)	budzę się	śpię
(ty)	budzisz się	śpisz
on / ona / ono		
(my)	budzimy się	
(wy)		śpicie
oni / one		

KONIUGACJA -ę, -esz

	wstawać	myć	brać	iść
(ja)	wstaję	myję	biorę	
(ty)	wstajesz		bierzesz	idziesz
on / ona / ono		myje		
(my)			bierzemy	
(wy)		myjecie		
oni / one	wstają		biorą	idą

KONIUGACJA -m, -sz

	ubierać się	jeść	wracać	spotykać się	rozmawiać
(ja)	ubieram się	jem			rozmawiam
(ty)			wracasz		rozmawiasz
on / ona / ono	ubiera się			spotyka się	
(my)			wracamy		
(wy)				spotykacie się	
oni / one		jedzą			

> Z Adamem codziennie rozmawiamy przez internet.

---

4 *Co pasuje? UWAGA NA GRAMATYKĘ!* [510C4]

myć | wracać | ubierać się | budzić się | jeść
spać ✓ spotykać się | rozmawiać | wstawać

1. Na wakacjach *(ja)* śpię bardzo długo, do dziesiątej albo jedenastej.
2. Co robisz najpierw? .... czy jesz śniadanie?
3. *(My)* .... na śniadanie tosty z dżemem.
4. **A**: Co robi Glossik? **B**: Teraz .... zęby.
5. Diego i Mathis często .... z kolegami w parku.
6. **A**: O której jutro *(wy)* .... ?
   B: Wcześnie, bo jedziemy na wycieczkę.
7. Maja idzie do szkoły, uczy się, a potem .... do domu.
8. Dlaczego *(ty)* .... przez telefon, a nie przez Skype'a?
9. Codziennie *(ja)* .... o siódmej, ale wstaję dopiero o siódmej trzydzieści.

5 *Proszę posłuchać i ponumerować ilustracje.* [510C5]

Co Gordon robi codziennie?

> Co on robi, kiedy ja już śpię?

James

6 Proszę posłuchać i zaznaczyć dobrą odpowiedź. [510C6]

1. Gordon lubi | nie lubi długo spać.
2. Gordon najpierw robi gimnastykę | je śniadanie.
3. Gordon na śniadanie je chleb | sałatę.
4. Gordon idzie do szkoły dziewięć | dziesięć minut.
5. Gordon w szkole lubi biegać | budzić się.
6. Gordon wraca do domu o piątej | o piętnastej.
7. Gordon je na obiad sałatę | kurczaka.
8. Gordon pływa w poniedziałek | w piątek.
9. Gordon często chodzi na spacer | surfuje po internecie.
10. Gordon ogląda telewizję godzinę | dwie godziny.

Jak każda żaba nie lubię długo spać.

7 Proszę uzupełnić tekst. [510C7]

Gordon

Mój dzień jest normalny. Jak każda żaba nie lubię długo spać. _____ do piątej, maksymalnie szóstej rano. Szybko budzę się i energicznie _____. Najpierw robię krótką gimnastykę, a potem idę na śniadanie. _____ bardzo mało, trochę chleba i to wszystko. Po śniadaniu myję _____, ubieram się i idę z Jamesem do _____. Idziemy około dziesięciu minut. W szkole _____ matematyki, historii i innych skomplikowanych rzeczy. Najbardziej lubię, kiedy jest przerwa, bo mogę wtedy _____, tańczyć i dużo mówić. O piętnastej _____ ze szkoły. James _____ na obiad kurczaka, ale ja jestem wegetarianinem i jem tylko _____.
W domu trochę odpoczywamy, a potem odrabiamy _____ domową. Yyy, to znaczy – James odrabia, a ja go tylko kontroluję...
We wtorek i w piątek _____ na basen. Bardzo lubię pływać! _____ od szóstej do siódmej, a potem jeszcze biorę długi prysznic. Kiedy pada deszcz, często chodzę na _____. Wiem, to trochę nienormalne, ale ja tak lubię wodę! James wtedy jest w domu i _____ po internecie. Kiedy wracam do domu, rozmawiam z koleżanką przez Skype'a. Od dwudziestej do dwudziestej pierwszej oglądamy _____ (zwykle Animal Planet), a potem James idzie _____. On śpi, a ja w tajemnicy _____ z kolegami... To mój mały sekret.

8 Jak wygląda jego dzień? [510C8]

środa Kacpra

6:00	budzik!
6:15	prysznic
6:30	spodnie + sweter
6:45	jogurt + płatki, sok pomarańczowy
7:05	zęby
7:15	samochód
8:00	szkoła
12:00	długa przerwa
14:30	samochód
15:45	żurek + pierogi
16:00	telewizja
17:00	komputer
18:00	rower + kolega Mateusz
19:00	kanapka (ser + pomidor)
19:30	praca
21:30	książka
22:00	dobranoc!

Kacper budzi się o szóstej...

9 Czy Kacper to uczeń, czy nauczyciel? Dlaczego? [510C9]

Jestem uczniem? *Jestem nauczycielem?*

a ☐   b ☐

Kacper

10 Proszę przedyskutować z kolegami, jak wygląda typowy dzień: [510C10]

a wokalisty rockowego?
b sportowca?
c Harry'ego Pottera?
d Świętego Mikołaja?

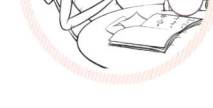

sto trzydzieści pięć **135**

Od rana do wieczora

rutyna | pory dnia

A Jaś
B Jan

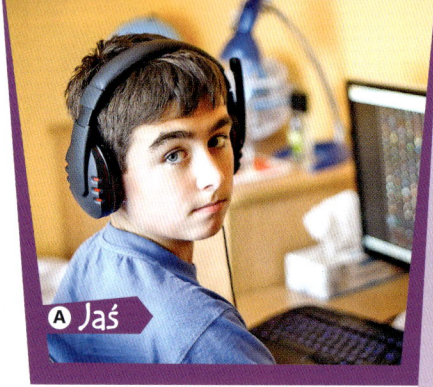

1 **Proszę uzupełnić teksty.** [510D1]

A To jest Jaś. Ma (13) _trzynaście_ lat. Mieszka w Gdańsku. Ma młodszą siostrę i starszego brata. Codziennie chodzą razem do szkoły. Jego ulubiony przedmiot to .... Interesuje się .... i muzyką. W wolnym czasie lubi spotykać się z kolegami i oglądać .... W sklepiku szkolnym zawsze kupuje kanapkę z serem żółtym. Nie znosi .... Jego ulubiona pora roku to zima. Bardzo lubi, kiedy pada ...., bo może wtedy jeździć na .... koło domu. Zawsze nosi charakterystyczny niebieski .... z ....

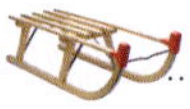

B To jest Jan. Ma 33 _lata_ (rok). .... (mieszkać) w Gdyni. Ma .... (żona) i małego .... (syn). Jest .... (informatyk) w dużej firmie. Codziennie .... (jeździć) do pracy samochodem. Interesuje się .... (sport) i muzyką .... (rockowa). W wolnym czasie lubi spotykać się z .... (kolega l.mn.) i chodzić do .... (kino). Jego ulubione śniadanie to kanapka z .... (ser) i .... (pomidor). Na obiad nigdy nie (jeść) .... zupy. Jego ulubiona pora roku to zima, bo wtedy .... (móc) jeździć do Zakopanego na narty. Do .... (praca) zwykle nosi elegancki .... (garnitur), ale w domu stary i zniszczony T-shirt z .... (Superman).

2 **Kto to mówi: Jaś czy Jan?** [510D2]

	JAŚ	JAN
1. **Rano** piję kawę z mlekiem.		✓
2. **Rano** piję kakao.	✓	
3. **Przed południem** idę do szkoły.		
4. **Przed południem** jadę do pracy.		
5. **W południe** mam matematykę.		
6. **W południe** mam spotkanie z klientem.		
7. **Po południu** robię zakupy na obiad.		
8. **Po południu** robię pracę domową.		
9. **Wieczorem** oglądam „Supermana".		
10. **Wieczorem** oglądam „Informacje".		
11. **W nocy** smacznie śpię.		
12. **W nocy** nie śpię, bo mój syn chce jeść!		

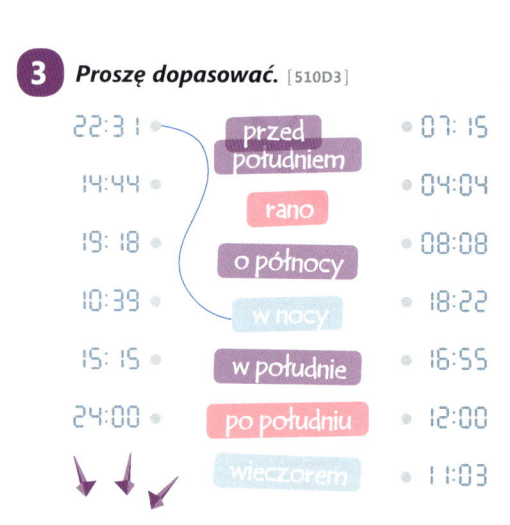

3 **Proszę dopasować.** [510D3]

22:31 •   przed południem   • 07:15
14:44 •   • 04:04
   rano
19:18 •   • 08:08
   o północy
10:39 •   • 18:22
   w nocy
15:15 •   w południe   • 16:55
24:00 •   po południu   • 12:00
   wieczorem   • 11:03

PORY DNIA
kiedy?

RANO	PRZED POŁUDNIEM	PO POŁUDNIU	WIECZOREM	W NOCY
6:00	12:00 W POŁUDNIE	18:00		O PÓŁNOCY 24:00

136   sto trzydzieści sześć

POLSKI KROK PO KROKU

4. Kiedy?

1. O dwunastej. ▶ w południe
2. Jemy kolację. ▶ w _ _ c _ _ r _ _
3. Śpimy. ▶ _ n _ _ y
4. Budzimy się i wstajemy. ▶ r _ n _
5. Wracamy do domu. ▶ p _ p _ ł _ d _ _ u
6. O dwudziestej czwartej. ▶ _ p _ ł _ _ c _
7. Mamy lekcje w szkole. ▶ p _ _ _ d
p _ ł _ _ _ i _ m

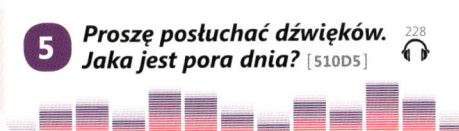

5. Proszę posłuchać dźwięków. Jaka jest pora dnia?

6. Co zwykle robisz wieczorem?

	☺	☹
Oglądasz telewizję?		
Surfujesz po internecie?		
Robisz pracę domową?		
Siedzisz na Facebooku?		
Grasz w grę komputerową?		
Spotykasz się z kolegami?		
Malujesz?		
Chodzisz na basen?		
Jeździsz na rolkach?		
Czytasz książki?		

7. Co Jaś robi w weekend, a co my robimy codziennie.

	JAŚ (w weekend)	MY (od poniedziałku do piątku)
rano	śpi bardzo długo	jemy śniadanie
przed południem		
po południu		
wieczorem		
w nocy		

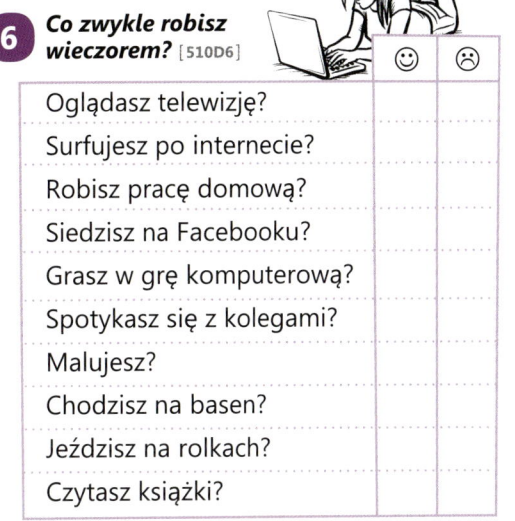

8. Proszę uporządkować tekst.

◯ O północy zawsze śpię jak suseł.

◯ południem idę z nią na duże zakupy. Wracamy do domu w

◯ zespołu. O dwudziestej drugiej szybko biorę prysznic, ubieram piżamę i idę

◯ albo o ósmej, ale wstaję dopiero o dziewiątej. Najpierw się

◯ pierwszej po południu jem obiad. Najbardziej lubię pierogi, ale moja

◯ zęby. Rano rozmawiam z mamą i pomagam jej sprzątać dom. Przed

◯ domu wieczorem, jem kolację (zwykle jakąś kanapkę) i trochę surfuję po

◯ muzyki. O szóstej chodzę na kurs tańca. Wracam do

① Co robię w weekendy? Zawsze budzę się wcześnie, o siódmej

◯ mama robi je bardzo rzadko. Po obiedzie zwykle spotykam się

◯ internecie albo znowu oglądam teledyski mojego ulubionego

◯ południe, mama gotuje obiad, a ja oglądam teledyski w internecie. O

◯ ubieram i jem małe śniadanie, zwykle jogurt z płatkami, a potem myję

◯ z koleżanką. Kiedy jest ładna pogoda, chodzimy razem do

⑮ spać. W nocy nigdy nie mam problemów ze snem.

◯ parku. Kiedy pada deszcz, zostajemy w domu i słuchamy

9. Proszę napisać prezentację Kasi.

▶ Ile ma lat?
▶ Skąd jest?
▶ Gdzie mieszka?
▶ Jaki jest jej ulubiony przedmiot?
▶ Jaka ona jest?
▶ Jaką ma rodzinę?
▶ Kim chce zostać?
▶ Czym się interesuje?
▶ Co lubi robić?
▶ Co lubi jeść?
▶ Czego nie lubi?
▶ Jaka jest jej ulubiona pora roku?

Kasia

Powtórzenie

1 Która jest godzina? [510P1]

- a 01:00 ▶ p i e r w s z a
- b 02:00 ▶ d _ u _ a
- c 03:00 ▶ t _ z _ c _ _
- d 05:00 ▶ p _ ą _ _
- e 07:00 ▶ s _ _ d _ _
- f 08:00 ▶ ó _ m _
- g 09:00 ▶ d _ i _ w _ ą _ _
- h 11:00 ▶ j _ _ e _ _ s _ _
- i 12:00 ▶ d _ _ n _ _ t _
- j 16:00 ▶ s _ _ s _ _ s _ _
- k 20:00 ▶ d _ _ d _ _ e _ _ a
- l 24:00 ▶ dw _ _ z _ _ s _ _ cz _ a _ t _

2 Proszę uzupełnić i dopasować. [510P2]

OFICJALNIE
- a czwarta *piętnaście*
- b szósta ....
- c .... pięć
- d trzynasta ....
- e .... dwie
- f piętnasta ....
- g .... dziesięć
- h dwudziesta czterdzieści ....

NIEOFICJALNIE
- dwie po drugiej
- piętnaście po czwartej
- dziesięć po szóstej
- pięć po dziesiątej
- wpół do czwartej
- wpół do drugiej
- za dwadzieścia siódma
- za piętnaście jedenasta

3 Proszę przeczytać, co mówi nauczycielka i uzupełnić plan. [510P3]

Podaję plan wycieczki.

Proszę wszystkich o uwagę. Podaję plan wycieczki. O szóstej rano wszyscy spotykamy się obok autobusu i jedziemy do Warszawy. O wpół do jedenastej meldujemy się w hotelu, a piętnaście po jedenastej spotykamy się z przewodnikiem. Za piętnaście dwunasta idziemy zwiedzać Zamek Królewski. Obiad mamy o drugiej. Po obiedzie, od wpół do trzeciej do wpół do czwartej macie czas wolny. Za dziesięć czwarta musimy być pod Kolumną Zygmunta, bo o czwartej zwiedzamy Stare Miasto. Potem, około pięć po piątej, idziemy zobaczyć Syrenkę Warszawską. Spacerujemy trochę nad Wisłą, a najpóźniej za pięć szósta musimy być w Pałacu Kultury i Nauki, bo dziesięć po szóstej zaczyna się spektakl w Teatrze Studio. Wracamy do hotelu o ósmej wieczorem. Od dziesiątej jest cisza nocna.

Maja i jej klasa jadą na wycieczkę do Warszawy.

PLAN WYCIECZKI

6:00	spotkanie obok autobusu
	hotel
	spotkanie z przewodnikiem
11:45	
	obiad
14:30-15:30	
	spotkanie pod Kolumną Zygmunta
16:00	
	Syrenka Warszawska
	spotkanie w Pałacu Kultury i Nauki
18:10	
	powrót do hotelu
	cisza nocna

4 Co pasuje? [510P4]

Klasa Mai:
- a melduje się w hotelu o dziewiątej trzydzieści | <u>o dziesiątej trzydzieści.</u>
- b ma spotkanie z przewodnikiem o jedenastej piętnaście | o jedenastej pięćdziesiąt.
- c je obiad o czwartej | o czternastej.
- d spotyka się pod Kolumną Zygmunta o piętnastej pięćdziesiąt | o piątej pięćdziesiąt.
- e ogląda spektakl w teatrze o osiemnastej dziesięć | o ósmej dziesięć.
- f wraca do hotelu o dwunastej | o dwudziestej.

5 Co pasuje? [510P5]

a myć — szkoły
b iść do — się
c jeść — zęby
d rozmawiać przez — z kolegami
e brać — śniadanie
f spotykać się — pracę domową
g ubierać — prysznic
h iść — telewizję
i odrabiać — spać
j oglądać — internet

7 Proszę uzupełnić tekst. UWAGA NA GRAMATYKĘ! [510P7]

myć | spać | wstawać | jeść | internet | książka
śniadanie | film | budzić się ✓ | spać | spotykać się
wieczorem | prysznic | trenować | dres | wracać

Codziennie _budzę się_ wcześnie, około szóstej rano. _____ piętnaście minut później. Najpierw robię krótką gimnastykę, a potem biorę _____. O siódmej jem _____ z kolegami z drużyny. Po śniadaniu wracam do pokoju w hotelu i _____ zęby. Wkładam _____ i adidasy, i idę na trening. Od ósmej do jedenastej _____, a o wpół do dwunastej idę na masaż. O trzynastej _____ obiad. Potem mam czas wolny w hotelu, zwykle wtedy oglądam _____ albo czytam _____. O piętnastej idę na siłownię, gdzie trenuję następne dwie godziny, a o siedemnastej _____ z psychologiem sportowym. Od czasu do czasu _____ mam spotkanie z kibicami albo wywiad dla telewizji lub gazety. _____ do hotelu o dwudziestej, rozmawiam z rodziną przez _____, a potem idę _____. _____ zawsze osiem godzin, bo dla sportowca sen to samo zdrowie.

Jeden dzień z życia piłkarza.

6 Co oni robią? [510P6]

1. Maja _myje zęby_
2. Adam _____
3. Olivia _____
4. Artem _____
5. Oni _____
6. One _____ o szóstej.
7. TY + _____
8. JA + _____

8 Proszę połączyć, a potem ponumerować. [510P8]

1 — A ra- — -dnie
__ — B o pół- — -niem
__ — C w połu- — -no
7 — D w no- — -nocy
__ — E przed połud- — -niu
__ — F wieczo- — -cy
__ — G po połud- — -rem

9 Co robimy od poniedziałku do piątku, a co w weekend? [510P9]

	OD PONIEDZIAŁKU DO PIĄTKU	W WEEKEND
a wstajemy wcześnie rano	✓	
b wstajemy przed południem		
c w południe jesteśmy w domu albo w parku		
d w południe jesteśmy w szkole		
e po południu robimy pracę domową		
f po południu chodzimy do kina		
g wieczorem surfujemy po internecie		
h wieczorem idziemy wcześnie spać		

sto trzydzieści dziewięć

10 PLUS+
dla ambitnych!

Podróż za jeden uśmiech :)
#Diego Rodriguez
Pozdrowienia z Polski
śledź

BLOG

Diego jedzie na wycieczkę dookoła Polski. Zwiedza różne miasta i publikuje zdjęcia na blogu.

1 *Co najpierw? Co potem? Proszę ponumerować zdjęcia i dopisać komentarze.* [510E1]

a ▶ Poniedziałek rano ①
#Diego Rodriguez
Dzień dobry, panie Neptunie! Co u pana słychać?
#ty *W porządku, a u Ciebie? ;)*

b ▶ Sobota, 20:20
#Diego Rodriguez Dobry wieczór, Warszawo!
#ty ....

c ▶ Środa w południe
#Diego Rodriguez Uwaga! Poznańskie koziołki się budzą!
#ty ....

d ▶ Sobota przed południem
#Diego Rodriguez Na zamku w Lublinie nie ma króla ani królewny ☹
#ty ....

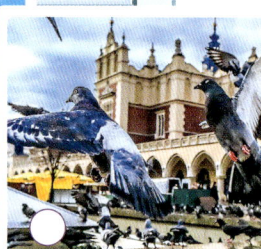

e ▶ Czwartek, 19:00
#Diego Rodriguez Znowu stary dobry Kraków...
#ty ....

f ▶ Poniedziałek, 14:30
#Diego Rodriguez Pyszny obiad prosto z morza! ☺ Mniam.
#ty ....

g ▶ Wtorek, 11:10
#Diego Rodriguez Ratusz w Toruniu. Iść na wieżę czy nie iść? ;)
#ty ....

h ▶ Niedziela, 9:00
#Diego Rodriguez Jak ma pani na imię? ☺
#ty ....

i ▶ Poniedziałek wieczorem
#Diego Rodriguez A na deser toruński piernik.
#ty ....

j ▶ Środa w nocy
#Diego Rodriguez Ten most we Wrocławiu to most zakochanych. Hmm... Ciekawe, dlaczego?
#ty ....

k ▶ Wtorek, 17:00
#Diego Rodriguez Widok z wieży – rewelacyjny! Ale teraz czas na rogal marciński. Wiecie, gdzie jestem?
#ty ....

l ▶ Niedziela, 13:14
#Diego Rodriguez Zygmunt jest bardzo wysoki. Może gra w koszykówkę? ☺
#ty ....

m ▶ Piątek po południu
#Diego Rodriguez Poproszę jeden obwarzanek z makiem! Mniam.
#ty ....

n ▶ Czwartek, 9:45
#Diego Rodriguez Liczę krasnale we Wrocławiu! Mam już 10 ☺ Ile ich jest?!
#ty ....

o ▶ Piątek, 12:00
#Diego Rodriguez Smok jest dzisiaj bardzo zły!
#ty ....

Następnym razem jadę w Tatry!

2 *Proszę narysować trasę wycieczki Diego.* [510E2]

3 *Proszę napisać pocztówkę z Polski.* [510E3]

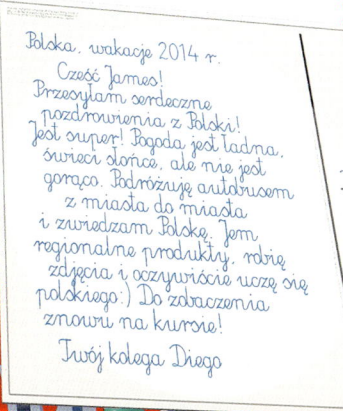

> Polska, wakacje 2014 r.
> Cześć James!
> Przesyłam serdeczne pozdrowienia z Polski! Jest super! Pogoda jest ładna, świeci słońce, ale nie jest gorąco. Podróżuję autobusem z miasta do miasta i zwiedzam Polskę. Jem regionalne produkty, robię zdjęcia i oczywiście uczę się polskiego :) Do zobaczenia znowu na kursie!
> Twój kolega Diego

CO WIESZ O POLSCE?

4 **QUIZ JĘZYKOWO-KULTUROWY** [510E4]

1. Stolica Polski to:
   a Kraków (b) Warszawa c Poznań

2. Niepoprawna forma gramatyczna to:
   a piękna fontanna Neptuna
   b słodki rogal marciński
   c pyszne obwarzanek krakowski

3. Polska waluta to:
   a złoty i grosz
   b żółty i grosz
   c złoty i groszek

4. Co Diego ma w plecaku? Proszę poukładać w kolejności alfabetycznej:

5. Flaga Polski to:
   a   b   c

6. Co robi Diego na wycieczce? Proszę napisać trzy czasowniki:
   a spaceruje   c
   b   d

7. Tradycyjną polską zupą nie jest:
   a żurek b bigos c barszcz

8. Diego jest:
   a aktywnym turystą
   b aktywny turysta
   c aktywną turystą

9. Popularnym polskim piłkarzem jest:
   a Agnieszka Radwańska
   b Marcin Gortat
   c Robert Lewandowski

10. Proszę zakreślić ubrania idealne dla Diego na wycieczkę:
    tenisówki | płaszcz | spódnica | T-shirt | kurtka | ciepła czapka | szorty

11. Znany polski pisarz to:
    a Ambroży Kleks
    b Jan Brzechwa
    c Leszek Możdżer

12. Diego jedzie:
    a do Poznania, Krakowa, Warszawy
    b w Poznaniu, Krakowie, Warszawie
    c nad Poznaniem, Krakowem, Warszawą

13. Na Rynku w Krakowie jest pomnik:
    a Adama Mickiewicza
    b Smoka Wawelskiego
    c Zygmunta III Wazy

14. Jaka jest pogoda na zdjęciach Diego?
    a pochmurno i pada deszcz
    b zimno i wieje wiatr
    c ciepło i świeci słońce

15. Długa rzeka w Polsce to:
    a Cracovia b Wisła c Legia

16. Diego jest w Toruniu w poniedziałek wieczorem. Która może być godzina?
    a   b   c

17. Justyna Kowalczyk jest:
    a aktorką
    b sportsmenką
    c wokalistką

18. Na wycieczce w Polsce Diego dużo:
    a chodzi i jedzie
    b idzie i jedzie
    c chodzi i jeździ

19. Polska ma:
    a prezydenta b króla c królową

20. Proszę napisać, co ogląda Diego w Polsce.
    a   c
    b   d

ODMIANA PODSTAWOWYCH CZASOWNIKÓW

CONJUGATION OF BASIC VERBS
KONJUGATION VON GRUNDVERBEN
СПРЯЖЕНИЕ ОСНОВНЫХ ГЛАГОЛОВ

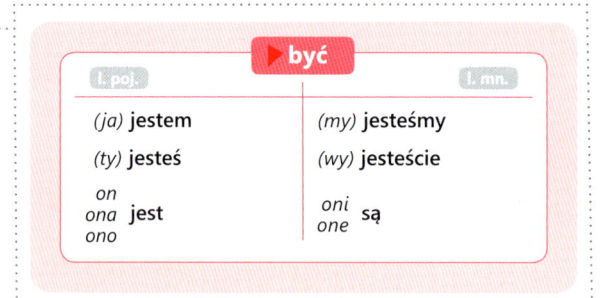

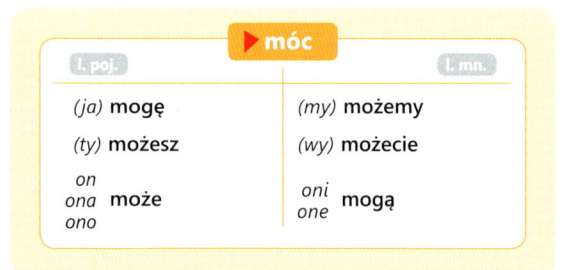

KONIUGACJA -m, -sz

mieć

l. poj.	l. mn.
(ja) mam	(my) mamy
(ty) masz	(wy) macie
on / ona / ono ma	oni / one mają

być

l. poj.	l. mn.
(ja) jestem	(my) jesteśmy
(ty) jesteś	(wy) jesteście
on / ona / ono jest	oni / one są

czytać

l. poj.	l. mn.
(ja) czytam	(my) czytamy
(ty) czytasz	(wy) czytacie
on / ona / ono czyta	oni / one czytają

jeść

l. poj.	l. mn.
(ja) jem	(my) jemy
(ty) jesz	(wy) jecie
on / ona / ono je	oni / one jedzą

KONIUGACJA -ę, -esz

chcieć

l. poj.	l. mn.
(ja) chcę	(my) chcemy
(ty) chcesz	(wy) chcecie
on / ona / ono chce	oni / one chcą

móc

l. poj.	l. mn.
(ja) mogę	(my) możemy
(ty) możesz	(wy) możecie
on / ona / ono może	oni / one mogą

iść

l. poj.	l. mn.
(ja) idę	(my) idziemy
(ty) idziesz	(wy) idziecie
on / ona / ono idzie	oni / one idą

interesować się

l. poj.	l. mn.
(ja) interesuję się	(my) interesujemy się
(ty) interesujesz się	(wy) interesujecie się
on / ona / ono interesuje się	oni / one interesują się

KONIUGACJA -ę, -isz/-ysz

lubić

l. poj.	l. mn.
(ja) lubię	(my) lubimy
(ty) lubisz	(wy) lubicie
on / ona / ono lubi	oni / one lubią

musieć

l. poj.	l. mn.
(ja) muszę	(my) musimy
(ty) musisz	(wy) musicie
on / ona / ono musi	oni / one muszą

tańczyć

l. poj.	l. mn.
(ja) tańczę	(my) tańczymy
(ty) tańczysz	(wy) tańczycie
on / ona / ono tańczy	oni / one tańczą

uczyć się

l. poj.	l. mn.
(ja) uczę się	(my) uczymy się
(ty) uczysz się	(wy) uczycie się
on / ona / ono uczy się	oni / one uczą się

TEMATYCZNE ZESTAWIENIE SŁOWNICTWA

THEMATIC VOCABULARY LISTS
THEMATISCHE ZUSAMMENSTELLUNG DER VOKABELN
ТЕМАТИЧЕСКИЙ СВОД ЛЕКСИКИ

1. POWITANIA, POŻEGNANIA ▸ str. 6

POWITANIA
- Dzień dobry!
- Dobry wieczór!
- Cześć!

POŻEGNANIA
- Do widzenia!
- Dobranoc!
- Do zobaczenia!
- Cześć!
- Na razie!
- Do jutra!
- Pa!

PODSTAWOWE ZWROTY
- Dziękuję!
- Proszę!
- Przepraszam!
- Nic nie szkodzi!
- Przepraszam, gdzie jest...?

- tak, nie
- na prawo, na lewo
- na górze, na środku, na dole
- tu, tutaj, tam

Cześć!

2. LICZEBNIKI GŁÓWNE ▸ 1B ▸ 1C ▸ 5B ▸ 6D

0 zero	11 jedenaście	30 trzydzieści	200 dwieście
1 jeden	12 dwanaście	40 czterdzieści	300 trzysta
2 dwa	13 trzynaście	50 pięćdziesiąt	400 czterysta
3 trzy	14 czternaście	60 sześćdziesiąt	500 pięćset
4 cztery	15 piętnaście	70 siedemdziesiąt	600 sześćset
5 pięć	16 szesnaście	80 osiemdziesiąt	700 siedemset
6 sześć	17 siedemnaście	90 dziewięćdziesiąt	800 osiemset
7 siedem	18 osiemnaście	100 sto	900 dziewięćset
8 osiem	19 dziewiętnaście	101 sto jeden	1000 tysiąc
9 dziewięć	20 dwadzieścia	112 sto dwanaście	2000 dwa tysiące
10 dziesięć	21 dwadzieścia jeden	120 sto dwadzieścia	5000 pięć tysięcy

LICZEBNIKI PORZĄDKOWE ▸ 10A

1. pierwszy, -a, -e	9. dziewiąty, -a, -e	17. siedemnasty, -a, -e
2. drugi, -a, -ie	10. dziesiąty, -a, -e	18. osiemnasty, -a, -e
3. trzeci, -a, -ie	11. jedenasty, -a, -e	19. dziewiętnasty, -a, -e
4. czwarty, -a, -e	12. dwunasty, -a, -e	20. dwudziesty, -a, -e
5. piąty, -a, -e	13. trzynasty, -a, -e	30. trzydziesty, -a, -e
6. szósty, -a, -e	14. czternasty, -a, -e	40. czterdziesty, -a, -e
7. siódmy, -a, -e	15. piętnasty, -a, -e	50. pięćdziesiąty, -a, -e
8. ósmy, -a, -e	16. szesnasty, -a, -e	100. setny, -a, -e

3. POLECENIA ▸ 1C

- Proszę napisać.
- Proszę nie mówić po angielsku.
- Proszę otworzyć książkę.
- Proszę popatrzeć na tablicę.
- Proszę posłuchać.
- Proszę powtórzyć.
- Proszę przeczytać.
- Proszę przeliterować.
- Proszę usiąść.
- Proszę wstać.
- Proszę wyłączyć telefon.
- Proszę zamknąć zeszyt.

PODSTAWOWE ZWROTY
- Co to znaczy?
- Jak się mówi po polsku „thank you"?
- Mam pytanie.
- Nie pamiętam.
- Nie rozumiem.
- Nie wiem.

sto czterdzieści trzy **143**

4. DANE OSOBOWE ▸ 1+

▸ imię ▸ nazwisko ▸ adres ▸ telefon ▸ narodowość

5. KLASA ▸ 2A

▸ biurko ▸ drzwi ▸ krzesło ▸ komputer ▸ kosz ▸ kubek ▸ ławka
▸ mapa ▸ okno ▸ plakat ▸ słownik ▸ tablica ▸ telewizor ▸ zegar

▸ uczeń ▸ uczennica ▸ nauczyciel ▸ nauczycielka

6. PLECAK ▸ 2A

▸ bilet ▸ chusteczki ▸ długopis ▸ gumka ▸ klucz ▸ komórka ▸ kredka ▸ książka
▸ linijka ▸ notes ▸ ołówek ▸ piórnik ▸ segregator ▸ strugaczka ▸ zeszyt

7. KOLORY ▸ 2C

▸ biały ▸ brązowy ▸ czarny ▸ czerwony ▸ fioletowy ▸ niebieski
▸ pomarańczowy ▸ różowy ▸ szary ▸ zielony ▸ żółty

8. PRZYMIOTNIKI ▸ 2D ▸ 4A

▸ czysty ≠ brudny   ▸ pracowity ≠ leniwy   ▸ ambitny ▸ atrakcyjny ▸ energiczny
▸ długi ≠ krótki   ▸ stary ≠ nowy   ▸ fajny ▸ inteligentny ▸ modny ▸ przystojny
▸ dobry ≠ zły   ▸ szczupły ≠ gruby   ▸ skomplikowany ▸ sympatyczny ▸ ulubiony
▸ lekki ≠ ciężki   ▸ tani ≠ drogi   ▸ wysportowany ▸ zestresowany
▸ ładny ≠ brzydki   ▸ wesoły ≠ smutny
▸ łatwy ≠ trudny   ▸ wysoki ≠ niski   * ▸ zdolny ▸ utalentowany ▸ przeciętny ▸ znany
▸ mały ≠ duży   ▸ zdrowy ≠ chory   ▸ popularny ▸ sławny ▸ mądry ▸ złośliwy
▸ młody ≠ stary

9. PARK ▸ 2+

▸ chmura ▸ drzewo ▸ latawiec ▸ niebo ▸ ptak ▸ słońce ▸ tęcza

10. PRZEDMIOTY SZKOLNE ▸ 3A

▸ historia ▸ informatyka ▸ język angielski ▸ język hiszpański ▸ język polski
▸ matematyka ▸ muzyka ▸ plastyka ▸ przyroda ▸ wychowanie fizyczne (WF)

10. DNI TYGODNIA ▸ 3A

▸ poniedziałek ▸ wtorek ▸ środa ▸ czwartek ▸ piątek ▸ sobota ▸ niedziela

11. PORY DNIA ▸ 10D

▸ rano ▸ przed południem ▸ w południe ▸ po południu ▸ wieczorem ▸ o północy ▸ w nocy

12. PODSTAWOWE CZASOWNIKI ▶3B ▶3C ▶3D

▶ być ▶ chcieć ▶ chodzić ▶ czytać ▶ grać ▶ jeść ▶ liczyć ▶ lubić ▶ malować
▶ mieć ▶ móc ▶ mówić ▶ musieć ▶ nazywać się ▶ pić ▶ pisać ▶ robić
▶ rysować ▶ słuchać muzyki ▶ śpiewać ▶ uczyć się ▶ umieć ▶ woleć ▶ tańczyć

13. ZAWODY ▶4D

▶ aktor ▶ architekt ▶ dentysta ▶ dziennikarz ▶ fotograf ▶ informatyk ▶ kierowca ▶ kucharz
▶ lekarz ▶ muzyk ▶ nauczyciel ▶ pilot ▶ piosenkarz ▶ policjant ▶ projektant ▶ sportowiec

* ▶ reżyser ▶ kompozytor ▶ podróżnik ▶ koszykarz

14. RODZINA ▶5A

▶ babcia – dziadek ▶ mama – tata ▶ rodzice ▶ rodzeństwo
▶ ciocia – wujek ▶ siostra – brat ▶ małżeństwo ▶ dziadkowie
▶ córka – syn ▶ tata – ojciec ▶ dzieci ▶ wnuki
▶ kuzyn – kuzynka

15. HOBBY I WOLNY CZAS ▶5C

▶ chodzić do kawiarni, kina, restauracji
▶ chodzić na dyskotekę, siłownię, spacery ▶ czytać książki
▶ esemesować ▶ grać na gitarze, pianinie ▶ mailować
▶ oglądać telewizję ▶ podróżować ▶ robić modele samolotów
▶ robić zakupy ▶ robić zdjęcia ▶ rozmawiać na czacie, fejsie
▶ słuchać muzyki ▶ spotykać się z kolegami
▶ surfować po internecie ▶ śpiewać ▶ tańczyć
▶ uczyć się języków obcych ▶ zbierać autografy

▶ gry komputerowe ▶ kino ▶ literatura ▶ muzyka ▶ sport

UPRAWIAĆ SPORT
▶ biegać
▶ grać w badmintona, golfa, koszykówkę, piłkę nożną, piłkę ręczną, siatkówkę, szachy, tenisa
▶ jeździć na deskorolce, łyżwach, nartach, rolkach, rowerze, sankach, snowboardzie
▶ jeździć konno
▶ pływać

16. JAK CZĘSTO? ▶5D

▶ zawsze ▶ zwykle ▶ często ▶ czasem ▶ rzadko ▶ nigdy

17. SKLEPIK SZKOLNY ▶6A

▶ banan ▶ batonik ▶ ciastko ▶ czekolada ▶ drożdżówka ▶ jabłko
▶ kakao ▶ kanapka ▶ pączek ▶ pizza ▶ sok ▶ woda mineralna

18. POGODA I PORY ROKU ▶7A

▶ jest burza ▶ jest ciepło ▶ jest gorąco ▶ jest mróz ▶ jest pochmurno
▶ jest zimno ▶ pada deszcz ▶ pada śnieg ▶ świeci słońce ▶ wieje wiatr

▶ wiosna ▶ lato ▶ jesień ▶ zima

19. UBRANIA ▸ 7B

▸ bluza ▸ bluzka ▸ buty ▸ chustka ▸ czapka ▸ dres ▸ garnitur ▸ kalosze
▸ kapelusz ▸ kąpielówki ▸ kostium kąpielowy ▸ koszula ▸ kozaki ▸ krawat
▸ kurtka ▸ legginsy ▸ marynarka ▸ pasek ▸ piżama ▸ płaszcz
▸ podkoszulek/T-shirt ▸ rajstopy ▸ rękawiczki ▸ sandały ▸ skarpetki
▸ spodnie ▸ spódnica ▸ sukienka ▸ sweter ▸ szalik ▸ szorty ▸ tenisówki

▸ z aplikacjami ▸ z cekinami ▸ z długimi rękawami ▸ z frędzlami ▸ z guzikami
▸ z krótkimi nogawkami ▸ z napisami ▸ z pomponami ▸ z żółtymi sznurówkami

20. MIESIĄCE ▸ 7B

▸ styczeń ▸ luty ▸ marzec ▸ kwiecień ▸ maj ▸ czerwiec ▸ lipiec
▸ sierpień ▸ wrzesień ▸ październik ▸ listopad ▸ grudzień

21. JEDZENIE ▸ 8A ▸ 8B ▸ 8C ▸ 8D

ŚNIADANIE / KOLACJA
▸ bułka ▸ chleb ▸ cukier ▸ dżem ▸ herbata
▸ jajko ▸ jogurt ▸ kawa ▸ kiełbasa ▸ masło
▸ mleko ▸ płatki śniadaniowe ▸ ser biały
▸ ser żółty ▸ szynka ▸ tuńczyk

OBIAD
▸ barszcz czerwony ▸ zupa pomidorowa
▸ krupnik ▸ żurek

▸ kurczak ▸ makaron ▸ mięso
▸ naleśniki ▸ frytki ▸ ryba ▸ pierogi
▸ ryż ▸ sałatka ▸ ziemniaki

22. OWOCE I WARZYWA ▸ 8A ▸ 8B ▸ 8C ▸ 8D

▸ arbuz ▸ banan ▸ brzoskwinia ▸ cytryna ▸ czereśnie ▸ gruszka
▸ jabłko ▸ jagody ▸ maliny ▸ pomarańcza ▸ truskawki ▸ winogrona

▸ brokuły ▸ cebula ▸ groszek ▸ kalafior ▸ marchewka
▸ ogórek ▸ pomidor ▸ sałata ▸ ziemniak

23. MIEJSCA ▸ 9A

▸ apteka ▸ basen ▸ dworzec ▸ kino ▸ kiosk ▸ kościół ▸ muzeum ▸ park
▸ poczta ▸ przystanek ▸ sklep ▸ stadion sportowy ▸ szpital ▸ teatr

24. RUTYNA DNIA ▸ 10C

▸ budzić się ▸ wstawać ▸ ubierać się ▸ jeść śniadanie ▸ myć zęby
▸ iść do szkoły ▸ wracać do domu ▸ jeść obiad ▸ odrabiać pracę domową
▸ spotykać się z kolegami ▸ oglądać telewizję ▸ brać prysznic ▸ iść spać ▸ spać

25. ZWIERZĘTA ▸ 6C ▸ 8+

▸ chomik ▸ dzik ▸ jeleń ▸ jeż ▸ kot ▸ królik ▸ lis ▸ niedźwiedź
▸ papuga ▸ pies ▸ rybka ▸ wiewiórka ▸ zając ▸ wilk

SŁOWNIK

DICTIONARY
WÖRTERBUCH
СЛОВАРЬ

Mówię po polsku!
Ja też!

Multimedialny słownik z deklinacjami i koniugacjami, moduł utrwalania słownictwa oraz dodatkowe ćwiczenia i nagrania.
Multimedia dictionary with declinations and conjugations, knowledge-memorizing module and additional exercises and recordings.
Multimediales Wörterbuch mit Deklinationen und Konjugationen, Vokabeltrainingsmodul sowie zusätzliche Übungen und Aufnahmen.
Мультимедийный словарь со склонением и спряжением, модуль закрепления лексики и дополнительные упражнения.

e-polish.eu/pkpkjunior

	🇬🇧	🇩🇪	🇷🇺
Cześć!	Hi! Hello!	Hallo! Tschüs!	Привет!
Czy mogę ciastko?	Can I have a biscuit?	Darf ich ein Törtchen?	Можно мне пирожное?
Do jutra!	See you tomorrow!	Bis morgen!	До завтра!
Do widzenia!	Goodbye!	Auf Wiedersehen!	До свидания!
Do zobaczenia!	See you!	Auf Wiederschauen!	До встречи!
Dobranoc!	Good night!	Gute Nacht!	Спокойной ночи!
dobry	good	gut	добрый
Dobry wieczór!	Good evening!	Guten Abend!	Добрый вечер!
dzień	day	Tag, der	день
Dzień dobry!	Good morning!	Guten Tag	Добрый день!
Dziękuję!	Thank you!	Danke!	Спасибо!
gdzie	where	wo	где
jutro	tomorrow	morgen	завтра
na dole	at the bottom	unten	внизу
na górze	at the top	oben	вверху
na lewo	on the left	links	слева
na prawo	on the right	rechts	справа
Na razie!	See you later!	Bis dann!	Пока!
na środku	in the middle	in der Mitte	в центре
Nic nie szkodzi!	Never mind!	Macht nichts!	Ничего страшного!
nie	no	nein	нет
nieoficjalnie	informal	informell	неофициально
Niestety nie!	Unfortunately not.	Leider nicht!	К сожалению, нет.
noc	night	Nacht, die	ночь
oficjalnie	officially	formell	официально
Pa!	Bye!	Tschüs!	Пока!
powitanie	greeting	Begrüßung	приветствие
pożegnanie	goodbye/ farewell	Abschied	прощание
Proszę!	Here you are!	Bitte!	Пожалуйста!
Przepraszam!	I'm sorry!	Entschuldigung!	Извини! (Извините!)
Przepraszam, gdzie jest toaleta?	Excuse me, where is the toilet?	Entschuldigung, wo ist die Toilette!	Извините, где находится туалет?
tak	yes	ja	да
tam	there	dort	там
Tam, na prawo.	There, on the right.	Dort, rechts.	Туда, направо.
toaleta	toilet	Toilette, die	туалет
tu, tutaj	here	hier	здесь
wieczór	evening	Abend, der	вечер

A

A ty?	And you?	Und du?	А ты?
bardzo	very	sehr	очень
Bardzo mi miło!	Nice to meet you!	Freut mich!	Мне очень приятно!
być	to be	sein	быть
dziecko	child	Kind, das	ребёнок
Gdzie ona jest?	Where is she?	Wo ist sie?	Где она?
imię	first name	Vorname, der	имя
ja	I	ich	я
Jak masz na imię?	What's your name?	Wie ist dein Vorname?	Как тебя зовут?
Jak się nazywasz?	What's your surname?	Wie heißt du?	Как твоя фамилия?
Jak się pan nazywa?	What is your surname? (m)	Wie heißen Sie?	Как ваша фамилия?
Jak się pani nazywa?	What is your surname? (f)	Wie heißen Sie?	Как ваша фамилия?
jestem	I am	ich bin	я
kolega	colleague; school mate	Schulfreund, der	друг
Mam na imię Adam.	My name is Adam.	Ich heiße Adam.	Меня зовут Адам.

sto czterdzieści siedem — 147

Miło mi.	Nice to meet you.	Freut mich.	Очень приятно.
Mnie również.	Nice to meet you, too.	Mich auch.	Мне также.
my	we	wir	мы
nauczyciel	teacher	Lehrer, der	учитель
Nazywam się Carter.	My surname is Carter.	Ich heiße Carter.	Моя фамилия Картер.
on	he	er	он
ona	she	sie	она
one	they (female)	sie	они
oni	they (male)	sie	они
ono	it	es	оно
pan	gentleman; Mr	Sie	он
pani	lady; Mrs	Sie	она
ty	you (singular)	du	ты
wy	you (plural)	ihr	вы

B

cztery	four	vier	четыре
dwa	two	zwei	два
dziesięć	ten	zehn	десять
dziewięć	nine	neun	девять
jeden	one	eins	один
liczebnik	numeral	Zahlwort, das	числительное
minus	minus	minus	минус
osiem	eight	acht	восемь
pięć	five	fünf	пять
plus	plus	plus	плюс
równa się	equals	[ist] gleich	равняется
siedem	seven	sieben	семь
sześć	six	sechs	шесть
trzy	three	drei	три
zero	zero	null	ноль

C

Co to znaczy?	What does it mean?	Was bedeutet das?	Что это значит?
czternaście	fourteen	vierzehn	четырнадцать
ćwiczenie	exercise	Übung, die	упражнение
dialog	dialog	Dialog, der	диалог
dopasować	to match	zuordnen	подобрать
dwadzieścia	twenty	zwanzig	двадцать
dwanaście	twelve	zwölf	двенадцать
dziewiętnaście	nineteen	neunzehn	девятнадцать
Jak się mówi „school" po polsku?	How do you say „school" in Polish?	Wie sagt man „school" auf Polnisch?	Как сказать „school" по-польски?
Jak się to pisze?	How do you spell it?	Wie schreibt man das?	Как это пишется?
Jaki numer ma Maja? (w dzienniku)	What's Maya's number?	Wie ist Majas Klassenbuchnummer?	Какой номер у Майи?
jedenaście	eleven	elf	одиннадцать
książka	book	Buch, das	книга
Mam pytanie.	I have a question.	Ich habe eine Frage.	У меня есть вопрос.
nagranie	recording	Aufnahme, die	запись
napisać	to write	schreiben	написать
Nie pamiętam.	I don't remember.	Ich weiß nicht mehr.	Я не помню.
Nie rozumiem.	I don't understand.	Ich verstehe nicht.	Я не понимаю.
Nie wiem.	I don't know.	Ich weiß nicht.	Я не знаю.
numer	number	Nummer, die	номер
osiemnaście	eighteen	achtzehn	восемнадцать
otworzyć	to open	öffnen	открыть
piętnaście	fifteen	fünfzehn	пятнадцать
podkreślić	to underline	unterstreichen	подчеркнуть
ponumerować	to number	nummerieren	пронумеровать
popatrzeć	to look (at)	schauen	посмотреть
posłuchać	to listen	hören	послушать
powtórzyć	to repeat	wiederholen	повторить
proszę	please	bitte	пожалуйста
Proszę napisać dialog.	Write a dialogue, please.	Schreiben Sie einen Dialog.	Напишите, пожалуйста, диалог.
Proszę nie mówić po hiszpańsku.	Don't speak Spanish, please.	Sprechen Sie kein Spanisch.	Не говорите, пожалуйста, по-испански.
Proszę otworzyć książkę.	Open the book, please.	Machen Sie bitte das Buch auf.	Откройте, пожалуйста, книгу.
Proszę popatrzeć na tablicę.	Look at the board, please.	Schauen Sie bitte an die Tafel.	Посмотрите, пожалуйста, на доску.
Proszę posłuchać.	Listen, please.	Hören Sie bitte.	Послушайте, пожалуйста.
Proszę powtórzyć.	Repeat, please.	Wiederholen Sie bitte.	Повторите, пожалуйста.
Proszę przeczytać tekst.	Read the text, please.	Lesen Sie bitte den Text.	Прочитайте, пожалуйста, текст.
Proszę przeliterować.	Spell the word, please.	Buchstabieren Sie bitte.	Произнесите, пожалуйста, по буквам.
Proszę usiąść.	Sit down, please.	Setzen Sie sich bitte.	Садитесь, пожалуйста.
Proszę wstać.	Stand up, please.	Stehen Sie bitte auf.	Встаньте, пожалуйста.
Proszę wyłączyć telefon komórkowy.	Turn off your mobile phone, please.	Schalten Sie ihr Handy aus.	Выключите, пожалуйста, мобильный телефон.
Proszę zamknąć okno.	Close the window, please.	Machen Sie das Fenster zu.	Закройте, пожалуйста, окно.
przeczytać	to read	lesen	прочитать
przeliterować	to spell	buchstabieren	произнести по буквам
pytanie	question	Frage, die	вопрос
siedemnaście	seventeen	siebzehn	семнадцать
skreślić	to cross out	durchstreichen	зачеркнуть
strona	page	Seite, die	страница
szesnaście	sixteen	sechzehn	шестнадцать
tekst	text	Text, der	текст
trzynaście	thirteen	dreizehn	тринадцать
usiąść	to sit down	sich setzen	сесть
uzupełnić	to complete	ergänzen	заполнить
wstać	to stand up	aufstehen	встать
wyłączyć	to turn off	ausschalten	выключить
zakreślić	to circle	ankreuzen	обвести
zamknąć	to close	zumachen	закрыть

D

Anglia	England	England	Англия
Francja	France	Frankreich	Франция

Gdzie mieszkasz?	Where do you live?	Wo wohnst du?	Где ты живёшь?
grać	to play	spielen	играть
grać na gitarze	to play the guitar	Gitarre spielen	играть на гитаре
grać na pianinie	to play the piano	Klavier spielen	играть на пианино
grać w tenisa	to play tennis	Tennis spielen	играть в теннис
Hiszpania	Spain	Spanien	Испания
Japonia	Japan	Japan	Япония
Jestem z...	I'm from...	Ich bin aus...	Я из...
mieć	to have	haben	иметь
Mieszkam w...	I live in...	Ich wohne in...	Я живу в...
nazywać się	My name is...	heißen	моя фамилия
Niemcy	Germany	Deutschland	Германия
Polska	Poland	Polen	Польша
Rosja	Russia	Russland	Россия
rozumieć	to understand	verstehen	понимать
Skąd jesteś?	Where are you from?	Woher kommst du?	Откуда ты?
Ukraina	Ukraine	Ukraine, die	Украина
USA	the USA	USA, Pl.	США
Włochy	Italy	Italien	Италия

➕

adres	address	Adresse, die	адрес
Belgia	Belgium	Belgien	Бельгия
bohater	main character	Held, der; Hauptfigur, die	персонаж
Brazylia	Brazil	Brasilien	Бразилия
Chiny	China	China	Китай
Holandia	Holland	Holland	Голландия
Kanada	Canada	Kanada	Канада
kraj	country	Land, das	страна
Meksyk	Mexico	Mexiko	Мексика
miasto	city	Stadt, die	город
narodowość	nationality	Nationalität, die	национальность
nazwisko	surname	Name, der	фамилия
Norwegia	Norway	Norwegen	Норвегия
numer telefonu	phone number	Telefonnummer, die	номер телефона
Polak	Pole	Pole	поляк
Portugalia	Portugal	Portugal	Португалия
Stany Zjednoczone	the United States of America	Vereinigte Staaten von Amerika	Соединённые Штаты
stolica	capital	Hauptstadt, die	столица
telefon	phone	Telefon, das	телефон
ulica	street	Straße, die	улица
ulubiony	favourite	Lieblings-	любимый

A

bilet	ticket	Fahrkarte, die	билет
biurko	desk	Schreibtisch, der	стол
chusteczka	handkerchief	Taschentuch, das	носовой платок
Co to jest?	What's this?	Was ist das?	Что это?
długopis	pen	Kugelschreiber, der	ручка
drzwi	door	Tür, die	дверь
gumka	rubber; eraser	Radiergummi, der	ластик
kamera	camera	Kamera, die	камера
klasa	classroom	Klasse, die	класс
klucz	key	Schlüssel, der	ключ
kolega	colleague; mate (m)	Schulfreund, der	друг
koleżanka	colleague; mate (f)	Schulfreundin, die	подруга
komórka	mobile phone	Handy, das	мобильный телефон
komputer	computer	Computer, der	компьютер
kosz	bin	Papierkorb, der	мусорное ведро
kredka	crayon	Buntstift, der	цветной карандаш
krzesło	chair	Stuhl, der	стул
książka	book	Buch, das	книга
Kto to jest?	Who's this?	Wer ist das?	Кто это?
kubek	mug; cup	Becher, der	стакан
linijka	ruler	Lineal, das	линейка
ławka	desk	Schulbank, die	парта
mapa	map	Karte, die	карта
Miło mi cię poznać.	Nice to meet you.	Schön dich kennen zu lernen.	Приятно с тобой познакомиться.
nauczyciel	teacher (male)	Lehrer, der	учитель
nauczycielka	teacher (female)	Lehrerin, die	учительница
okno	window	Fenster, das	окно
ołówek	pencil	Bleistift, der	карандаш
piórnik	pencil case	Federtasche, die	пенал
plakat	poster	Plakat, das	плакат
plecak	school bag; backpack	Rucksack, der	рюкзак
radio	radio	Radio, das	радио
słownik	dictionary	Wörterbuch, das	словарь
świetnie	well done	ausgezeichnet	отлично
tablica	blackboard; whiteboard	Tafel, die	доска
telewizor	television (set)	Fernseher, der	телевизор
To jest...	This is	Das ist...	Это...
uczennica	schoolgirl	Schülerin, die	ученица
uczeń	pupil; schoolboy	Schüler, der	ученик
zegar	clock	Uhr, die	часы
zeszyt	notebook	Heft, das	тетрадь

B

centrum	city centre	Zentrum, das	центр
mieszkanie	flat	Wohnung, die	квартира
muzeum	museum	Museum, das	музей

sto czterdzieści dziewięć · 149

noc	night	Nacht, die	ночь
studentka	student (female)	Studentin, die	студентка
ta	this (female)	diese	эта
tata	father	Papa, der	папа
ten	this (male)	dieser	этот
to	this (neuter)	dieses	это

C

akwarium	aquarium	Aquarium, das	аквариум
biały	white	weiß	белый
brązowy	brown	braun	коричневый
czarny	black	schwarz	чёрный
czerwony	red	rot	красный
Czy to jest...	Is this a/an...?	Ist das...?	Это...?
ćwiczeniówka	exercise book	Übungsheft, das	сборник упражнений
fioletowy	violet/purple	violett	фиолетовый
jaki, jaka, jakie	what... like	welcher, welche, welches	какой, какая, какие
kalkulator	calculator	Taschenrechner, der	калькулятор
lampa	lamp	Lampe, die	лампа
mój, moja, moje	my	mein, meine, mein	мой, моя, моё
myszka	mouse	Maus, die	мышь
Nie, to nie jest...	No, this is not a/an...	Nein, das ist nicht...	Нет, это не...
niebieski	blue	blau	голубой
płyta	CD; DVD	Platte, die; CD, die; DVD, die	диск
pomarańczowy	orange	orange	оранжевый
różowy	pink	rosa	розовый
szary	grey	grau	серый
Tak, to jest...	Yes, this is a/an...	Ja, das ist...	Да, это...
twój, twoja, twoje	your	dein, deine, dein	твой, твоя, твоё
zielony	green	grün	зелёный
żółty	yellow	gelb	жёлтый

D

ambitny	ambitious	ehrgeizig	честолюбивый
aparat	camera	Apparat, der	фотоаппарат
atrakcyjny	attractive	attraktiv	привлекательный
brudny	dirty	schmutzig	грязный
brzydki	ugly	hässlich	некрасивый
ciężki	heavy	schwer	тяжёлый
Co u ciebie?	How are you?	Wie geht's?	Как дела?
czysty	clean	sauber	чистый
długi	long	lang	длинный
dobry	good	gut	хороший
drogi	expensive	teuer	дорогой
duży	big	groß	большой
elegancki	elegant	elegant	элегантный
fajny	cool	super	классный
inteligentny	intelligent	intelligent	умный
krótki	short	kurz	короткий
lekki	light	leicht	лёгкий
ładny	nice; pretty	schön	красивый
łatwy	easy	einfach	простой
mały	small	klein	маленький
modny	fashionable	modern	модный
nowy	new	neu	новый
skomplikowany	complicated	kompliziert	сложный
stary	old	alt	старый
sympatyczny	nice; friendly	sympathisch	милый
tani	cheap	billig	дешёвый
to prawda	it's true	stimmt	это правда
torba	bag	Tasche, die	сумка
trudny	difficult	schwierig	трудный
zdjęcie	photo	Foto, das	фотография
zegarek	watch	Uhr, die	часы
zestresowany	stressed	gestresst	перепуганный
zły	bad	böse	плохой
żaba	frog	Frosch, der	лягушка

+

chmura	cloud	Wolke, die	туча
deskorolka	skateboard	Skateboard, das	роликовая доска
drzewo	tree	Baum, der	дерево
kot	cat	Katze, die	кот
kwiatek	flower	Blume, die	цветок
latawiec	kite	Drachen, der	воздушный змей
ławka	bench	Bank, die	скамейка
niebo	sky	Himmel, der	небо
pies	dog	Hund, der	собака
piłka	ball	Ball, der	мяч
Poznaj Polskę!	Explore Poland!	Lerne Polen kennen!	Познакомься с Польшей!
ptak	bird	Vogel, der	птица
rolki	rollerblades	Inline-Skates, Pl.	ролики
rower	bicycle	Fahrrad, das	велосипед
słońce	the sun	Sonne, die	солнце
tęcza	rainbow	Regenbogen, der	радуга
trawa	grass	Gras, das	трава

3

A

czwartek	Thursday	Donnerstag, der	четверг
dni tygodnia	days of the week	Wochentage, Pl.	дни недели
dwa razy	twice	zweimal	два раза
historia	history	Geschichte, die	история
informatyka	IT; information technology	Informatik, die	информатика
jego	his	sein	его
jej	her	ihr	её
język angielski	English	Englisch, das	английский язык
język polski	Polish	Polnisch, das	польский язык
kiedy	when	wann	когда
koszmar	nightmare	Alptraum, der	ужас
lekcja	lesson	Lektion, die	урок

matematyka	mathematics	Mathematik, die	математика
mój	my	mein	мой
muzyka	music	Musik, die	музыка
najpierw	first	zuerst	сначала
niedziela	Sunday	Sonntag, der	воскресенье
niestety	unfortunately	leider	к сожалению
piątek	Friday	Freitag, der	пятница
plan lekcji	lesson plan	Stundenplan, der	расписание уроков
plastyka	art	Kunst, die	изобразительное искусство (ИЗО)
poniedziałek	Monday	Montag, der	понедельник
potem	then; next	dann	потом
przedmiot	school subject	Fach, das	предмет
przyroda	biology	Biologie, die	природоведение
sobota	Saturday	Samstag, der	суббота
super	cool	super	супер
środa	Wednesday	Mittwoch, der	среда
twój	your	dein	твой
tylko	just; only	nur	только
ulubiony	favourite	Lieblings-	любимый
wtorek	Tuesday	Dienstag, der	вторник
wychowanie fizyczne	PE; physical education	Sport, der	физкультура
znów	again	wieder	снова

B

aktywny	active	aktiv	активный
antyczna Grecja	ancient Greece	antikes Griechenland	древняя Греция
artysta	artist	Künstler, der	художник
czytać książki	to read books	Bücher lesen	читать книги
gra komputerowa	computer game	Computerspiel, das	компьютерная игра
grać w piłkę nożną	to play football	Fußball spielen	играть в футбол
hobby	hobby	Hobby, das	хобби
jasne	of course	klar	конечно
kompletnie zielony	I'm a complete novice.	Er ist ganz grün hinter den Ohren.	полный чайник
kurs języka polskiego	Polish course	Polnischkurs, der	курс польского языка
liczyć	to count	zählen	считать
lubić	to like	mögen	любить
malować	to paint	malen	писать красками
mówić	to talk	sprechen	говорить
na przykład	for example	zum Beispiel	например
natura	nature	Natur, die	природа
niespecjalnie	not really; not particularly	nicht besonders	не особенно
oczywiście	of course	natürlich	конечно
piosenka	song	Lied, das	песенка
pisać wiersze	to write poems	Gedichte schreiben	писать стихи
poezja	poetry	Dichtung, die	поэзия
przyjaciel	friend	Freund, der	друг
robić eksperymenty	to do experiments	Experimente durchführen	проводить эксперименты
romantyczny	romantic	romantisch	романтичный
rysować	to draw	zeichnen	рисовать
słuchać muzyki	to listen to music	Musik hören	слушать музыку
sportowiec	athlete	Sportler, der	спортсмен
surfować po internecie	to surf the Internet	im Internet surfen	бродить по Интернету
szkoła	school	Schule, die	школа
tańczyć	to dance	tanzen	танцевать
trochę	a little; a bit	ein bisschen	немного
weekend	weekend	Wochenende, das	уик-энд

C

aktor	actor	Schauspieler, der	актёр
chłopak	boy	Junge, der	мальчик
Chyba żartujesz!	You must be joking!	Das meinst du doch nicht ernst!	Шутишь!
czytać	to read	lesen	читать
dość dobrze	quite well	ganz gut	довольно хорошо
dziewczyna	girl	Mädchen, das	девочка
koncert	concert	Konzert, das	концерт
muzyk	musician	Musiker, der	музыкант
najlepszy	the best	der beste...	самый лучший
organizować	to organise	veranstalten	организовать
pejzaż	landscape	Landschaft, die	пейзаж
poeta	poet	Dichter, der	поэт
pokaz	show	Vorführung, die	показ
portret	portrait	Porträt, das	портрет
siatkówka	volleyball	Volleyball, der	волейбол
szukać	to look for	suchen	искать
śpiewać	to sing	singen	петь
umieć	to be able;	können	уметь
wieczór talentów	talent show	Abend der Talente	вечер талантов
wystawa	exhibition	Ausstellung, die	выставка

D

być wolnym	to be free; to have free time	frei sein	быть свободным
być zajętym	to be busy	beschäftigt sein	быть занятым
casting	casting	Casting, das	кастинг
chodzić	to walk; to go	gehen	ходить
chodzić na kurs	to take a course	einen Kurs besuchen	ходить на курс
Kiedy masz czas?	When do you have (free) time?	Wann hast du Zeit?	Когда у тебя есть время?
klub	club	Klub, der	клуб
korepetycje	private tuition; private lesson	Nachhilfestunden, Pl.	частные занятия
liczyć	to count	rechnen	считать
może	maybe	vielleicht	может быть
mówić	to talk; to speak	sprechen	говорить
nic specjalnego	nothing special	nichts Besonderes	ничего особенного
robić	to do sth; to make sth	machen	делать

sprawdzian	test	Klassenarbeit,	контрольная
szkoła językowa	language school	die Sprachschule, die	языковая школа
talent	talent	Talent, das	талант
tańczyć	to dance	tanzen	танцевать
uczyć się	to learn; to study	lernen	учиться
w takiej sytuacji...	in that case...; therefore	also...	в этой ситуации
zaplanować	to plan	planen	запланировать

+

basen	swimming pool	Schwimmbad, das	бассейн
biegać	to run	laufen	бегать
cały	all	ganz	весь
codziennie	every day	täglich	ежедневно
fotografia	photography	Fotografie, die	фотография
galeria handlowa	shopping centre; mall	Einkaufszentrum, das	торговая галерея
galeria sztuki	art gallery	Kunstgalerie, die	галерея искусств
gimnastyka	gymnastics	Turnen, das	гимнастика
inteligentny	intelligent	intelligent	умный
interesujący	interesting	interessant	интересный
jeździć na deskorolce	to skateboard	Skateboard fahren	ездить на роликовой доске
karykatura	caricature	Karikatur, die	карикатура
kolekcja	collection	Sammlung, die	коллекция
maraton	marathon	Marathonlauf, der	марафон
model	model	Modell, das	модель
najbardziej	most	am liebsten	больше всего

naprawdę	really	recht gut	действительно
niezły	great; fairly good	ganz gut	неплохой
od czasu do czasu	from time to time	ab und zu	время от времени
oglądać	to look at	sich anschauen	смотреть
pasja	passion; hobby	Leidenschaft, die	страсть
pilot	pilot	Pilot, der	пилот
planować	to plan	planen	планировать
pływać	to swim	schwimmen	плавать
po szkole	after school	nach der Schule	после школы
popularny	popular	beliebt	популярный
razem	together	zusammen	вместе
robić modele samolotów	to make model planes	Flugzeugmodelle bauen	делать модели самолётов
robić zakupy	to do shopping	Einkäufe machen	делать покупки
robić zdjęcia	to take photos	Fotos machen	фотографировать
sala gimnastyczna	gym	Turnhalle, die	гимнастический зал
siedzieć	to sit	sitzen	сидеть
sportowiec	athlete	Sportler, der	спортсмен
stadion	stadium	Stadion, das	стадион
świetnie	very well	ausgezeichnet	отлично
teraz	now	jetzt	сейчас
też	also; as well	auch	также
utalentowany	talented	talentiert	талантливый
warsztaty	workshop	Workshop, der	семинар
wysportowany	athletic	sportlich	спортивный
zawsze	always	immer	всегда
zbierać autografy	to collect autographs	Autogramme sammeln	коллекционировать автографы

4

A

atrakcyjny	attractive	attraktiv	привлекательный
bo	because	denn	потому что
brzydki	ugly	hässlich	некрасивый
chory	ill	krank	больной
energiczny	energetic	energisch	энергичный
gruby	fat	dick	толстый
ładny	pretty	schön	красивый
łatwy	easy	einfach	лёгкий
młody	young	jung	молодой
Myślę, że...	I think that...	Ich meine, dass...	Я думаю, что
na pewno	certainly; for sure	sicher	наверняка
Nie wiem, czy...	I don't know if...	Ich weiß nicht, ob...	Я не знаю... (Я не знаю, умная ли она)
niesympatyczny	unfriendly	unsympathisch	несимпатичный
niski	short	klein	низкий
przyjaciel	friend	Freund, der	друг
przystojny	handsome	gutaussehend	красивый

smutny	sad	traurig	грустный
stary	old	alt	старый
sympatyczny	friendly	sympathisch	милый
szczupły	slim	schlank	худощавый
tamta	that (girl)	jene	та
tamten	that (boy)	jener	тот
też	too	auch	тоже
trudny	difficult	schwierig	трудный
wesoły	happy	lustig	весёлый
wysoki	tall	groß	высокий
wysportowany	athletic	sportlich	спортивный
zadanie	exercise	Aufgabe, die	задание
zdrowy	healthy	gesund	здоровый
zgrabny	shapely	schlank (wohlgeformt)	стройный

B

bałagan	mess	Unordnung, die	беспорядок
czyj, czyja, czyje	whose	wessen	чей, чья, чьё
ich	their	ihr	их
jego	his; its	sein	его

jej	her	ihr	её
kolorowy	colourful	bunt	цветной
komiks	comics	Comic, der	комикс
kuchnia	kitchen	Küche, die	кухня
mój	my	mein	мой
najlepszy	the best	der beste…	лучший
nasz	our	unser	наш
Nie denerwuj się!	Don't be annoyed!	Ärgere dich nicht!	Не волнуйся!
przerwa	break	Pause, die	перерыв
Trzymaj się!	Take care!	Mach's gut!	Пока!
twój	your (singular)	dein	твой
wasz	your (plural)	euer	ваш
wiadomość	message	Nachricht, die	сообщение
wysyłać	to send	senden	отправлять
żaba	frog	Frosch, der	лягушка

C

bawić się	to play	spielen	играть
klocki	building blocks	Bausteine, Pl.	конструктор
koszykówka	basketball	Basketball, der	баскетбол
kreatywny	creative	kreativ	творческий
kuzyn	cousin	Cousin, der	двоюродный брат
literatura	literature	Literatur, die	литература
moda	fashion	Mode, die	мода

D

aktor	actor	Schauspieler, der	актёр
architekt	architect	Architekt, der	архитектор
artysta	artist	Künstler, der	художник
Chcę zostać…	I want to be…	Ich möchte… werden.	Я хочу стать…
dentysta	dentist	Zahnarzt, der	стоматолог
dziennikarz	journalist	Journalist, der	журналист
fotograf	photographer	Fotograf, der	фотограф
informatyk	IT specialist	Informatiker, der	информатик
inżynier	engineer	Ingenieur, der	инженер
kierowca	driver	Fahrer, der	водитель
Kim chcesz zostać?	Who do you want to be?	Was möchtest du werden?	Кем ты хочешь стать?
kucharz	cook	Koch, der	повар
lekarz	doctor	Arzt, der	врач
modelka	model	Model, das	модель
muzyk	musician	Musiker, der	музыкант
pilot	pilot	Pilot, der	пилот
piłkarz	footballer	Fußballspieler, der	футболист
piosenkarz	singer	Sänger, der	певец
policjant	police officer	Polizist, der	полицейский
projektant mody	fashion designer	Modedesigner, der	модельер
sławny	famous	berühmt	известный
sportowiec	athlete	Sportler, der	спортсмен
tancerz	dancer	Tänzer, der	танцор
zawód	profession	Beruf, der	профессия
znany	well-known; popular	bekannt	популярный

+

ambitny	ambitious	ehrgeizig	честолюбивый
astronomia	astronomy	Astronomie, die	астрономия
biegacz	runner	Läufer, der	бегун
błoto	mud	Schlamm, der	грязь
czarować	to do magic	zaubern	колдовать
dyskutować	to discuss	diskutieren	спорить
ekonomia	economy	Wirtschaftswissenschaft, die	экономия
gazeta	newspaper	Zeitung, die	газета
gwiazda	star	Stern, der	звезда
insekt	insect	Insekt, das	насекомое
jeździć na nartach	to ski	Schi fahren	ездить на лыжах
kompozytor	composer	Komponist, der	композитор
koszykarz	basketball player	Volleyballspieler, der	баскетболист
kuchnia włoska	Italian cuisine	italienische Küche	итальянская кухня
kultura	culture	Kultur, die	культура
leniwy	lazy	faul	ленивый
literatura	literature	Literatur, die	литература
magia	magic; witchcraft	Magie, die	магия
mądry	clever	klug	умный
medycyna	medicine; medical science	Medizin, die	медицина
mikrofon	microphone	Mikrofon, das	микрофон
nieznany	unknown	unbekannt	неизвестный
odrabiać zadania	to do homework	Hausaufgaben machen	делать домашнюю работу
oglądać telewizję	to watch TV	fernsehen	смотреть телевизор
pływać	to swim	schwimmen	плавать
podróżnik	traveller	Reisende, der	путешественник
podróżować	to travel	reisen	путешествовать
polityka	politics	Politik, die	политика
pracowity	hard-working	fleißig	трудолюбивый
przeciętny	average	durchschnittlich	заурядный
pustynia	desert	Wüste, die	пустыня
puszcza	forest; wilderness	Urwald, der	пуща
religia	religion	Religion, die	религия
reżyser	film director	Regisseur, der	режиссёр
rozmawiać	to talk	sich unterhalten	разговаривать
rudy	red-haired	rothaarig	рыжий
samochód	car	Wagen, der	машина
słaby	poor; average	schlecht in etwas sein	слабый
spać	to sleep	schlafen	спать
telewizja	television	Fernsehen, das	телевизор
tenisista	tennis player	Tennisspieler, der	теннисист
utalentowany	talented	talentiert	талантливый
zdolny	gifted; talented	begabt	способный
złośliwy	mean; malicious	boshaft	язвительный

sto pięćdziesiąt trzy 153

A

babcia	grandmother	Oma, die	бабушка
brat	brother	Bruder, der	брат
ciemne włosy	dark hair	dunkles Haar	тёмные волосы
ciocia	aunt	Tante, die	тётя
córka	daughter	Tochter, die	дочь
dziadek	grandfather	Opa, der	дедушка
dziadkowie	grandparents	Großeltern, Pl.	дедушка и бабушка
dzieci	children	Kinder, Pl.	дети
jasne włosy	fair hair	helles Haar	светлые волосы
kręcone włosy	curly hair	lockiges Haar, das	вьющиеся волосы
kuzyn	cousin (male)	Cousin, der	двоюродный брат
małżeństwo	marriage	Ehepaar, das	супружеская пара
mama	mummy	Mutti, die	мама
matka	mother	Mutter, die	мать
nosić okulary	to wear glasses	Brille tragen	носить очки
oczy	eyes	Augen, Pl.	глаза
ojciec	father	Vater, der	отец
opis	description	Beschreibung, die	описание
proste włosy	straight hair	glattes Haar	прямые волосы
rodzeństwo	siblings	Geschwister, Pl.	брат и сестра
rodzice	parents	Eltern, Pl.	родители
rodzina	family	Familie, die	семья
rude włosy	red hair	rotes Haar	рыжие волосы
siostra	sister	Schwester, die	сестра
siwe włosy	grey hair	graues Haar	седые волосы
syn	son	Sohn, der	сын
tata	daddy	Vati, der	папа
włosy	hair	Haar, das	волосы
wnuki	grandchildren	Enkelkinder, Pl.	внуки
wujek	uncle	Onkel, der	дядя
zeskanowany	scanned	eingescannt	отсканированный

B

czterdzieści	forty	vierzig	сорок
dwadzieścia	twenty	zwanzig	двадцать
dziewięćdziesiąt	ninety	neunzig	девяносто
Ile masz lat?	How old are you?	Wie alt bist du?	Сколько тебе лет?
Jak myślisz…	What do you think…?	Was meinst du…	Как ты думаешь…
Mam… lat.	I'm… years old.	Ich bin… (Jahre alt).	Мне… лет.
minus	minus	minus	минус
osiemdziesiąt	eighty	achtzig	восемьдесят
pięćdziesiąt	fifty	fünfzig	пятьдесят
plus	plus	plus	плюс
razy	times	mal	умножить на
równa się	equals	durch	равняется
siedemdziesiąt	seventy	siebzig	семьдесят
sto	a hundred	hundert	сто
sześćdziesiąt	sixty	sechzig	шестьдесят
trzydzieści	thirty	dreißig	тридцать

C

biegać	to run	laufen	бегать
chodzić do kina, restauracji, kawiarni	go to the cinema, restaurant, café	gehen ins Kino, ins Restaurant, ins Café	ходить в кино, в ресторан, в кафе
chodzić na spacery, siłownię, dyskotekę	go for a walk; go to the gym; go to a disco	gehen spazieren, ins Fitnessstudio, in die Disco	ходить на прогулки, в спортзал, на дискотеку
deskorolka	skateboard	Skateboard, das	роликовая доска
esemesować	to text; to send messages	simsen	писать смс-ы
fatalnie	terribly	furchtbar	скверно
grać na gitarze	to play the guitar	Gitarre spielen	играть на гитаре
grać w badmintona	to play badminton	Federball spielen	играть в бадминтон
grać w golfa	to play golf	Golf spielen	играть в гольф
grać w koszykówkę	to play basketball	Basketball spielen	играть в баскетбол
grać w piłkę ręczną	to play handball	Handball spielen	играть в гандбол
grać w piłkę nożną	to play football	Fußball spielen	играть в футбол
grać w siatkówkę	to play volleyball	Volleyball spielen	играть в волейбол
grać w szachy	to play chess	Schach spielen	играть в шахматы
grać w tenisa	to play tennis	Tennis spielen	играть в теннис
jeździć konno	to ride a horse	reiten	ездить верхом
jeździć na nartach	to ski	Schi fahren	кататься на лыжах
jeździć na rolkach	to rollerblade	Inline-Skates fahren	кататься на роликах
jeździć na rowerze	to cycle	Rad fahren	кататься на велосипеде
jeździć na sankach	to sledge	Schlitten fahren	кататься на санках
jeździć na snowboardzie	to snowboard	Snowboard fahren	кататься на сноуборде
konkretnie	specifically	genau	конкретно
mailować	to mail	mailen	писать мейлы
malować	to paint	malen	писать красками
oglądać telewizję	to watch TV	fernsehen	смотреть телевизор
okropnie	terribly; horribly	schrecklich	ужасно
pływać	to swim	schwimmen	плавать
podróżować	to travel	reisen	путешествовать
portret	portrait	Porträt, das	портрет
robić zakupy	to do shopping	einkaufen	делать покупки
robić zdjęcia	to take photos	Fotos machen	фотографировать
rozmawiać na czacie	to chat	chatten	разговаривать в чате

rysować	to draw	zeichnen	рисовать
słuchać muzyki	to listen to music	Musik hören	слушать музыку
spotykać się z kolegami	to meet friends; to hang out with friends	sich mit Freunden treffen	встречаться с друзьями
surfować po internecie	to surf the Internet	im Internet surfen	бродить по Интернету
śpiewać	to sing	singen	петь
świetnie	very well	ausgezeichnet	отлично
tańczyć	to dance	tanzen	танцевать
uczyć się języków obcych	to learn foreign languages	Fremdsprachen lernen	учить иностранные языки
uprawiać sport	to do sport	Sport treiben	заниматься спортом
wolny czas	free time	Freizeit, die	свободное время

D

basen	swimming pool	Schwimmbad, das	бассейн
boję się	I'm scared of…	Ich habe Angst…	я боюсь
chcieć	to want	wollen	хотеть
czasem	sometimes	manchmal	иногда
często	often	oft	часто
film przygodowy	adventure film	Abenteuerfilm, der	приключенческий фильм
horror	horror film	Horror, der	фильм ужасов
latem	in the summer	im Sommer	летом
móc	can; to be able	können	мочь
musieć	must	müssen	быть должным
nigdy	never	nie	никогда
piękny	beautiful	schön	прекрасный
po prostu	simply; just	einfach	просто
pozdrowienia	greetings	Grüsse, Pl.	привет
razem	together	zusammen	вместе
rzadko	rarely	selten	редко
umieć	to know how	können	уметь
zawsze	always	immer	всегда
zbyt dobrze	too well	zu gut	очень хорошо
zimą	in the winter	im Winter	зимой
zwykle	usually	gewöhnlich	обычно

+

bić brawo	to applaud	Beifall klatschen	аплодировать
boisko	football pitch	Fußballplatz, der	футбольное поле
bramka	goal	Tor, das	ворота
bramkarz	goalkeeper	Torwart, der	вратарь
dawać żółtą kartkę	to hand out a yellow card	eine gelbe Karte geben	давать жёлтую карточку
denerwować się	to get excited; to be nervous	unruhig sein	нервничать
drużyna	team	Mannschaft, die	команда
faulować	to foul	foulen	фолить
gol	goal	Tor, das	гол
gracz	player	Spieler, der	игрок
gwizdek	whistle	Pfeife, die	свисток
jeść	to eat	essen	есть
karate	karate	Karate, das	карате
kibicować	to support; to root for	anfeuern	болеть
konkurować	to compete	konkurrieren	соперничать
kontra	versus	gegen	против
kopać	to kick	kicken	бить по мячу
łapać	to catch	fangen	ловить
mecz	match	Fußballspiel, das	матч
notować	to note down	aufschreiben	записывать
obserwować	to watch	beobachten	наблюдать за
przegrywać	to lose	verlieren	проигрывать
remisować	to draw	unentschieden spielen	сыграть вничью
rywalizować	to compete	rivalisieren	соперничать
sędzia	referee	Schiedsrichter, der	судья
strzelać bramkę	to score a goal	Tor schießen	забивать гол
trener	coach	Trainer, der	тренер
trenować	to train; to practise	trainieren	тренировать
wygrywać	to win	gewinnen	выигрывать
zawodnik	player	Spieler, der	игрок

A

…kosztuje 2 złote	it costs 2 zloty	…kostet 2 Zlotys	…стоит 2 злотых
banan	banana	Banane, die	банан
batonik	bar	Riegel, der	батончик
biały ser	cottage cheese	Quark, der	творог
ciastko	biscuit	Keks, der	пирожное
czekolada	chocolate (bar)	Schokolade, die	шоколад
czekoladowy	chocolate	Schoko-	шоколадный
Dla mnie jakiś kosmos!	It's incomprehensible!	Das sind böhmische Dörfer für mich!	Это просто космос какой-то!
do jedzenia	(sth) to eat	zum Essen	поесть
do picia	(sth) to drink	zum Trinken	попить
drożdżówka	bun	Hefegebäck, das	сдобная булочка
dżem	jam	Marmelade, die	джем
gorący	hot	heiß	горячий
idziemy…	Let's go…	auf geht's…	идём…
jabłko	apple	Apfel, der	яблоко
jabłkowy	apple	Apfel-	яблочный
kakao	cocoa	Kakao, der	какао
kaloryczny	calorific	kalorienreich	калорийный
kanapka	sandwich	Sandwich, der	бутерброд
kartonik	carton	kleiner Karton	пакетик
kupić	to buy	kaufen	купить
marmolada	marmalade	Marmelade, die	мармелад

sto pięćdziesiąt pięć

mleczny	milk; milky	Milch-	молочный
mleko	milk	Milch, die	молоко
na szczęście	fortunately	zum Glück	к счастью
nadzienie	filling	Füllung, die	начинка
nie ma problemu	no problem	kein Problem!	без проблем
nutella	Nutella; chocolate cream	Nutella, die	нутелла
orzechowy	nutty	Nuss-	ореховый
owocowy	fruity	Obst-	фруктовый
pączek	doughnut	Berliner, der	пончик
pizza	pizza	Pizza, die	пицца
pomarańczowy	orange (juice)	Orangen-	апельсиновый
pomidorowy	tomato (juice)	Tomaten-	томатный
produkt	product	Produkt, das	продукт
rurka	straw	Trinkhalm, der	соломинка
ser	cheese	Käse, der	сыр
sklepik szkolny	school shop	Schulladen, der	школьный киоск
sok	juice	Saft, der	сок
sos	sauce	Soße, die	соус
strasznie głodny	terribly hungry	hungrig wie ein Wolf	страшно голодный
szynka	ham	Schinken, der	ветчина
też jest w porządku	it's OK too	in Ordnung	тоже можно
to jest to	this is it	das ist es	это то, что нужно
toffi	toffee	Toffee, das	тоффи
za moment	in a moment	gleich	через минуту
zimny	cold	kalt	холодный
zjeść	to eat	essen	съесть
zmęczony	tired	müde	усталый

B

Co dla ciebie?	What's for you?	Was für dich?	Что для тебя?
Coś jeszcze?	Anything else?	Noch etwas?	Что-нибудь ещё?
Czy jest…	Do you have…?; Have you got…?	Haben Sie vielleicht…	Есть ли…?
Dzięki!	Thanks!	Danke!	Спасибо
Ile kosztuje…	How much does it cost? How much is/are…?	Was kostet…?	Сколько стоит…
Ile płacę?	How much do I pay?	Was macht das?	Сколько с меня?
kultowy film	cult film	Kultfilm, der	культовый фильм
kupować	to buy	kaufen	покупать
Nie, to wszystko.	Thank you, that's all.	Nein, das ist alles.	Нет, это все.
Niestety nie ma.	I'm afraid we haven't got it.	Leider nicht.	К сожалению, нет.
Poproszę…	Can I have…, please.	Ich hätte gern…	Мне, пожалуйста…
słodki	sweet	süß	сладкий
Tak, jest.	Yes, we have got it.	Ja, es gibt.	Да, есть.

C

bajka dla dzieci	cartoon	Märchen, das	сказка для детей
chomik	hamster	Hamster, der	хомяк
ekstremalny sport	extreme sport	Extremsport, der	экстремальный вид спорта
filmowy	film	Film-	кино… (кинозал)
forum	forum	Forum, das	форум
hobby	hobby	Hobby, das	хобби
komedia	comedy	Komödie, die	комедия
komputerowy	computer	Computer-	компьютерный
kot	cat	Katze, die	кошка
kotek	kitten	Kätzchen, das	котик
królik	rabbit	Kaninchen, das	кролик
literacki	literary	Literatur-	литературный
logować się	log in	sich einloggen	войти
metalowy	metal	Metalmusik	в жанре метал
Muszę lecieć.	I must dash.	Ich muss los.	Мне надо бежать.
muzyczny	music	Musik-	музыкальный
muzyka klasyczna	classical music	klassische Musik	классическая музыка
nie ma sprawy	Don't mention it.	kein Problem!	без проблем
papuga	parrot	Papagei, der	попугай
pies	dog	Hund, der	собака
pisać post	to write a post	einen Beitrag schreiben	писать пост
rybka	fish	Zierfisch, der	рыбка
sportowy	sports	Sport-	спортивный
strona internetowa	website	Internetseite, die	интернет-сайт
teledysk	music video; clip	Videoclip, der	видео-клип
telewizyjny show	TV show	Fernsehshow, die	телешоу
uprawiać	to practise (sport); to play (sport)	treiben	заниматься
założyć profil	create profile	ein Profil anlegen	создать профиль
zoologiczny	zoological	zoologisch	зоологический
zwierzę, zwierzak	pet	Tier, das	животное, зверёк

D

aparat cyfrowy	digital camera	Digitalkamera, die	цифровой фотоаппарат
całuję	kisses	Küsse, Pl.	целую
czterysta	four hundred	vierhundert	четыреста
czytnik e-booków	e-book reader	E-Book Reader, der	читалка электронных книг
dostać	to get; to receive	bekommen	получить
dwieście	two hundred	zweihundert	двести
dziewięćset	nine hundred	neunhundert	девятьсот
fantastyczny	fantasy	Fantasy Buch	фантастический
film	film; movie	Film, der	фильм
kameleon	chameleon	Chamäleon, das	хамелеон
konsola do gier	game console	TV-Spielkonsole, die	игровая приставка

laptop	laptop	Laptop, der	ноутбук		święty Mikołaj	Santa Claus	Nikolaus, der	Дед Мороз
list	letter	Brief, der	письмо		tablet	tablet	Tablet-PC, der	планшет
lista prezentów	gift list	Geschenkliste, die	список подарков		trzysta	three hundred	dreihundert	триста
osiemset	eight hundred	achthundert	восемьсот		tysiąc	thousand	tausend	тысяча
pieniądz	money	Geld, das	деньги		wampir	vampire	Vampir, der	вампир
pięćset	five hundred	fünfhundert	пятьсот		z góry dziękuję	thank you in advance	Danke im Voraus	заранее спасибо
pozdrawiam serdecznie	warm greetings	Mit freundlichem Gruß	сердечный привет		🇨🇭			
prezent	gift; present	Geschenk, das	подарок		data urodzin	birthday date	Geburtsdatum, das	дата рождения
serial	series	Serie, die	сериал		idol	idol	Idol, das	идол
siedemset	seven hundred	siebenhundert	семьсот		liga	league	Liga, die	лига
smartfon	smartphone	Smartphone, das	смартфон		prywatnie	in private life	privat	в приватной жизни
sto	a hundred	hundert	сто		wzrost	height	Größe, die	рост
sześćset	six hundred	sechshundert	шестьсот					

A

burza	storm	Gewitter, das	буря		bluza	sweatshirt	Sportbluse, die	блуза
ciepło	warm	Wärme, die	тепло		bluzka	blouse	Bluse, die	блузка
dekoracja	decoration; ornament	Schmuck, der	декорация		buty	shoes	Schuhe, Pl.	ботинки
deszcz	rain	Regen, der	дождь		cekin	sequin	Paillette, die	блёстка
ferie	winter break	Winterferien, Pl.	зимние каникулы		czapka	hat	Mütze, die	шапка
gorąco	hot	heiß	жарко		dżinsy	jeans	Jeans, Pl.	джинсы
herbata	tea	Tee, der	чай		flaga	flag	Flagge, die	флаг
jesień	autumn	Herbst, der	осень		guzik	button	Knopf, der	пуговица
jest pochmurno	it's cloudy	es ist bewölkt	пасмурно		kamizelka	waistcoat	Weste, die	жилет
kwiat	flower	Blume, die	цветок		kaptur	hood	Kapuze, die	капюшон
lato	summer	Sommer, der	лето		kask	helmet	Helm, der	каска
łyżwy	ice skates	Schlittschuhe, Pl.	коньки		koszula	shirt	Hemd, das	рубашка
mróz	frost	Frost, der	мороз		kozaki	boots	Stiefel, Pl.	сапоги
pada deszcz	it's raining	Es regnet.	идёт дождь		krawat	tie	Krawatte, die	галстук
pada śnieg	it's snowing	Es schneit.	идёт снег		kurtka	jacket	Jacke, die	куртка
parasol	umbrella	Regenschirm, der	зонт		motyw	pattern	Motiv, das	узор
pogoda	weather	Wetter, das	погода		na podwórku	outside	im Hof	во дворе
pora roku	season	Jahreszeit, die	время года		nie mam się w co ubrać	I have nothing to wear.	Ich habe nichts zum Anziehen.	мне нечего надеть
rok szkolny	school year	Schuljahr, das	учебный год		nogawka	leg (trousers)	Hosenbein, das	штанина
srebrny	silver	silber	серебряный		nosić	to wear	tragen	носить
śnieg	snow	Schnee, der	снег		płaszcz	coat	Mantel, der	плащ
świeci słońce	the sun is shining	Die Sonne scheint.	светит солнце		podkoszulek	T-shirt; undershirt	Unterhemd, das	футболка
tulipan	tulip	Tulpe, die	тюльпан		rękaw	sleeve	Ärmel, der	рукав
wakacje	summer holiday	Sommerferien, Pl.	каникулы		rękawiczka	glove	Handschuh, der	перчатка
wiatr	wind	Wind, der	ветер		serduszko	heart	Herzchen, das	сердечко
wieje wiatr	the wind is blowing	Der Wind weht.	дует ветер		spodnie	trousers	Hose, die	брюки
wiosna	spring	Frühling, der	весна		spódnica	skirt	Rock, der	юбка
zima	winter	Winter, der	зима		sweter	sweater	Pullover, der	свитер
zimno	cold	kalt	холодно		szalik	scarf	Schal, der	шарф
					sznurówka	shoelace	Schnürsenkel, der	шнурок

B

aplikacja	appliqué; pattern; design	Applikation, die	аппликация		szorty	shorts	Shorts, Pl.	шорты
					tenisówki	trainers	Sneakers, Pl.	спортивные тапочки
					T-shirt	T-shirt	T-Shirt, das	майка
					ubranie	clothes	Kleidung, die	одежда
					w kratkę	checked	kariert	в клетку

sto pięćdziesiąt siedem **157**

w kropki	spotted	gepunktet	в горошек
w paski	striped	gestreift	в полоску

C

beżowy	beige	beige	бежевый
być ubranym w…	to wear…	anhaben…	быть одетым в…
centrum	centre	Zentrum, das	центр
czapka bejsbolówka	cap	Baseballkappe, die	бейсболка
frędzel	tassel	Franse, die	бахрома
gwiazda	star	Star, der	звезда
na co dzień	in everyday life	im Alltag	в повседневной жизни
nieskomplikowany	uncomplicated	unkompliziert	простой
pastelowy	pastel	pastellfarben	пастельный
pompon	pompom	Pompon, der	помпон
prawdopodobnie	probably	wahrscheinlich	вероятно
sukienka	dress	Kleid, das	платье
wygodniejszy	more comfortable	bequemer	более удобный
zakupy	shopping	Einkäufe, Pl.	покупки

D

agresywny	aggressive	aggressiv	агрессивный
chodzić do pracy	to go to work	zur Arbeit gehen	ходить на работу
czosnek	garlic	Knoblauch, der	чеснок
dowiedzieć się	to find out	erfahren	узнать
dramat	drama	Drama, das	драма
komedia	comedy	Komödie, die	комедия
kryminał	whodunit	Krimi, der	детектив
podawać informacje	to disseminate; to spread news	bekannt geben	сообщать
portret psychologiczny	psychological portrait	psychologisches Profil	психологический портрет
potrawa	dish	Speise, die	блюдо
z zawodu	his/her profession is…	von Beruf	по профессии

✚

apteka	pharmacy	Apotheke, die	аптека
chustka	kerchief	Tuch, das	платок
cukiernia	cake shop	Konditorei, die	кондитерская
dres	tracksuit	Sportanzug, der	спортивный костюм
drogeria	chemist's	Drogerie, die	парфюмерия
fryzjer	hairdresser	Friseur, der	парикмахер
garnitur	suit	Anzug, der	костюм
imieniny	name day	Namenstag, der	именины
kapelusz	hat	Hut, der	шляпа
kasa	counter	Kasse, die	касса
kąpielówki	swimming trunks	Badehose, die	плавки
kolekcja	collection	Kollektion, die	коллекция
kosmetyk	beauty product	Kosmetikum, das	косметическое средство
kostium kąpielowy	swimsuit	Badeanzug, der	купальник
księgarnia	bookshop	Buchhandlung, die	книжный магазин
legginsy	leggings	Leggings, Pl.	леггинсы
lekarstwo	medicine	Arznei, die	лекарство
optyk	optician	Optiker, der	оптика
pasek	belt	Gürtel, der	ремень
pasować	to match well; to combine well	passen	идти
piżama	pyjamas	Schlafanzug, der	пижама
przymierzać	to try on	anprobieren	примерять
przymierzalnia	changing room	Anproberaum, der	примерочная
rajstopy	tights	Strumpfhose, die	колготки
rozmiar	size	Größe, die	размер
sandały	sandals	Sandalen, Pl.	сандалии
skarpetka	sock	Socke, die	носок
sklep elektroniczny	electronic shop	Elektroladen, der	магазин электроники
sklep obuwniczy	shoe shop	Schuhladen, der	магазин обуви
sklep odzieżowy	clothes shop	Kleidergeschäft, das	магазин одежды
sklep papierniczy	stationer's	Schreibwarengeschäft, das	магазин канц-товаров

A

biała kawa	white coffee	Milchkaffee, der	кофе с молоком
bułka	roll	Brötchen, das	булочка
chleb	bread	Brot, das	хлеб
cukier	sugar	Zucker, der	сахар
cytryna	lemon	Zitrone, die	лимон
dyrektor	director	Direktor, der	директор
dżem	jam	Marmelade, die	джем
herbata	tea	Tee, der	чай
jajko	egg	Ei, das	яйцо
jedzenie	food	Essen, das	еда
jogurt	yoghurt	Joghurt, der	йогурт
kawa	coffee	Kaffee, der	кофе
kiełbasa	sausage	Wurst, die	колбаса
koszmarny	nightmarish	furchtbar	ужасный
kuchnia	kitchen	Küche, die	кухня
masło	butter	Butter, die	масло
ogórek	cucumber	Gurke, die	огурец
płatki śniadaniowe	cereal	Frühstücksflocken, Pl.	хлопья для завтрака
pomidor	tomato	Tomate, die	помидор
praca	work	Arbeit, die	работа

preferować	to prefer	bevorzugen; hier: lieber essen	предпочитать
przeszkadzać	to disturb	stören	мешать
sałata	lettuce	Salat, der	салат
ser żółty	cheese	Käse, der	сыр
sok	juice	Saft, der	сок
spieszyć się	to be in a hurry	in Eile sein	спешить
spotkanie	meeting	Treffen, das	встреча
stresować się	to be stressed	im Stress sein	волноваться
szynka	ham	Schinken, der	ветчина
śniadanie	breakfast	Frühstück, das	завтрак
tuńczyk	tuna	Thunfisch, der	тунец
woda mineralna	mineral water	Mineralwasser, das	минеральная вода
woleć	to prefer	lieber haben	предпочитать
zamieszanie	commotion	Durcheinander, das	суматоха

B

ciemny chleb	brown bread	Schwarzbrot, das	ржаной хлеб
gruszka	pear	Birne, die	груша
jajko na miękko	soft-boiled egg	weich gekochtes Ei	яйцо всмятку
jogurt naturalny	natural/plain yoghurt	Naturjoghurt, der	натуральный йогурт
niesmaczny	tasteless	unappetitlich	невкусный
obrzydliwy	disgusting	ekelhaft	отвратительный
okropny	horrible	widerlich	ужасный
papryka	pepper	Paprika, der	перец
pyszny	delicious	lecker	очень вкусный
sałatka	salad	Salat, der	салат
smaczny	tasty	schmackhaft	вкусный
tłusty	fat; greasy	fett	жирный
uwielbiać	to love	lieben	обожать

C

arbuz	watermelon	Wassermelone, die	арбуз
barszcz czerwony	borscht	Rote-Bete-Suppe, die	борщ
brokuły	broccoli	Brokkoli, Pl.	брокколи
brzoskwinia	peach	Pfirsich, der	персик
Dla mnie...	For me...	Für mich...	Мне...
drugie danie	main course	zweiter Gang	второе блюдо
frytki	chips	Pommes frites, Pl.	картофельфри
groszek	pea	Erbsen, Pl.	горошек
gruszka	pear	Birne, die	груша
kalafior	cauliflower	Blumenkohl, der	цветная капуста
kolacja	supper	Abendessen, das	ужин
kompot	compote	in Polen: Fruchtsaftgetränk aus gekochtem Obst	компот
kotlet	chop	Kotelett, das	котлета
kotlet schabowy	pork chop	Schweinekotelett, das	свиная отбивная
krupnik	barley soup	Graupensuppe, die	суп с крупой
kurczak	chicken	Hähnchen, das	курица
łakomczuch	gourmand	Naschkatze, die	лакомка
makaron	pasta	Nudeln, Pl.	макароны
marchewka	carrot	Karotte, die	морковь
mięso	meat	Fleisch, das	мясо
naleśniki	pancakes	Pfannkuchen, die	блины
napój	drink	Getränk, das	напиток
nie cierpię	I can't stand	hier: hassen	не выношу
obiad	dinner	Mittagessen, das	обед
owoc	fruit	Frucht, die	фрукт
pierogi	dumplings	Piroggen: Teigtaschen mit Füllung	пельмени/вареники
ryba	fish	Fisch, der	рыба
ryż	rice	Reis, der	рис
sałatka	salad	Salat, der	салат
Smacznego!	bon appétit; Enjoy your meal!	Guten Appetit!	Приятного аппетита!
stołówka	canteen	Kantine, die	столовая
warzywo	vegetable	Gemüse, das	овощ
wegetarianin	vegetarian	Vegetarier, der	вегетарианец
winogrona	grapes	Weintrauben, Pl.	виноград
zamawiać	to order	bestellen	заказывать
ziemniak	potato	Kartoffel, die	картошка
zupa	soup	Suppe, die	суп
zupa pomidorowa	tomato soup	Tomatensuppe, die	томатный суп

D

czarodziej	wizard	Zauberer, der	волшебник
czarować	to bewitch	zaubern	колдовать
kocham...	I love...	ich liebe...	я обожаю
magiczny	magical	magisch	волшебный
myszka	mouse	Maus, die	мышка
na szczęście	fortunately	zum Glück	к счастью
pokój	room	Zimmer, das	комната
potrzebować	to need	brauchen	нужно
ptak	bird	Vogel, der	птица
różdżka	(magic) wand	Zauberstab, der	палочка
sowa	owl	Eule, die	сова
szukać	to look for	suchen	искать
znaleźć	to find	finden	найти

+

dzik	(wild) boar	Wildschwein, das	кабан
grzyb	mushroom	Pilz, der	гриб
jagoda	blueberry	Heidelbeere, die	черника
jeleń	deer	Hirsch, der	олень
jezioro	lake	See, der	озеро
jeż	hedgehog	Igel, der	ёж
koszyk	basket	Korb, der	корзинка
kroić	to cut	schneiden	резать
las	forest	Wald, der	лес
lis	fox	Fuchs, der	лис
łowić	to fish	angeln	ловить
łódka	boat	Boot, das	лодка
łyżka	spoon	Löffel, der	ложка
maliny	raspberries	Himbeeren, Pl.	малина
niedźwiedź	bear	Bär, der	медведь
nóż	knife	Messer, das	нож
ognisko	bonfire	Lagerfeuer, das	костёр

sto pięćdziesiąt dziewięć **159**

palić ognisko	to have a bonfire	am Lagerfeuer sitzen	жечь костёр
pełny	full	voll	полный
piec	to roast; to grill	braten	печь
piknik	picnic	Picknick, das	пикник
strój	outfit	Kleidung, die	одежда
wędka	fishing rod	Angel, die	удочка
widelec	fork	Gabel, die	вилка
wiewiórka	squirrel	Eichhörnchen, das	белка
wilk	wolf	Wolf, der	волк
zając	hare	Hase, der	заяц
zbierać	to pick	sammeln, pflücken	собирать

9

A

autobus	bus	Bus, der	автобус
basen	swimming pool	Schwimmbad, das	бассейн
blisko	near	nahe	недалеко от
centrum	centre	Zentrum, das	центр
charakterystyczny	characteristic; typical	charakteristisch	характерный
dworzec	station	Bahnhof, der	вокзал
dworzec autobusowy	bus station	Busbahnhof, der	автовокзал
dworzec kolejowy	railway station	Bahnhof, der	железнодорожный вокзал
kino	cinema	Kino, das	кинотеатр
kiosk	kiosk	Kiosk, der	киоск
koło	next to	in der Nähe von; an	около
kościół	church	Kirche, die	церковь
list	letter	Brief, der	письмо
miasto	city	Stadt, die	город
między... a...	between	zwischen... und...	между... и...
muzeum	museum	Museum, das	музей
na wprost	opposite	gegenüber	прямо
naprzeciwko	opposite	gegenüber	напротив
numer alarmowy	emergency number	Notruf, der	экстренный номер
obok	next to	neben	рядом
opera	opera	Oper, die	опера
paczka	parcel; package	Paket, das	посылка
park	park	Park, der	парк
po lewej stronie	on the left	links	с левой стороны
po prawej stronie	on the right	rechts	с правой стороны
pociąg	train	Zug, der	поезд
poczta	post office	Post, die	почта
pocztówka	postcard	Postkarte, die	открытка
przed	in front of	vor	прямо перед
przystanek	bus stop	Haltestelle, die	остановка
sklep	shop	Geschäft, das	магазин
spektakl	performance	Spektakel, das	спектакль
stadion sportowy	stadium	Stadion, das	спортивный стадион
szpital	hospital	Krankenhaus, das	больница
teatr	theatre	Theater, das	театр
tramwaj	tram	Straßenbahn, die	трамвай
wizyta	visit	Besuch, der	визит
za	behind	hinter	за
zaginąć	to disappear; to go missing	verschwinden	пропасть

B

apteka	pharmacy; chemist's	Apotheke, die	аптека
czy dobrze idę do...	Am I going in the right direction to...	Geht es hier zu...	я правильно иду в.../до.../на...
Czy to jest droga do...	Is this the way to...	Ist das der Weg nach...	Это дорога в.../до.../на...
Czy wie pan, gdzie...	Do you know where...	Wissen Sie, wo...	Вы не знаете, где...
hol	hall	Foyer, das	холл
iść prosto	to go straight	geradeaus gehen	идти прямо
jak dojechać do...	how to get to...	wie kommt man zu...	как доехать до...
jak dojść do...	how to get to...	wie kommt man zu...	как дойти до...
jechać autobusem	to go by bus; to take the bus	mit dem Bus fahren	ехать на автобусе
jechać tramwajem	to go by tram; to take the tram	mit der Straßenbah fahren	ехать на трамвае
korytarz	corridor	Korridor, der	коридор
nie jestem stąd	I'm not from here	Ich bin fremd hier.	я не местный
pokój nauczycielski	staffroom	Lehrerzimmer, das	учительская
Proszę zawrócić.	Turn back.	Bitte wenden Sie um.	Вам нужно повернуть обратно.
przejść przez...	to go across...	durch den Park; über die Straße gehen	пройти через
skręcić w lewo	to turn left	links abbiegen	повернуть налево
skręcić w prawo	to turn right	rechts abbiegen	повернуть направо
stąd	from here	von hier aus	отсюда
szatnia	cloakroom	Umkleideraum, der	раздевалка

C

cały czas	all the time	die ganze Zeit	все время
czasem	sometimes	manchmal	иногда
często	often	oft	часто
dzisiaj	today	heute	сегодня

forma fizyczna	fitness	Form, die; gut in Form sein	физическая форма
hulajnoga	scooter	Roller, der	самокат
iść	to walk, to go	gehen	идти
jechać	to ride; to drive; to go by...	fahren	ехать
jeździć	to ride; to drive; to go by...	fahren	ездить
mieć problem	to have a problem	ein Problem haben	иметь проблему (у неё проблема)
nigdy	never	nie	никогда
panda	panda	Panda, der	панда
pieszo	on foot	zu Fuß	пешком
regularnie	regularly	regelmäßig	регулярно
rolki	rollerblades	Inline-Skates, Pl.	ролики
ruch	exercise	Bewegung, die	движение
rzadko	rarely	selten	редко
samochód	car	Wagen, der	машина
szpinak	spinach	Spinat, der	шпинат
teraz	now	jetzt	сейчас
trenować	to train	trainieren	тренироваться
trochę	a bit	ein bisschen	немного
w ten piątek	this Friday	an diesem Freitag	в эту пятницу
w tę sobotę	this Saturday	an diesem Samstag	в эту субботу
waga	weight	Gewicht, das	вес
za chwilę	in a moment	in wenigen Augenblicken	через минуту
zaraz	in a moment	gleich	сейчас
zawsze	always	immer	всегда
zdrowie	health	Gesundheit, die	здоровье
zwykle	usually	normalerweise	обычно
żółw	tortoise	Schildkröte, die	черепаха

D

droga	way	Weg, der	дорога
idealny na...	perfect for...	ideal für	идеальный для
mniej więcej	more or less	etwa	более менее
przepisać	to copy	abschreiben	переписать
test	test	Test, der	тест
zrobić pracę domową	to do homework	Hausaufgabe machen	сделать домашнюю работу

+

aleja	avenue	Allee, die	аллея
budynek	building	Gebäude, das	здание
charakterystyczny	characteristic; typical	charakteristisch	характерный
chorał	plainsong	Choral, der	хорал
chór	choir	Chor, der	хор
dorożka	hansom cab	Kutsche, die	извозчик
hejnał	bugle call	*Turmlied mit einer Trompete abgespielt*	хейнал/сигнал точного времени
historia	story	Geschichte, die	история
jaskinia	cave	Höhle, die	пещера
koniec	the end	Ende, das	конец
król	king	König, der	король
królewna	princess	Prinzessin, die	королевна
królowa	queen	Königin, die	королева
legenda	legend	Sage, die	легенда
miejsce	place	Ort, der	место
monument	monument	Monument, das	монумент
nie mogę się doczekać	I can't wait.	Ich kann es kaum erwarten.	жду не дождусь
opowiadać	to tell a story	erzählen	рассказывать
plac	square	Platz, der	площадь
pomnik	monument	Denkmal, das	памятник
popularny	popular	hier: bekannt	популярный
potem	later	dann	потом
potrawa	dish	Speise, die	блюдо
pradziadek	great-grandfather	Urgroßvater, der	прадедушка
prezydent	president	Stadtpräsident, der	президент
ratusz	town hall	Rathaus, das	ратуша
religijny	sacred	religiös	религиозный
rynek	(town) square	(Haupt)marktplatz, der	главная площадь
rzeka	river	Fluss, der	река
sklep z pamiątkami	souvenir shop	Souvenirladen, der	сувенирный магазин
smok	dragon	Drache, der	дракон
statua	statue	Statue, die	статуя
straszny	scary	schrecklich	страшный
studiować	to study	studieren	учиться
transport	transport	Transport, der	транспорт
turysta	tourist	Tourist, der	турист
uniwersytet	university	Universität, die	университет
wieża	tower	Turm, der	башня
wszystko	everything; all	alles	все
wycieczka	trip	Ausflug, der	экскурсия
zamek	castle	Schloss, das	замок
znany	known; popular	bekannt	известный
zobaczyć	to visit	besichtigen	посетить

A

dopiero	only	erst	только
godzina	hour	Stunde, die; Uhr, die	час
Jak ten czas szybko leci!	How time flies!	Wie doch die Zeit vergeht!	Как быстро летит время!
Kto gra?	who plays	Wer spielt?	Кто играет?
Która (jest) godzina?	What's the time?	Wie spät ist es?	сколько время? (который час?)
nic specjalnego	nothing special	nichts Besonderes	ничего особенного

pilot	remote control	Fernbedienung, die	пульт
zaczynać	to start; to begin	anfangen	начинать
Zapomniałem!	I have forgotten!	Ich habe vergessen!	Я забыл!

B

dyskoteka	disco	Disco, die	дискотека
dyskusja	discussion	Diskussion, die	дискуссия
ekranizacja	film adaptation	Verfilmung, die	экранизация
fan	fan	Fan, der	болельщик
gra miejska	city game	Stadtrallye, die	городская игра
prezentacja	presentation	Präsentation, die	презентация
prezentować się	to present oneself	sich vorstellen	представляться
quiz	quiz	Quiz, das	викторина
spotkanie	meeting	Treffen, das	встреча
taniec ludowy	folk dance	Volkstanz, der	народный танец
uczestnik	participant	Teilnehmer, der	участник
warsztaty	workshops	Workshop, der	семинар
wykład	lecture	Vorlesung, die	лекция
wystawa	exhibition	Ausstellung, die	выставка
zakończenie	ending; finish	Ende, das	окончание
zespół	music band	Band, die	группа

C

brać prysznic	to take a shower	duschen	принимать душ
budzić się	to wake up	aufwachen	просыпаться
gimnastyka	gymnastics	Gymnastik, die	зарядка
iść	to go	gehen	идти
iść spać	to go to sleep	schlafen gehen	идти спать
jak każda żaba…	as every frog…	wie jeder Frosch…	как каждая лягушка…
kontrolować	to control; to check	kontrollieren	контролировать
maksymalnie do…	at most until	höchstens bis…	максимум до
myć się	to wash oneself	sich waschen	мыться
najpierw	first	zuerst	сначала
odpoczywać	to take a rest; to rest	sich erholen	отдыхать
odrabiać pracę domową	to do homework	die Hausaufgaben machen	делать домашнее задание
potem	then; next	dann	потом
sekret	secret	Geheimnis, das	секрет
smacznie spać	to sleep well; to sleep soundly	selig schlafen	сладко спать
spać	to sleep	schlafen	спать
spotykać się	to meet	sich treffen	встречаться
typowy dzień	a typical day	Alltag, der	типичный день
ubierać się	to get dressed; to put on clothes	sich anziehen	одеваться
w tajemnicy	in secret	geheim	втайне
wegetarianin	vegetarian	Vegetarier, der	вегетарианец
wracać	to return	zurückkommen	возвращаться
wstawać	to get up	aufstehen	вставать

D

młodszy	younger	jünger	младший
o północy	at midnight	um Mitternacht	в полночь
po południu	in the afternoon	am Nachmittag	после полудня
pora dnia	time of the day	Tageszeit, die	время суток
przed południem	before noon	am Vormittag	до полудня
rano	in the morning	am Morgen	утром
spać jak suseł	to sleep like a log	schlafen wie ein Murmeltier	спать как сурок
sprzątać	to tidy	aufräumen	убираться
starszy	older	älter	старший
w nocy	at night	in der Nacht	ночью
w południe	at noon	am Mittag	в полдень
wieczorem	in the evening	am Abend	вечером

+

dlaczego	why	warum	почему
dookoła	around; round	um… herum	по
koziołek	goat	Ziegenbock, der	козлик
krasnal	dwarf	Zwerg, der	гном
mak	poppy	Mohn, der	мак
morze	sea	See, die	море
most	bridge	Brücke, die	мост
następnym razem	next time	das nächste Mal	в следующий раз
obwarzanek	bagel	Brezel, die	бублик
piernik	gingerbread	Lebkuchen, der	пряник
publikować	to post	veröffentlichen	публиковать
rewelacyjny	fantastic	fantastisch	великолепный
rogal	croissant	Hörnchen, das	рогалик
stary, dobry	the good old…	altes, gutes…	старый, добрый
waluta	currency	Währung, die	валюта
widok	view	Aussicht, die	вид
zakochany	in love	verliebt	влюблённый
zdjęcie	photo	Foto, das	фотография

„POLSKI krok po kroku – junior"
Seria podręczników do nauki języka polskiego
jako obcego dla dzieci i młodzieży

Poziom 1 (A1 - część pierwsza)

Podręcznik opracowano z uwzględnieniem standardów
wymagań egzaminacyjnych Państwowej Komisji
Poświadczania Znajomości Języka Polskiego jako Obcego.

Wydanie pierwsze. Kraków 2015

Redaktor serii „POLSKI krok po kroku – junior": **Iwona Stempek**

Autorzy rozdziałów:
Małgorzata Grudzień, **Iwona Stempek**: 1, 2, 4, 5, 8
Paulina Kuc: 3, 6, 7, 9, 10

Pragniemy podziękować wszystkim, którzy przyczynili się do powstania tej książki.
Joannie Czyż – która z pasją i poświęceniem tworzyła szatę graficzną podręcznika.
Tomaszowi Lidzie – który czuwał nad nagraniami oraz zajmował się stroną
muzyczną podręcznika – komponował, akompaniował, grał.
Dyrekcji Gimnazjum Ojców Pijarów w Krakowie, a przede wszystkim Ojcu
Grzegorzowi Misiurze za pomoc w zorganizowaniu castingu młodych talentów.
Karolinie Kazoń za przeprowadzenie warsztatów teatralnych i przygotowanie
młodzieży do nagrań.
Wszystkim uczniom Gimnazjum, którzy udzielili swojego głosu w nagraniach.
Spadkobiercom Jana Brzechwy, szczególnie panu Adamowi Magajewskiemu, za
zgodę na publikację wiersza „Tydzień" oraz fragm. „Kaczki-dziwaczki" (str. 20, 47).
Panu Wiesławowi Kwiatkowskiemu i Panu Wojciechowi Walentynowiczowi za
zgodę na publikację rysunku Koziołka Matołka (str. 58).
Pani Karolinie Granek ze studia nasdwoje.com.pl za udostępnienie fotografii
rodzinnych (str. 60, 61, 63) oraz za zgodę na publikację swoich zdjęć: Małgorzacie
i Arkadiuszowi Grudniom (str. 52, 60, 61, 63, 91), Justynie i Mateuszowi Binkowskim
(str. 60, 61, 63, 68) oraz Karolinie Banatkiewicz (str. 92).
Autorom muzyki, tekstów oraz wykonawcom wykorzystanych utworów muzycznych.

Na płycie wykorzystano fragmenty następujących utworów muzycznych: F. Chopin
– Mazurek B-dur op. 7 Nr 1 - wyk. Tomasz Lida; R. Strauss – „Also Sprach Zaratrustra",
wyk. T. Lida; F. Chopin – Scherzo cis-moll op. 39, wyk. P. Motyczyński; T. Lida
„The Linds Rave", „Mississippi One", podkład muzyczny do rapu „To jest drzewo";
Z. Huptyś – „Cyrk", słowa B. Barszcz; Matragon & Guzik – „The Sacred Chao"
tekst: Matragon & Malaclypse the Younger.

Zdjęcia: © Fotolia, © Freeimages.com

Wydawca: **polish-courses.com, ul. Dietla 103, 31-031 Kraków,
tel. +48 12 429 40 51, faks +48 12 422 57 76,
e-polish.eu, info@e-polish.eu**

Opracowanie graficzne i skład: **Joanna Czyż**
Rysunki: **Małgorzata Mianowska**

Druk: **Beltrani**/ www.drukarniabeltrani.pl

ISBN: 978-83-941178-0-1

Copyright © by polish-courses.com. All rights reserved.
Wszelkie prawa zastrzeżone. Nieautoryzowane kopiowanie,
rozpowszechnianie całości lub fragmentu niniejszej
publikacji w jakiejkolwiek postaci jest zabronione.

Wszelka zbieżność sytuacji, miejsc, nazwisk oraz podobieństwo
postaci są przypadkowe.

W nagraniu udział wzięli: 234
Karolina Kazoń
Michał Chołka

Postaciom głosów użyczyli:
Maja – **Łucja Stempek**
Adam – **Dawid Buczyński**
Olga – **Milena Malcharek**
Sophie – **Aleksandra Sawik**
Misaki – **Daria Kasperkiewicz**
Olivia – **Joanna Kisiel**
Emma – **Julia Stempek**
Elena – **Aleksandra Prochal**
Anastasija, Clara – **Maria Waszczyszyn**
Lukas – **Michał Krenich**
James, Glossik – **Rafał Widziszewski**
Diego – **Kosma Pełka**
Artem, Denis – **Jakub Dziadur**
Mathis, Daniel – **Michał Bojsza**
Toru – **Krzysztof Ślusarczyk**
Gordon – **Tomasz Lida**

e-polish.eu

Platforma e-polish.eu to wyjątkowo bogate źródło różnorodnych materiałów oraz narzędzi do nauczania języka polskiego jako obcego. Została ona stworzona jako uzupełnienie serii „POLSKI krok po kroku", a także z myślą o nauczycielach niemających łatwego dostępu do nowoczesnych podręczników oraz tych, którzy szukają dodatkowych materiałów, by uzupełnić i uatrakcyjnić swoje lekcje.

BOGATE ŹRÓDŁO MATERIAŁÓW

Chcesz urozmaicić swoje lekcje? Potrzebujesz uzupełnić je dodatkowymi materiałami lub dać uczniom możliwość lepszego przećwiczenia nowych zagadnień? Szukasz ciekawych tematów na zajęcia? Skorzystaj z wyszukiwarki portalu **e-polish.eu** – błyskawicznie pozwoli Ci ona znaleźć materiały, których potrzebujesz do swojej lekcji. W ułamku sekundy możesz wygenerować z nich atrakcyjne graficznie, gotowe do wydruku dokumenty pdf.

UZUPEŁNIENIE SERII „POLSKI KROK PO KROKU"

Korzystasz z serii „POLSKI krok po kroku"? Tym łatwiej znajdziesz dodatkowe materiały do każdego ćwiczenia, tekstu czy dialogu z podręcznika. Wystarczy tylko wpisać jego kod w portalu. Uzupełniające ćwiczenia, teksty i nagrania pozwolą przećwiczyć trudniejsze zagadnienia lub też rozwinąć tematykę, która interesuje uczniów.

SZYBKIE TWORZENIE WŁASNYCH ĆWICZEŃ

Jako nauczyciel dobrze wiesz, że czasami musisz sam przygotować ćwiczenie, które będzie odpowiedzią na konkretne potrzeby grupy. Niestety niektóre ćwiczenia wymagają sporego nakładu pracy – przeliczenie liczby luk, potasowanie dostępnych opcji, dopasowanie literek, wyrównanie… Sprawdź, jak szybko **e-polish.eu** pozwala na przygotowanie różnych rodzajów ćwiczeń: tekstów z lukami, dopasowywania słów, porządkowania zdań, krzyżówek i wielu innych.

AUTOMATYCZNIE SPRAWDZANE PRACE DOMOWE

Ile godzin przeznaczasz tygodniowo na sprawdzanie prac domowych swoich uczniów? Czy nie masz poczucia, że tracisz czas, by skontrolować banalne, automatyzujące ćwiczenia – proste transformacje gramatyczne, uzupełnianie końcówek czy luk? Przygotuj więc następną pracę domową dla swoich uczniów w **e-polish.eu**, a portal sprawdzi za Ciebie poprawność końcówek, dopasowanych definicji, wstawionych zaimków… Tobie pozostanie bardziej twórcza część – sprawdzenie opisów ilustracji, esejów i wypracowań. Twoi uczniowie z pewnością docenią także tę nowoczesną i bardziej ekologiczną formę zadań!

INTERAKTYWNE I MULTIMEDIALNE LEKCJE ZAWSZE POD RĘKĄ

Z pewnością już nie jeden raz wprowadzałeś dopełniacz, aspekt. Uczyłeś, jak pytać o drogę czy prosić o pomoc. Ponieważ trudno przechowywać wszystkie przeprowadzone lekcje, za każdym razem na nowo musisz kompletować i układać wszystkie materiały – z książek, własnych ćwiczeń, podręcznika… Stwórz zatem swoją następną lekcję w **e-polish.eu**, abyś mógł wrócić do niej, kiedy tylko będzie Ci to potrzebne. Platforma przechowuje wszystkie Twoje lekcje, które możesz w ułamku sekundy skopiować i dokonać w nich ewentualnych zmian, tak aby były idealnie dopasowane do potrzeb konkretnej grupy. Gotową lekcję możesz wydrukować lub pracować z nią na tablicy interaktywnej. Na koniec, jeśli zechcesz, prześlesz uczniom cały jej przebieg wraz z notatkami robionymi w czasie zajęć.

PRAKTYCZNA WIEDZA METODYCZNA

Niezależnie od tego, czy jesteś lektorem początkującym, czy też już uczysz od wielu lat, z pewnością czasem zadajesz sobie pytanie: jak nauczać jeszcze skuteczniej, atrakcyjniej, ciekawiej? Jak radzić sobie z wyjaśnianiem pewnych zagadnień, z selekcją materiałów czy z motywowaniem studentów? Forum metodyczne portalu **e-polish.eu** to miejsce, gdzie wyjaśnisz swoje wątpliwości, skorzystasz z doświadczeń innych nauczycieli oraz poznasz metody pracy lektorów języka polskiego z całego świata.

SŁOWNIK MULTIMEDIALNY

Zwykle jest potrzebny Twoim uczniom, ale Ty dzięki niemu szybko wydrukujesz gotowe tabele deklinacji i koniugacji potrzebnych Ci słów lub też tematyczne zestawienie słownictwa.

Zarejestruj się

Aby korzystać z platformy **e-polish.eu** zarejestruj się na stronie:

e-polish.eu/rejestracja

Kod dostępu znajdujący się pod płytą CD mp3 umożliwi Ci bezpłatny dostęp do zasobów platformy przez 6 miesięcy!